PETER SCHADE

Politik
und
Sicherheit

Prof. Dr. PETER SCHADE

Politik und Sicherheit

Fachmilitärische Beratung
und Lektorat:

Generalmajor a. D.
FRITZ BIRNSTIEL
ehem. General
der Kampftruppen

WALHALLA U.
PRAETORIA VERLAG

Printed in the Federal Republic of Germany

Gesamtherstellung:
Walhalla u. Praetoria Verlag
Dolomitenstraße 1, 8400 Regensburg
Telefon (09 41) 6 20 21

ISBN 3-8029-7188-4

VORWORT

Politik und Sicherheit ist als ein knapp, leicht verständlich und sicher informierendes Kompaktlexikon konzipiert. Es wendet sich in erster Linie an die Angehörigen der Streitkräfte sowie an Jugendoffiziere und Wehrdienstberater. Es ist vor allem auch im staatsbürgerlichen Unterricht für Grundwehrdienstleistende einsetzbar. Wehrpflichtige und Reservisten erhalten mit *Politik und Sicherheit* ein Buch, das sie mit allen wichtigen Begriffen der Sicherheitspolitik unseres Staates im Rahmen des NATO-Bündnisses ohne wissenschaftlichen „Ballast" vertraut macht.

Darüberhinaus ist das Buch für jeden am politischen Zeitgeschehen Interessierten gedacht, der die aktuellen Probleme verstehen und sachkundig mitreden will.

Das Buch enthält über 1500 Stichwörter aus Politik, insbesondere der Außen- und Sicherheitspolitik und ihrer Grenzbereiche. Es ist durch folgende Eigenschaften gekennzeichnet:

Gängige Begriffe des politischen Lebens werden exakt definiert, wie Bundestag, Gesetz, Verfassung.

Fachbegriffe, gerade auch solche, die nur einem kleinen Kreis von Experten geläufig sind, werden genau erklärt und fast ausnahmslos an konkreten Beispielen veranschaulicht wie *Bahr-Plan, Eurostrategische Waffen, Feindstaatenklausel, Sicherstellungsgesetze.*

Fremdwörter werden – meist mit Herkunftsangabe – wörtlich übersetzt und verständlich erläutert, z. B. *Assignierung, Konventionalisierung, Mutual Assured Destruction, Triade, Vakuum-Theorie.*

Abkürzungen werden auch in der Langformsprache ihrer Herkunft wiedergegeben, übersetzt und erklärt. Beispiele: *ACE, EMNOD-Konvention, FOFA, ICBM, OTAN, START, WINTEX.*

Verweise auf zugehörige, inhaltlich benachbarte und gegensätzliche Begriffe erlauben eine „Runduminformation".

Verfassungsbegriffe oder solche, die mit der Verfassungsordnung in Verbindung stehen, sind stets mit den einschlägigen Artikeln des Grundgesetzes versehen. Damit will das Buch auch zu einem besseren Verfassungsverständnis, insbesondere der → Wehrverfassung der Bundesrepublik Deutschland, beitragen.

Geschichtliche Begriffe wurden aufgenommen, soweit sie zum Verständnis der gegenwärtigen Sicherheitspolitik beitragen können, wie *Besatzungsstatut, Kriegsschuldfrage, Versailler Vertrag.*

Prof. Dr. Günter Springer und Studienrat Hans-Joachim Stark, OLT d. Res., danke ich für ihre Vorschläge und Mitarbeit.

Kritische Hinweise und Anregungen sind Autor und Verlag stets willkommen.

Stuttgart/Regensburg, Juni 1989

Herausgeber und Verlag

ABC-Staaten, südamerikanische Staatengruppe Argentinien, Brasilien und Chile.

ABC-Waffen, Sammelbegriff für nichtkonventionelle Waffen, d. h. → Atomwaffen, → Biologische Waffen und → Chemische Waffen. Die Bundesrepublik Deutschland hat auf Entwicklung, Produktion, Lagerung und Anwendung von A. einseitig freiwillig verzichtet.

ABC-Waffenverzicht, einseitige und freiwillige Erklärung der Bundesrepublik Deutschland anläßlich des Beitritts zur → WEU (1954), → ABC-Waffen weder zu entwickeln noch herzustellen.

Abgeordnete, die in ein → Parlament gewählten Vertreter des Volkes. A. sind meist Mitglieder einer → Partei, z. B. Landtags-A. und Bundestags-A. Sie sind in westlichen Demokratien, so z. B. in der Bundesrepublik Deutschland, „an Aufträge und Weisungen nicht gebunden und nur ihrem Gewissen unterworfen" (Art. 38 GG), besitzen also ein „freies → Mandat". Normalerweise üben A. aber in der Parlamentsarbeit Fraktionsdisziplin aus.

abgestufte Abschreckung → Flexible Response.

Abhaltefähigkeit, militärische Fähigkeit eines Verteidigers, einen konventionellen Angriff so abzuwehren, daß der → Aggressor sein Ziel nur unter beträchtlichen eigenen Verlusten erreichen kann. Das Verteidigungskonzept des österreichischen Bundesheeres beruht auf der A.

Abkommen, schriftlicher Vertrag zwischen mehreren politischen Partnern, etwa der Kultusminister der Länder der Bundesrepublik Deutschland z. B. über gegenseitige Anerkennung des Abiturs.

Abkoppelung,

1. Trennung der US-amerikanischen Sicherheitsinteressen von denen der europäischen Partner, was langfristig einer Auflösung der NATO gleichkäme und deshalb deutschen Interessen zuwiderlaufen würde;
2. Herausnahme des strategischen Nuklearpotentials der USA aus dem → Abschreckungsverbund.

ABM-Vertrag, Abk. für: Anti-Ballistic Missile's Treaty (engl. = Vertrag über die Begrenzung von Raketen-Abwehrsystemen), Vertrag von 1972 zwischen den USA und der UdSSR. Der A. sieht eine strikte Begrenzung von Rakenabwehrsystemen gegen ballistische Flugkörper vor. Nach dem Ergänzungsprotokoll von 1974 darf jede der beiden Mächte nur noch ein Stationierungsgebiet mit maximal 100 Abfangraketen besitzen.

Abrüstung, Ziel und Methoden zur Verringerung der Gefahr einer bewaffneten Auseinandersetzung durch Verminderung des Rüstungs- und Streitkräftepotentials. Die A. wird unterschieden in konventionelle A. und A. der ABC-Waffen; → INF-Vertrag. Die A.-Schritte können einseitig (→ Unilateralismus), stufenweise (→ Gradualismus) und beiderseitig erfolgen. Zu allen A.-Bemühungen gehört die → Rüstungskontrolle; → Abrüstungspolitik.

Abrüstungsdebatten (der UN), seit 1945 jährlich einmal stattfindende Aussprache der → Generalversammlung über Fragen der Abrüstung und Rüstungskontrolle. Zwischen 1978 und 1982 tagten darüber hinaus Sonder-Generalversammlungen zur Behandlung dieser Thematik; Hilfsorgan der Generalversammlung bei A. ist ihre Abrüstungskommission.

Abrüstungspolitik, Bestrebungen, durch eigene Entscheidungen und internationale Verträge zu einer allgemeinen → Abrüstung zu kommen. Den bisher größten Erfolg konnte die amerikanische und sowjetische A. 1987 mit dem Abschluß des INF-Vertrages (→ INF) erzielen.

Abschreckung,

1. Versuch, einen Gegner von einem bestimmten Tun, z. B. einem Handelsembargo, abzuhalten, andernfalls er ein unkalkulierbares Risiko oder ein kalkulierbar zu hohes Risiko eingeht, bei dessen Eintritt die Nachteile größer sind als der mögliche Gewinn;
2. Absicht, einen potentiellen Aggressor durch Drohung mit militärischen Mitteln daran zu hindern, seine Angriffsabsicht zu verwirklichen. Die Glaubwürdigkeit der A. beruht auf dem dafür notwendigen Potential der → Verteidigungsbereitschaft; → Flexible Response.

Abschreckungsparadoxon → Selbstabschreckung.

Abschreckungsverbund, objektiv vorhandene und glaubhaft einsatzbereite militärische Mittel im Rahmen der → Triade der NATO in einem politischen Gesamtkonzept zur Friedenssicherung; → Abschreckung.

Absichtserklärung, unverbindliche Erklärung einer Regierung, Partei oder Gruppe über ihre Zielvorstellungen, z. B. A. zur Verbesserung des Umweltschutzes.

ACDA, Abk. für: → Arms Control and Disarmament Agency.

ACE, Abk. für: Allied Command Europe (engl. = → Alliierter Befehlsbereich Europa), einer der drei Kommandobereiche, in die das Bündnisgebiet der → NATO eingeteilt ist. Die zwei anderen sind der Befehlsbereich Atlantik (ACLANT) und der Befehlsbereich Ärmelkanal (ACCHAN). Oberbefehlshaber des ACE ist → SACEUR.

ad hoc (lat.), eigens zu diesem Zweck; aus dem Augenblick heraus entstanden. Mit a. wird ausgedrückt, daß ein Gremium aus einem gegebenem Anlaß und nur für eine befristete Zeit gebildet wird, z. B. Untersuchungsausschuß zur Aufklärung der Flugkatastrophe von Ramstein im August 1988.

ad interim (lat.), zwischenzeitlich; vorübergehend. Zusatz zu einem Amtstitel (vor allem im diplomatischen Dienst üblich), durch den zum Ausdruck kommt, daß der Betreffende nur der Vertreter des eigentlichen Amtsinhabers ist, z. B. Botschafter a. i.

Administration, in Großbritannien und USA übliche Bezeichnung für die Regierung, z. B. Bush-A.; → Exekutive. Vom Staat, d. h. von der Regierung festgelegte Preise nennt man „administrierte Preise".

ad referendum (lat.), zur Meldung; bei politischen und diplomatischen Verträgen üblicher Zusatz nach einer Unterschrift, der besagt, daß der Unterzeichnende diese Unterschrift nur unter Vorbehalt gegeben hat und daß sein Vorgesetzter, z. B. ein Minister, den Vertrag noch billigen muß.

AFCENT, Abk. für: → Allied Forces Central Europe (engl. = Alliierte Streitkräfte Mitteleuropa),

Teil der → NATO und des → ACE. Der Oberbefehlshaber dieser Truppen hat seinen Sitz in Brunssum (Niederlande) und wird mit CINCENT bezeichnet.

AFNORTH, Abk. für: Allied Forces Northern Europe (engl. = Alliierte Streitkräfte Nordeuropa), Teil der → NATO und des → ACE. Der Oberbefehlshaber dieser Truppen hat seinen Sitz in Kolsaas (bei Oslo, Norwegen) und wird mit CINCNORTH bezeichnet.

AFSOUTH, Abk. für Allied Forces Southern Europe (engl. = Alliierte Streitkräfte Südeuropa); Teil der → NATO und der → ACE. Der Oberbefehlshaber dieser Truppen hat seinen Sitz in Neapel (Italien) und wird mit CINCSOUTH bezeichnet.

Agglomeration (lat.), Ansammlung, „Zusammenballung"; z. B. Anhäufung mehrerer Produktionsstätten wie Stahlwerke; daraus können z. B. Umweltbelastungen entstehen; → Infrastruktur.

Aggression, bewaffneter Angriff gegen die territoriale Unversehrtheit und nationale Souveränität eines anderen Staates. Nach einer Entschließung der → UN-Vollversammlung ist A. die „Anwendung von Waffengewalt durch einen Staat gegen die Souveranitat und territoriale Unversehrtheit" eines anderen Staates. Zur A. zählen z. B. die Beschießung fremden Gebietes, die Entsendung von bewaffneten Gruppen, der Angriff gegen Streitkräfte, die Besetzung eines Landes und die Blockade von Häfen. Ein A.-Krieg gilt als Verbrechen gegen den Weltfrieden.

Aggressor, Angreifer, d. h. Staat, der sich einer → Aggression schuldig macht. Gem. Art. 51 der → UN-Charta ist die Anwendung von Waffengewalt gegen einen A. als individuelle oder kollektive → Selbstverteidigung keine Aggression, sondern ein „naturgegebenes Recht". Mit großer Mehrheit hat die UN-Vollversammlung z. B. die UdSSR wegen des Einmarsches ihrer Truppen in Afghanistan im Dezember 1979 als A. bezeichnet.

Agreement (engl.), Agrément (franz.), Empfehlung, formlose Vereinbarung; z. B. Zustimmung zur Ernennung eines diplomatischen Vertreters.

ai, Abk. für: → amnesty international.

Akkreditierung, Akt der Zulassung eines Diplomaten, z. B. eines Botschafters, als Vertreter seines Landes bei einem anderen Staat. Dabei überreicht der Diplomat dem Staatsoberhaupt des betreffenden Staates sein Akkreditiv (Beglaubigungsschreiben).

AKP-Staaten, 66 Staaten aus dem afrikanischen, karibischen und pazifischen Raum, die durch das Lomè-Abkommen mit der → EG verbunden wurden. Zu den A. gehören alle 45 schwarzafrikanischen Staaten und 13 Länder aus der Karibik, z. B. Antigua, Jamaika und 8 Länder aus dem pazifischen Raum, darunter Fidschi und Westsamoa.

Akzeptanz, Annahme, Bereitschaft der von einer Maßnahme Betroffenen, diese zu akzeptieren, z. B. die vom Gesetz vorgeschriebene Steuerdeklarierung der Finanzerträge aus Spargeldern wahrheitsgemäß und vollständig vorzunehmen.

Alarmsystem, Verfahren zur Alarmierung der Bevölkerung im → Verteidigungs- und Katastrophenfall. In der Bundesrepublik Deutschland besteht ein Warndienst mit 10 → Warnämtern, die unmittelbar dem → Bundesamt für Zivilschutz in Bonn unterstehen. Sie können bei Gefahrenlage bis zu 67 000 Sirenen auslösen. Der Warndienst kann auch für den Umweltschutz eingesetzt werden (Smog-Alarm).

Alleinvertretungsanspruch (bis etwa 1970; → Grundlagenvertrag), u. a. in der sog. → Hallsteindoktrin festgelegter Grundsatz, nach dem nur die Bundesregierung als einzige demokratisch gewählte Regierung das Recht hat, für beide Teile Deutschlands zu sprechen.

Allgemeine nukleare Reaktion, stärkste und letzte Eskalationsstufe der Strategie der → Abschreckung. Die Drohung mit der A. soll ausschließlich der Kriegsverhinderung bzw. -beendigung dienen.

Allgemeine Wehrpflicht → Wehrpflicht.

Allianz, völkerrechtliche Bezeichnung für ein Bündnis zwischen Staaten; auch Synonym für die in der → NATO zusammengeschlossenen Staaten.

Allied Command Europe Mobile Force (AMF), (engl. = mobiler Eingreifverband des Alliierten Kommandobereichs Europa). Von der → NATO im Jahr 1960 aus Truppenteilen von acht Bündnisstaaten aufgestellter Verband, der in den NATO-Bereichen Europa-Nord und -Süd zum Einsatz vorgesehen ist, um bei regionalen Bedrohungen der NATO-Flanken die → Verteidigungsbereitschaft des Bündnisses zu zeigen.

Alliierte (im historischen Sinne), die gegen das Deutsche Reich im Ersten und Zweiten Weltkrieg verbündeten kriegsführenden Staaten.

Alliierter Befehlsbereich Europa, alle NATO-Gebiete, die zum Zuständigkeitsbereich des → SACEUR gehören. Dieser Bereich erstreckt sich vom Nordkap über das Mittelmeer bis zur türkischen Ostgrenze; → ACE.

Alternative Verteidigung → Verteidigungsalternativen.

Amnestie (von griech. amnesis = Vergessen), Erlaß einer nicht oder noch nicht ganz vollstreckten Strafe nach einem rechtskräftigen Urteil. Im Unterschied zur → Begnadigung gilt die A. stets einer unbestimmten Anzahl von Tätern, die gegen einzelne Strafgesetze verstoßen haben, z. B. A. wegen Verkehrsvergehen. In der Bundesrepublik Deutschland ist eine A. nur aufgrund eines Straffreiheitsgesetzes möglich, das für alle Personen gelten muß, die gegen ein bestimmtes Gesetz verstoßen haben.

amnesty international (ai), Gefangenenhilfsorganisation (gegr. 1961). ai setzt sich vor allem für politische Gefangene in aller Welt ein unter Vermeidung jeder nationalen, politischen oder religiösen Parteinahme.

Amt Blank → Dienststelle Blank.

Amtshilfe, gegenseitige Unterstützung der Behörden und Gerichte bei Erfüllung ihrer amtlichen Aufgaben, z. B. Übersendung der Personalakte eines Beamten von einem Bundesland in ein anderes; → Rechtshilfe.

Anarchie, Zustand der Gesetzlosigkeit oder der Herrschaftslosigkeit, wie z. B. in Teilen des Libanons (seit 1975); → Anarchismus.

Anarchismus, (utopischer) Begriff, der eine Gesellschaft kennzeichnet, die keine Gesetze benötigt und in der keine Autorität anzuerkennen ist, d. h. eine Gesellschaft ohne jeden Zwang, in der es keine Herrschaft von Menschen über Menschen gibt.

Andenpakt, Zollunion von 1969 (Vertrag von Cartagena) der 6 Andenstaaten Bolivien, Chile, Ecuador, Kolumbien, Peru und Venezuela (Beitritt 1974) zur Intensivierung ihrer Handelsbeziehungen. Der A. gewinnt zunehmend auch außenpolitische Bedeutung. Chile verließ den A. 1976.

Angriff, im militärischen Bereich die Kampfart, in der von einer Seite die Initiative ergriffen wird, die zur Vernichtung, Gefangennahme oder zum Zurückwerfen des Gegners und zu Geländegewinn führen soll. Im Völkerrecht bedeutet A. die Androhung oder Anwendung von Gewalt durch einen Staat gegenüber einem anderen. Ein A., der in Kriegsabsicht unternommen wird, heißt → Angriffskrieg; → Aggression.

Angriffskrieg, ein mit militärischen Mitteln, offensiv in das feindliche Staatsgebiet hineingetragener Krieg; Ggs.: → Verteidigungskrieg. Der A. ist nach der → UN-Charta völkerrechtswidrig; gegen ihn ist die bewaffnete Verteidigung zulässig. Art. 26,1 GG verbietet bereits die Vorbereitung eines Angriffskrieges.

Annexion, gewaltsame Angliederung bzw. Aneignung des Territoriums eines Staates durch einen anderen. Keine A., aber in der Wirkung ähnlich, ist die Bildung einer Scheinregierung, die vom annektierenden Staat abhängig ist wie z. B. die Slowakei 1938 gegenüber Hitlerdeutschland. Die A. gilt als → Aggression und ist damit völkerrechtswidrig.

Antarktis-Vertrag, im Dezember 1959 in Washington unterzeichnetes und 1961 in Kraft getretenes Abkommen, das die ausschließlich friedliche Nutzung des Südpolargebietes und die Förderung der wissenschaftlichen Forschung in diesem Gebiet zum Inhalt hat. Unterzeichnet wurde der A. von Argentinien, Australien, Belgien, Chile, Frankreich, Großbritannien, Japan, Neuseeland, Norwegen, Südafrika, UdSSR und USA. Nachträglich beigetreten sind 10 weitere Staaten, darunter 1979 die Bundesrepublik Deutschland.

Anti-Atom-Bewegung, in der Folge der Studentenunruhen 1968 und vor dem Hintergrund der Ölkrise 1973 gebildeter, loser Zusammenschluß von Bürgern, zumeist in → Bürgerinitiativen. In der A. bündelten sich ökologische und atomare Katastrophenängste; der Widerstand richtete sich vor allem gegen Bau und Inbetriebnahme von Atomkraftwerken. Ende der 70er Jahre gingen große Teile der A. in der → Friedensbewegung auf; → Anti-Atomtod-Kampagne.

Anti-Atomtod-Kampagne, außerparlamentarische Oppositionsbewegung gegen Ende der 50er Jahre. Diese Bewegung richtete sich hauptsächlich gegen die Bewaffnung der Bundeswehr mit Atomwaffen, sie formulierte aber bereits damals Ängste vor den Folgen des atomaren technischen Fortschritts. Als Nachfolgeorganisation der A. kann die → Anti-Atom-Bewegung betrachtet werden.

ANZUS-Pakt, Kunstwort aus: Australien, Neus(z)eeland, USA; → Pazifik-Pakt.

Apartheid, gesetzlich und exekutiv betriebene Politik der Rassentrennung und -diskriminierung in der Republik Südafrika.

Appeasement (engl. = Beschwichtigung), Politik der Besänftigung durch Nachgeben zur Vermeidung einer Konfrontation. Kritiker werfen Frankreich und Großbritannien vor, in den Jahren 1937/38 eine solche Politik gegenüber Hitler betrieben zu haben.

Äquidistanz, wörtlich: „gleicher Abstand"; Begriff der sicherheitspolitischen Diskussion. Er enthält den kritischen Vorwurf gegen einzelne europäische Politiker, sie hielten zu den USA den gleichen Abstand wie zur UdSSR; → Sicherheitspartnerschaft.

Arbeitsplatzschutzgesetz (ArbplSchG) von 1957, genaue Bezeichnung: „Gesetz über den Schutz des Arbeitsplatzes bei Einberufung zum Wehrdienst". Das A. garantiert, daß Wehrpflichtige, die aus einem bestehenden Arbeitsverhältnis zum → Grundwehrdienst oder zu einer → Wehrübung einberufen werden, nicht aus Anlaß des Wehrdienstes entlassen werden können.

ArbplSchG, Abk. für: → Arbeitsplatzschutzgesetz.

Arbeitssicherstellungsgesetz (ArbSG) von 1968, eines der → Sicherstellungsgesetze, durch das die Bereitstellung von Arbeitskräften für Verteidigungszwecke und für den Schutz der Zivilbevölkerung gewährleistet werden soll. Eine Arbeitsverpflichtung ist nach diesem Gesetz auch für Frauen und Kriegsdienstverweigerer möglich.

ArbSG, Abk. für: → Arbeitssicherstellungsgesetz.

Armee, Bezeichnung für die Landstreitmacht eines Staates, z. B. US-A.

Armeemuseum, ein durch seine militärischen Exponate (Ausstellungsstücke) geprägtes Museum, z. B. A. in Rastatt/Baden.

Arms Control and Disarmament Agency (ACDA), (engl. = Rüstungskontrollbehörde der USA). Von Präsident John F. Kennedy (1961 bis 1963) eingerichtete Regierungsbehörde, die die Aufgabe hat, den Präsidenten in allen Fragen der → Abrüstung und → Rüstungskontrolle zu beraten und Konzepte für Initiativen der Vereinigten Staaten von Amerika auszuarbeiten.

Arsenal,

1. Im militärischen Sinne: Inbegriff für Bevorratung von Waffen und Munition der gesamten Streitkräfte;
2. ein häufig mit Produktionsstätten verbundenes Magazin (Lager) an Waffen und Kriegsgeräten.

ASEAN-Staaten, Abk. für: Association of South-East Asian Nations (= Vereinigung von Südostasien-Nationen). Eine 1967 gegründete Vereinigung, die die Festigung und Förderung des Friedens in ihrer Region anstrebt. Weiteres Ziel der A. ist die Entwicklung des sozialen und wirtschaftlichen Wohlstandes, worin die A. von der EG unterstützt werden. Mitglieder der A. sind Indonesion, Malaysia, Philippinen, Singapur und Thailand.

Assigned Forces, (engl. = zugeordnete, angegliederte Truppen); → Assignierung.

Assignierung, Anweisung; für den → Verteidigungsfall zur Unterstellung unter die → NATO vorgesehene Truppen.

Assoziierung (im politischen Sinne), Anschluß eines Staates an eine Staatengruppe, ohne formell dort Mitglied zu sein. Die EG hat z. B. Abkommen mit den → AKP-Staaten geschlossen.

Assured Destruction (engl. = gesicherte Vernichtung), Fähigkeit, einem Gegner auch nach dessen → Erstschlag mit einem Gegenschlag einen für ihn vernichtenden Schaden zuzufügen; → Mutual Assured Destruction (MAD).

Asylrecht, das Recht politisch Verfolgter, in dem A. gewährenden Land Schutz und Aufenthalt zu bekommen. In der Bundesrepublik Deutschland genießen Asylbewerber nach Art. 16,2 GG einen grundrechtlich geschützten Anspruch auf Asyl.

Atlantik-Charta, gemeinsame Erklärung von US-Präsident Roosevelt und GB-Premierminister Churchill vom 14. August 1941 über 8 Grundsätze der Nachkriegspolitik. Zur A. gehören auch die → Vier Freiheiten. Die A. bildete eine Grundlage für die → UNO.

Atlantiker, inoffizielle Bezeichnung für bundesdeutsche Politiker, die einer an den Interessen und der Zusammenarbeit mit den USA orientierten → Außenpolitik Vorrang vor einer Politik geben, die für eine stärkere Zusammenarbeit mit Frankreich eintritt.

Atlantikpakt → NATO.

Atlantische Demokratie, Oberbegriff für die Demokratie der westeuropäischen Staaten und Nordamerikas.

Atlantische Partnerschaft, Konzeption der Zusammenarbeit zwischen den Staaten beiderseits des Nordatlantiks. Seinen ersten Ausdruck fand der Gedanke der A. im → Marshallplan (1947); die NATO brachte eine Verwirklichung der A. auf militärischem Gebiet.

Atomares Gleichgewicht → Atomares Patt.

Atomares Patt, Gleichgewichtssituation, bei der das Vernichtungspotential an → Atomwaffen der Supermächte so groß ist, daß trotz quantitativer und qualitativer Unterschiede keine Seite ohne unakzeptablen Eigenschaden einen atomaren → Angriffskrieg führen und überleben kann.

Atombombenmonopol, Bezeichnung für den Alleinbesitz an → Atomwaffen, über das die USA in den Jahren 1945 bis 1949 verfügten. Seit 1949 ist die UdSSR, seit 1952 sind auch weitere Staaten in der Lage, Atomwaffen einzusetzen.

Atomkrieg, Krieg mit → Atomwaffen (Nuklearwaffen). Bisher wurden nur zweimal Atomwaffen eingesetzt (Abwurf der US-Atombomben auf Hiroshima und Nagasaki am 6. und 9. August 1945). 1973 schlossen die USA und die UdSSR ein Abkommen zur Verhütung von A., dem 1977 Frankreich und Großbritannien beitraten.

Atomschwelle (auch: Atomare Schwelle), Übergangsstufe von der Verwendung konventioneller Kampfmittel zum → Ersteinsatz von Atomwaffen im Rahmen eines bewaffneten Konfliktes; → Eskalation. Ziel der militärischen Sicherheitspolitik der NATO ist, die A. durch Stärkung der konventionell bewaffneten Streitkräfte anzuheben.

Atomteststoppabkommen, von den USA mit der UdSSR und Großbritannien am 5. August 1963 abgeschlossener Vertrag, der das Verbot von Kernwaffenversuchen in der Atmosphäre, im Weltraum und unter Wasser vorsieht. Am 30. März 1976 unterzeichneten die USA und die UdSSR einen Vertrag, der beide Staaten verpflichtet, auf unterirdische Kernwaffenversuche mit einer Sprengkraft von mehr als 150 kt (Kilotonnen; 1 kt = 1000 t) TNT (Trinitrotoluol) zu verzichten.

Atomwaffen, Waffen, deren Zerstörungswirkung auf der freigesetzten Energie durch Kettenreaktion von Kernspaltung (Uran- oder Plutoniumkerne) oder Kernverschmelzung (Vereinigung von Wasserstoffatomkernen zu einem Heliumkern) beruht. Die Bundesrepublik Deutschland hat in den → Pariser Verträgen von 1954 auf Entwicklung und Herstellung von A. einseitig verzichtet. A. gelten als politische Waffen zur Drohung, nicht aber zum Einsatz.

Atomwaffenfreie Zonen, Gebiete, in denen → Kernwaffen weder hergestellt noch gelagert werden dürfen. Ziel: Verminderung der Gefahr eines Nuklearkrieges. Besonders die UdSSR propagiert, gestützt auf ihre Überlegenheit in konventionellen Waffen, die Idee der A., ebenso auch die → Palme-Kommission. In der Bundesrepublik Deutschland ist vor allem Egon Bahr (SPD) mit der Forderung nach A. hervorgetreten.

Atomwaffensperrvertrag (auch: Nichtverbreitungsvertrag), von 61 Staaten 1968 unterzeichneter Vertrag, dem die Bundesrepublik Deutschland 1969 beitrat. Im A. verpflichten sich die Atommächte – mit Ausnahme Chinas, Frankreichs und Indiens, die nicht beigetreten sind – keine → Atomwaffen oder Teile davon an andere Staaten weiterzuleiten. Staaten, die noch nicht im Besitz von Atomwaffen sind, verzichten darauf, sie zu erwerben oder zu produzieren. Einige → Schwellenmächte, darunter Israel, sind dem A. gleichfalls nicht beigetreten; → Non-Proliferation. Bis Ende 1987 hatten 134 Nicht-Atomstaaten den A. unterzeichnet.

Attentat, gewaltsamer Angriff auf das Leben eines Menschen aus politischen Gründen. Die bekanntesten A. im 20.Jahrhundert waren das von Sarajewo auf das österreichische Thronfolgerpaar 1914, das zum Ausbruch des Ersten Weltkrieges führte, das (gescheiterte) A. auf Hitler 1944 und das in Dallas (Texas) 1963 auf US-Präsident Kennedy.

Auftrag, i. w. S. eine grundsätzliche Zielvorgabe. Der allgemeine A. der Bundeswehr ist die → Friedenssicherung durch → Verteidigungsfähigkeit und -bereitschaft. Für den → Verteidigungsfall haben die drei → Teilstreitkräfte ihrer Einsatzfähigkeit entsprechende Aufträge. I. e. S. ist der A. Teil eines militärischen Befehls, der dem Beauftragten einen Entscheidungsspielraum in der Wahl der Mittel läßt, den A. auszuführen; → Auftragstaktik.

Auftragstaktik, im Ggs. zur → Befehlstaktik erlaubt die A. dem Befehlsempfänger eine abgewogene Eigeninitiative bei der Ausführung eines → Auftrags.

Ausbildung, das Erlernen und Üben von Fähigkeiten und Fertigkeiten. Im militärischen Bereich soll die A. dem Soldaten Wissen und Können zur Erfüllung seines Auftrages vermitteln.

Ausbildungshilfe (militärische), Unterrichtung und Schulung von Angehörigen der Streitkräfte anderer Nationen innerhalb der Bundeswehr. Außer den Militärangehörigen aus NATO-Staaten gibt die Bundesrepublik Deutschland Soldaten aus weiteren 30 Staaten A., z. B. aus Zaire (Afrika).

Ausführende Gewalt → Exekutive.

Ausländer, Personen, die nicht → Deutsche (im Sinne von Art. 116 GG) sind. Zahl der Ausländer in der Bundesrepublik Deutschland 1988: etwa 4,7 Millionen (= 7,6% der Gesamtbevölkerung).

Auslieferung, Übergabe einer Person durch einen Staat an den die A. beantragenden Staat. A. setzt voraus, daß zwischen den beiden Staaten ein A.-Vertrag besteht, z. B. zwischen den USA und der Bundesrepublik Deutschland. Deutsche dürfen allerdings gem. Art. 16,2 GG nicht an das Ausland ausgeliefert werden.

Ausnahmezustand, Begriff, mit dem eine besondere Situation gekennzeichnet wird, z. B. Katastrophenfall oder unmittelbare Kriegsgefahr. Mit dem A. erhält die → Exekutive besondere Vollmachten, z. B. Beschlagnahme von Privatfahrzeugen. Im A. können auch einige Grundrechte aufgehoben werden, z. B. das Recht auf Freizügigkeit (Art. 11 GG). Die den A. betreffenden Maßnahmen sind in den → Notstandsgesetzen festgelegt.

Ausrüstung, Ausstattung der Streitkräfte mit Waffen, Munition, Fahrzeugen und Geräten. Mit persönlicher A. wird die gesamte Ausstattung des einzelnen → Soldaten bezeichnet, z. B. seine Uniform.

Ausschließliche Gesetzgebung, Gesetze gem. Art. 73 GG, für die nur der Bund, nicht die Länder, zuständig ist, z. B. Verteidigungsfragen, Auswärtige Angelegenheiten, Währungsfragen sowie Post- und Fernmeldewesen.

Ausschuß, ein aus einem größeren Gremium gebildeter Teil, z. B. Parlaments-A. Solche Gremien können wirksam arbeitsteilig beraten. Bei besonders komplizierten Materien können Unter-A. gebildet werden. Der → Bundestag arbeitet mit 20 ständigen A. (Stand 1989), z. B. Verteidigungs-A. Für besondere aktuelle Fragen können → ad-hoc-A. geschaffen werden, z. B. der Untersuchungs-A. für die Flugkatastrophe von Ramstein, der im September 1988 gebildet wurde.

Außenpolitik, Inbegriff für alle Planungen und Maßnahmen eines Staates zur Wahrnehmung seiner Interessen und die seiner Bürger gegenüber dem Ausland. Seit 1945 wird die nationale Zielsetzung in Europa ergänzt durch Bemühungen zur → Integration mit Beschränkungen der A. (Art. 24 GG); → Souveränität. Bestimmungsgrößen der A. eines Landes sind Größe, Menschenzahl, Rohstoffe, geographische Lage und Tradition. Grundlage der A. bildet das → Völkerrecht.

Äußerer Notstand, Notlage für den Bestand, die Sicherheit oder die bestehende Ordnung eines Staates oder einer Staatengruppe durch eine Bedrohung von außen. In der Bundesrepublik Deutschland regeln → Notstandsgesetze und → Notstandsverfassung die Maßnahmen für den A.

Auswärtiges Amt (AA), seit 1870 übliche Bezeichnung für „Ministerium für Auswärtige Angelegenheiten" (Kurzbezeichnung: AA). Es wird geleitet vom Bundesminister des Auswärtigen (Bundesaußenminister).

Auszeichnungen, Gesamtheit aller Orden (z. B. Bundesverdienstkreuz oder Eisernes Kreuz), Ehrenzeichen, Abzeichen und Ehrentitel (z. B. Ehrenpräsident) zur Würdigung besonderer Verdienste.

Autarkie, Zustand der wirtschaftlichen Unabhängigkeit eines Landes von anderen Ländern. Autarke Länder wie die USA können sich z. B. in Krisenzeiten selbst versorgen und sind nicht auf Einfuhren angewiesen, wie etwa die Bundesrepublik Deutschland.

Automatische Beistandspflicht, vertragliche Verpflichtung, einen angegriffenen Bündnispartner unmittelbare Hilfe mit allen Machtmitteln einschließlich militärischer zu gewähren. Eine A. besteht gem. Art. 4 des Vertrages der → WEU, nicht dagegen für die NATO.

Avantgarde (franz.), vom militärischen Begriff der Vorhut (Vortrupp) abgeleitete Bezeichnung (seit 1848) für Intellektuelle und Künstler, die sich für revolutionäre Veränderungen oder völlig neue Ideen einsetzen.

A-Waffen → Atomwaffen.

Bagdadpakt, 1955 in Bagdad abgeschlossenes Militärbündnis zwischen der Türkei und dem Irak, dem noch im selben Jahr in zeitlicher Folge Großbritannien, Pakistan und der Iran beitraten. Nach dem Austritt des Irak 1959 wurde der B. in → CENTO umbenannt.

Bahr-Plan, Entwurf der Arbeitsgruppe „Neue Strategien" der SPD unter Vorsitz des Abrüstungsexperten Egon Bahr, 1980. Der B. sieht u. a. die stufenweise Schaffung einer → atomwaffenfreien Zone in Europa vor.

Bakteriologische Waffen → biologische Waffen.

Balance of power (engl. = Machtgleichgewicht), Bezeichnung für ein politisches Prinzip, wonach die Staaten durch militärische Bündnisse die Vormachtstellung einer Macht auf dem europäischen Kontinent zu verhindern suchten. B. als Versuch, das Gleichgewicht der europäischen Mächte herzustellen, war Grundprinzip der britischen Außenpolitik vom 17. bis 20. Jahrhundert.

Baruch-Plan, benannt nach dem US-Delegierten Baruch, der 1946 vor der Atomenergiekommission der UN vorschlug, alle Nuklearwaffen zu vernichten und alles spaltbare Material einer internationalen Atomenergiebehörde für Forschungszwecke zu übergeben. Die UdSSR lehnte den B. ab; damit begann der nukleare → Rüstungswettlauf.

Beamte, Personen, die zum Staat in einem gesetzlich geregelten, öffentlich-rechtlichen Dienstverhältnis stehen und damit einer besonderen Treuepflicht unterworfen sind (kein Streikrecht). B. erfüllen hoheitliche Aufgaben. Nur Deutsche können B. werden. Das Berufsbeamtentum – B. auf Lebenszeit – ist in Art. 33,5 ausdrücklich garantiert.

Bedrohung, Einschätzung, daß ein anderer Staat Absicht und Fähigkeit hat, territoriale Integrität und Souveränität eines anderen zu gefährden, sobald dies für ihn unter annehmbaren Bedingungen möglich ist. Die Meinung über Stärke und Intensität einer B. muß nicht der tatsächlichen B. entsprechen; → Bedrohungsanalyse.

Bedrohungsanalyse, politische und militärstrategische, mit wissenschaftlichen Mitteln, z. B. computerunterstützten Simulationsmodellen vorgenommene Untersuchung über eine mögliche → Bedrohung durch einen potentiellen → Aggressor.

Befehl, gemäß → Wehrstrafgesetz eine Anweisung zu einem bestimmten Tun oder Unterlassen, die ein militärischer → Vorgesetzter einem → Untergebenen schriftlich, mündlich oder in anderer Weise, z. B. durch ein Handzeichen, allgemein oder für den Einzelfall und mit dem Anspruch auf → Gehorsam erteilt.

Befehlshaber, Inhaber der höchsten militärischen → Kommandogewalt innerhalb eines begrenzten Bereichs. B.: Der B. des → Wehrbereichskommando V in Stuttgart ist Chef des → Territorialheeres in Baden-Württemberg.

Befehlsnormen, im Soldatengesetz festgelegte Regeln, die das Erteilen von → Befehlen nur zu dienstlichen Zwecken und unter Beachtung der Menschenwürde des Befehlsempfängers zulassen. Ein Befehl, der eine Straftat beinhaltet oder zur Folge hat, z. B. Requirierung von Hühnern während eines

→ Manövers, darf weder erteilt noch befolgt werden.

Befehlstaktik, Führungsmethode, die dem Befehlsempfänger keine abgewogene Eigeninitiative erlaubt, sondern seine Handlungen an den Wortlaut des → Befehls bindet und deshalb keine Reaktionen auf veränderte Bedingungen und Situationen gestattet; Ggs.: → Auftragstaktik.

Befehls- und Kommandogewalt, oberste Weisungsbefugnis gegenüber Angehörigen der Bundeswehr (Art. 65a, GG). Der Doppelbegriff soll ausdrücken, daß es – im Ggs. zur Weimarer Republik – keine Trennung der zivilen von der militärischen Befehlsgewalt gibt. Der Bundesminister der Verteidigung als oberster Befehlshaber der Bundeswehr im Frieden kann Soldaten unmittelbar Befehle erteilen und Gehorsam verlangen. Im → Verteidigungsfall geht die B. auf den Bundeskanzler über (Art. 115b GG).

Befehlsverweigerung, die Verweigerung eines Soldaten, einen verbindlich gegebenen → Befehl auszuführen. Die B. stellt grundsätzlich ein nur durch eine → Disziplinarmaßnahme zu ahndendes → Dienstvergehen dar. B. wird zur Straftat, wenn sie eine schwerwiegende Folge, nämlich eine Gefahr für die Sicherheit der Bundesrepublik Deutschland, die Schlagkraft der Truppe, Leib oder Leben eines Menschen oder Sachen von bedeutendem Wert herbeiführt. Der → Untergebene hat ein Recht auf B., wenn der Befehl nicht zu dienstlichen Zwecken erteilt wird oder wenn durch seine Ausführung die Menschenwürde des Soldaten oder eines Dritten verletzt würde. Der Befehlsempfänger hat die Pflicht zur B., wenn durch die Ausführung des Befehls ein Verbrechen begangen, gegen die Verfassung oder Regeln des → Völkerrechts verstoßen würde.

Beförderung, eine Ernennung, durch die dem Soldaten ein höherer → Dienstgrad verliehen wird. Wie bei Beamten oder Richtern ist mit der B. normalerweise ein höheres Endgrundgehalt verbunden.

Befreiung (vom Wehrdienst), im → Wehrpflichtgesetz geregelte Ausnahmen von der allgemeinen → Wehrpflicht. Generell befreit vom Wehrdienst sind Geistliche, Schwerbehinderte und andere in persönlichen Härtefällen. Auf Antrag können Wehrpflichtige bis zum 28. Lebensjahr auch zurückgestellt werden.

Befreiungsbewegungen, urspr. Organisationen der → Dritten Welt, die um politische Unabhängigkeit von einer Kolonialmacht kämpften. Heute Selbstbezeichnung für zumeist auch militärisch handelnde Gruppen, welche die in ihrem Land bestehende Ordnung stürzen oder wenigstens verändern wollen, z. B. die B. „Leuchtender Pfad“ in Peru, gegr. 1970.

Befreiungskrieg, die gewaltsame Auseinandersetzung der Bevölkerung eines Kolonialgebiets mit der Kolonialmacht, um die Fremdherrschaft zu beseitigen. B.: Algerien, Indochina (heute Vietnam). Seitdem fast alle Kolonialgebiete die formelle Unabhängigkeit erhalten haben, dient die Bezeichnung B. zur Kennzeichnung von Widerstandsbewegungen in der Dritten Welt.

Begnadigung, Verzicht des Staates auf Vollstreckung einer Strafe, insbes. einer Freiheitsstrafe. B. bedeutet nicht Aufhebung des Strafurteils. B. betrifft nur den Einzelfall, bei der → Amnestie dagegen eine Gruppe von Straftätern. Das Begnadigungsrecht wird nach Art. 60,2 GG vomBundespräsidenten, in den Ländern vom Landeschef, z. B. vom Ministerpräsidenten, ausgeübt.

Begrenzter Atomkrieg, nuklearstrategischer Begriff zur Bezeichnung eines kontrollierten selektiven Einsatzes taktischer → Atomwaffen, mit dem Ziel, die Gefahr der Ausweitung zu einem allgemeinen Nuklearkrieg zu vermeiden.

Begrenzter Krieg (engl. = limited war), eine militärische Auseinandersetzung, die nach Zahl der Teilnehmer, Zielsetzung, Raum, Zeit und Kräften begrenzt ist. Dabei sollen möglichst schnell vollendete Tatsachen geschaffen werden, um politische Handlungsfreiheit zu gewinnen. Seit 1945 gab es rd. 130 B., die meisten davon im Nahen Osten und Asien, z. B. der Suezkrieg von Frankreich, Großbritannien und Israel gegen Ägypten.

Beistandspakt, völkerrechtlicher Vertrag, in dem sich die Vertragspartner gegenseitig verpflichten, sich im Kriegsfall politisch und/oder wirtschaftlich und/oder militärisch zu unterstützen; → Bündnis.

Benelux, Kurzwort zur Bezeichnung der Länder Belgien, Niederlande und Luxemburg.

Berechenbarkeit, Prinzip u. a. der bundesdeutschen → Außenpolitik. B. besteht darin, daß alle Maßnahmen und Initiativen der Bundesregierung sowohl für die Partner innerhalb der NATO als auch für die im → Warschauer Pakt zusammengeschlossenen Staaten bis zu einem gewissen Grad voraussehbar und kalkulierbar sind. Die B. ist ein Element der → Sicherheitspolitik. Je größer die B. des politischen und militärischen Verhaltens ist, desto geringer ist die Krisengefahr.

Bereitschaftspolizei, besondere Polizeieinheiten, getrennt von den übrigen Polizeidienststellen wie z. B. der Kriminalpolizei. Die B. unterstützt die örtliche Polizei, z. B. bei gewalttätigen Straßenkrawallen, und untersteht nicht dem Bund sondern den Bundesländern; → Bundesgrenzschutz.

Berlin-Abkommen → Viermächtestatus.

Berliner Blockade. Von Juni 1948 bis Mai 1949 sperrte die UdSSR „aus technischen Gründen“ die Zufahrtswege zu Lande und zu Wasser von der Bundesrepublik Deutschland nach Westberlin. Ziel: Die wirtschaftliche Abtrennung sollte zur Einverleibung der Stadt in die → Sowjetische Besatzungszone führen. Auf Betreiben von US-General Clay wurde eine Luftbrücke eingerichtet, mit der die Westberliner Bevölkerung mit den dringendsten Gütern des Grundbedarfs versorgt werden konnte. Der sowjetische Versuch der B. scheiterte nicht zuletzt am psychologisch-politischen Widerstand der Berliner Bevölkerung.

Berufsarmee, eine ausschließlich aus → Freiwilligen bestehende Armee. Wegen der Notwendigkeit, einen im Vergleich zu den Einkommen in der Privatwirtschaft angemessenen → Sold zu bezahlen, sind die Personalkosten einer B. regelmäßig höher als bei einer (Ggs.) → Wehrpflichtarmee. Vorteil (einer B.): Bessere Ausbildung wegen längerer Dienstzeit. Nachteil: Gefahr der Absonderung von der Gesellschaft. Beispiele für B. (in Friedenszeiten): Großbritannien und USA.

Berufsoffizier, → Berufssoldat im Rang eines Offiziers.

Berufssoldaten, Bezeichnung für Soldaten, die sich freiwillig verpflichtet haben, auf Lebenszeit → Wehrdienst zu leisten. Einstellungsvoraussetzung als Soldat auf Lebenszeit ist die deutsche Staatsangehörigkeit, das jederzeitige Eintreten für die freiheitlich-demokratische Grundordnung und die zur Erfüllung der Aufgaben als Soldat erforderliche charakterliche, geistige und körperliche Eignung. Der B. muß mindestens Feldwebel werden.

Besatzungsstatut, Regelung des Herrschaftsrechtes der drei westlichen Besatzungsmächte – Frankreich, Großbritannien und USA – gegenüber der Bundesrepublik Deutschland von 1949 bis 1955; → Pariser Verträge.

Besatzungstruppen, militärische Einheiten, die ein feindliches Gebiet besetzt halten. B.: Die B. der Alliierten in Deutschland nach dem Zweiten Weltkrieg bis zur Aufhebung des → Besatzungsstatuts 1955.

Besatzungszonen, Aufteilung Deutschlands in vier, von den Besatzungsmächten Frankreich, Großbritannien, USA und UdSSR verwaltete Zonen, in denen sie die unumschränkte Herrschaftsgewalt ausübten; → Potsdamer Abkommen. Die amerikanische und britische Zone schlossen sich 1947 zur sog. Bizone zusammen, die 1948 durch Beitritt der französischen Zone zur sog. Trizone erweitert wurde. Diese drei Zonen bildeten das Gebiet der 1949 gegründeten Bundesrepublik Deutschland. Die sowjetische B. wurde 1949 zur DDR.

Beschwerde, das in der → Wehrbeschwerdeordnung formulierte Recht jedes → Soldaten, sich zu beschweren, wenn er glaubt, von → Vorgesetzten oder von Dienststellen der Bundeswehr unkorrekt behandelt oder durch pflichtwidriges Verhalten von Kameraden verletzt worden zu sein.

Beuterecht, im Land- und Seekrieg das Recht zur Aneignung feindlichen Eigentums als Beute im feindlichen Gebiet oder im Operationsgebiet einer → Armee oder auf hoher See. Das B. ist in der → Haager Landkriegsordnung von 1907 festgelegt und erklärt das gesamte bewegliche staatliche Eigentum des feindlichen Staates zur möglichen Beute. Ausgenommen sind Gegenstände des Gottesdienstes, Kulturgüter und wissenschaftlichen Zwecken dienende Vermögen.

Bewaffnete Landesverteidigung, verfassungsmäßige Grundentscheidung von 1956 (Art. 87a GG), für Verteidigungszwecke Streitkräfte aufzustellen. Die Bundesrepublik Deutschland hat damit verfassungsrechlich bewußt und gewollt Wehrlosigkeit gegenüber einem militärischen Aggressor abgelehnt.

BfV, Abk. für: → Bundesamt für Verfassungsschutz.

BGB, Abk. für: Bürgerliches Gesetzbuch.

BGBl, Abk. für: → Bundesgesetzblatt.

BGS, Abk. für: → Bundesgrenzschutz.

Bilateral, zweiseitig; b. sind Beziehungen zwischen zwei Staaten, z. B. Vertrag über die → Deutsch-französische Zusammenarbeit; → multilateral.

Bilaterale Abkommen zur Rüstungskontrolle, Verträge und Absprachen von zwei Staaten über sicherheitspolitisch bedeutsame Probleme, z. B. → Rüstungskontrollvereinbarungen (→ SALT).

Bilaterales Vertragssystem (des Ostblocks), Sammelbezeichnung für die zwischen zwei Staaten des → WP geschlossenen Verträge über Freundschaft, Zusammenarbeit und gegenseitigen Beistand. Der erste Vertrag wurde von der UdSSR bereits 1943 mit der ČSSR abgeschlossen, der letzte 1977 zwischen der DDR und der ČSSR (Stand: 1989). Das Bündnissystem des B. existiert unabhängig vom WP, weil jeder mit jedem einen Bündnisvertrag geschlossen hat.

Bilateralismus, Zustand der Zweiseitigkeit; → bilateral.

Binäre C-Waffen, neue Kampfstoffe, die zwei relativ ungefährliche chemische Substanzen enthalten, die sich nach dem Abschuß, z. B. in Granaten, vermischen und erst dann ihre giftige Wirkung entfalten.

Binnenländer, Staaten ohne direkten Zugang zum Meer, z. B. Österreich, Schweiz.

Biologische Waffen (auch bakteriologische Waffen), Massenvernichtungsmittel wie Viren, Bakterien, Pilze, die bei Menschen, Tieren und Pflanzen Krankheiten und Seuchen hervorrufen, z. B. Typhus, Cholera, Pest usw. Ihre Anwendung gilt als Verstoß gegen das → Kriegsvölkerrecht; → B-Waffen-Konvention.

Bipolarität, Kennzeichnung der weltpolitischen Lage nach 1945 durch den Gegensatz der beiden Großmächte USA und UdSSR als Pole. Mit der wachsenden Macht anderer Staaten und Staatengruppen, z. B. der → EG, schwindet die Bedeutung der B.

Bizone → Besatzungszonen.

Blauhelme, umgangssprachliche Bezeichnung für die → Friedenstruppe der → UN.

BLG → Bundesleistungsgesetz.

Blitzkrieg, zu Beginn des Zweiten Weltkriegs entstandene Bezeichnung für die innerhalb kurzer Zeit entschiedenen Feldzüge, z. B. Polenfeldzug (1939) in 28 Tagen, Frankreichfeldzug (1940) in 6 Wochen. Auch der Sechstagekrieg Israels (1967) könnte als B. bezeichnet werden.

Blockade, mit militärischen Mitteln vorgenommene oder militärisch unterstützte Sperrung der See-, Luft- oder Landwege zur Unterbindung des Zugangs von Personen und Gütern in ein bestimmtes Gebiet. Beispiel: → Berliner Blockade. Je nach Art und Intensität der B., z. B. Hafen-B. durch Minen, kann eine B. Ausdruck wachsender Spannungen sein und Kriegsgefahr signalisieren, z. B. die Verminung der Straße von Hormuz 1986/87.

Blockdisziplin, geschlossenes und gemeinsames außenpolitisches Handeln von Staatengruppen, z. B. der → OPEC und von Bündnissen wie des → WP. Seit 1985 hat sich die B. im → Ostblock erheblich gelockert; → Blockfreiheit.

Blockfreie Staaten, Selbstbezeichnung von etwa 90 → Entwicklungsländern, die sich weder zum östlichen noch zum westlichen Block zugehörig fühlen. Diese Blockfreiheit hindert B. jedoch nicht, je nach Interessenlage eine mehr westlich oder mehr östlich orientierte Außenpolitik zu betreiben.

Blockfreiheit → Blockfreie Staaten.

BMVg, Abk. für: Bundesministerium der Verteidigung.

BMZ, Abk. für: Bundesministerium für wirtschaftliche Zusammenarbeit; zuständig für → Entwicklungshilfe.

BND, Abk. für: → Bundesnachrichtendienst.

Bolschewismus, vom russ. „bolschinstwo" (= Mehrheit) abgeleiteter Begriff. Er geht zurück auf die (illegalen) Parteitage der Sozialdemokratischen Arbeiterpartei Rußlands in Brüssel und London, auf denen Lenin 1903 für seine radikalrevolutionäre Programmatik eine Zufallsmehrheit erhielt.

Botschafter, ranghöchster Vertreter eines Staates in einem anderen Staat. B. genießen alle diplomatischen Rechte, insbes. → Immunität.

Boykott, Methode der kollektiven Ächtung und Annahmeverweigerung. Der Begriff stammt vom Namen eines englischen Gutsverwalters, der 1890 sozial so isoliert wurde, daß er Irland verlassen mußte. Beispiel für einen – in der Bundesrepublik Deutschland verbotenen – Wirtschafts-B.: Öffentlicher Aufruf an die Konsumenten, in einem bestimmten Einzelhandelsgeschäft nicht mehr zu kaufen.

Brandt-Bericht → Nord-Süd-Kommission.

BRD, Abk. für: Bundesrepublik Deutschland. Diese Abkürzung ist im amtlichen Sprachgebrauch unzulässig.

Breschnew-Doktrin, so benannt nach dem sowjetischen Generalsekretär Leonid Breschnew (1964 bis 1982). Einschränkung der Souveränität der sozialistischen Staaten durch den militärischen Interventionsanspruch der UdSSR bei Gefährdung der „sozialistischen Errungenschaften". Die B. diente 1968 zur Rechtfertigung des Einmarsches sowjetischer Truppen in die ČSSR zur Niederschlagung des „Prager Frühlings."

Briand-Kellog-Pakt, Abkommen zur Kriegsächtung, benannt nach den damaligen Außenministern Frankreichs und der USA. Der B. wurde 1928 zwischen dem Deutschen Reich, Belgien, Frankreich, Großbritannien, Italien, Japan, Polen, der Tschechoslowakei und den USA abgeschlossen. Im Laufe der nächsten Jahre traten weitere 60 Staaten dem B. bei, darunter auch die UdSSR. Seine Zielsetzung, Angriffskriege zu verhindern, ging nach 1945 in der Satzung der → UN auf.

Briefing, aus der anglo-amerikanischen Militärsprache übernommener Ausdruck für kurze Einweisung, Lagebesprechung, Unterrichtung.

Brüsseler Kriegsrechtkonvention von 1874, erste Konferenz europäischer Staaten zur Verhinderung des Einsatzes von Gift oder vergifteten Waffen im Kriege; → Haager Friedenskonferenz; → Chemiewaffenkonferenz.

Brüsseler Vertrag (auch Fünfmächtepakt), zwischen Großbritannien, Frankreich sowie den → Benelux-Staaten 1948 abgeschlossener Vertrag über wirtschaftliche und kulturelle Zusammenarbeit, sowie über die → kollektive Selbstverteidigung. Die militärischen Aufgaben des B. wurden 1949 auf die NATO übertragen. Der ursprünglich gegen Deutschland gerichtete B. bekam nach dem Beitritt der Bundesrepublik Deutschland und Italiens 1954 eine neue politische Richtung.

Bruttosozialprodukt (BSP), Gesamtwert aller Leistungen (Güter, Dienste, Nutzungen) einschl. Exporte abzüglich Importe, die von einer → Volkswirtschaft innerhalb eines Jahres erstellt wurden. Zieht man vom B. die normalen Abschreibungen für Ersatzinvestitionen ab, so erhält man das → Nettosozialprodukt. Die Bundesrepublik Deutschland erwirtschaftete 1988 ein B. von rd. 2,1 Billionen DM (2 100 Milliarden DM).

BSP, Abk. für: → Bruttosozialprodukt.

Budapester Vorschlag (auch Gorbatschow-Vorschlag) vom 11. Juni 1986, Einverständnis der UdSSR zu einer „Reduzierung der Streitkräfte und konventionellen Rüstung vom Atlantik bis zum Ural" mit „zuverlässigen und wirksamen Kontrollen auch durch Inspektionen vor Ort". Der B. wird als der sowjetische Ausgangspunkt der vereinbarten Abrüstungsverhandlungen gesehen; → Rüstungskontrollverhandlungen.

Bund, Bezeichnung für einen in Länder gegliederten Staat, z. B. die Bundesrepublik Deutschland.

Bundesadler → Bundeswappen.

Bundesamt für Verfassungsschutz (BfV), das aufgrund Art. 87,1 GG in Köln 1950 errichtete und dem Bundesinnenminister unterstehende Amt hat die Aufgabe, alle Informationen über verfassungsfeindliche Bestrebungen im Inland zu sammeln und auszuwerten und ggf. den Behörden zum Zwecke der Strafverfolgung zuzuleiten. Das B. selbst hat keine polizeilichen Befugnisse. Die den Bundesländern unterstehenden Verfassungsschutzämter sind zur Zusammenarbeit mit dem B. verpflichtet.

Bundesamt für den Zivildienst (Köln) ist für die Anerkennung der → Kriegsdienstverweigerer und Durchführung ihres → Zivildienstes zuständig.

Bundesamt für Zivilschutz, eine 1958 errichtete, dem Bundesministerium des Innern unterstellte Bundesbehörde (Sitz: Bad Godesberg), das zuständig ist für Aufgaben des → Katastrophen- und Zivilschutzes.

Bundesanzeiger, vom Bundesjustizministerium herausgegebenes amtliches Verkündungsblatt mit Verordnungen der Bundesregierung und anderen amtlichen Verlautbarungen, z. B. Stellenausschreibungen für Bundesbehörden; → Bundesgesetzblatt.

Bundesaußenministerium → Auswärtiges Amt.

Bundesbank (amtliche Bezeichnung: Deutsche Bundesbank), zentrale Währungs- und Notenbank der Bundesrepublik Deutschland gem. Art. 88 GG. Sie ist von der Bundesregierung unabhängig, aber gesetzlich verpflichtet, die Kreditpolitik im Einklang mit deren langfristigen wirtschaftspolitischen Zielen zu betreiben.

Bundesbehörden, oberste, höchste Behörden des Gesamtstaates in einem Bundesstaat. In der Bundesrepublik Deutschland sind dies: Bundespräsidialamt, Bundeskanzleramt, Bundesministerien, Bundesrechnungshof.

Bundesflagge → Nationalflagge.

Bundesgerichte, oberste Gerichte der Bundesrepublik Deutschland (Art. 95,1 GG). Dazu gehören z. B. der Bundesgerichtshof, das Bundesarbeitsgericht und das Bundesverwaltungsgericht.

Bundesgesetzblatt (BGBl), amtliches Verkündungsblatt gem. Art. 82 GG, vom Bundesjustizministerium herausgegeben. Erst mit der Veröffentlichung im B. können beschlossene Gesetze und → Rechtsverordnungen in Kraft treten; → Bundesanzeiger.

Bundesgrenzschutz (BGS), die gem. Art. 87,1 GG gegründete „Polizei des Bundes". Tatsächlich ist der B. eine → paramilitärische Organisation und entsprechend ausgebildet und geführt. Im Frieden übernimmt der B. Grenzschutzaufgaben, im → Verteidigungsfall militärische Funktionen und hat dann auch → Kombattantenstatus. Die Sollstärke des B. liegt bei 21 000 Mann; → GSG 9.

Bundesgrenzschutzgesetz (BGSG), ein → Sicherstellungsgesetz, das den Einsatz des → Bundesgrenzschutzes im Verteidigungsfall und → Notstand regelt.

Bundeshaus, Bezeichnung für das Parlamentsgebäude in Bonn. Das B. ist Sitz des Bundestages und des Bundesrates.

Bundeshaushalt → Bundeshaushaltsplan.

Bundeshaushaltsplan, gem. Bundeshaushaltsrecht (Art. 110 bis 115 GG) vorgeschriebener Plan, in dem im voraus alle jährlich erwarteten Einnahmen und Ausgaben erfaßt sind. Die Gliederung des B. erfolgt nach dem Ministerialprinzip, d. h. die Einzelpläne sind nach Art und Zahl der Ministerien aufgestellt, zuzüglich besonderer Einzelpläne, z. B. für das Bundespräsidialamt. Nach dem GG (Art. 110,1) müssen die Ausgaben durch die Einnahmen (einschließlich Kreditaufnahme) ausgeglichen werden.

Bundeskabinett → Bundesregierung.

Bundeskanzler, Regierungschef der Bundsregierung der Bundesrepublik Deutschland. Das Grundgesetz hat den B. mit weitgehenden Rechten ausgestattet: Er entscheidet über Ernennung und Entlassung von Bundesministern (Art. 64,1 GG) und kann jederzeit eine ministerielle Angelegenheit an sich ziehen und dazu eine Richtlinienentscheidung fällen, z. B. die Zustimmung der Bundesrepublik Deutschland zur Doppel-Null-Lösung durch Helmut Kohl 1984 (Richtlinienkompetenz gem. Art. 65 GG). Der B. kann nur unter den erschwerten Bedingungen eines konstruktiven → Mißtrauensvotums (Art. 67 GG) gestürzt werden.

Bundeskanzleramt, oberste Bundesbehörde als unmittelbar dem Bundeskanzler unterstehende Dienststelle. Sie hat vor allem die Aufgabe, die → Richtlinienkompetenz des Bundeskanzlers durch Koordinierung der Regierungsarbeit sicherzustellen, z. B. rechtzeitige Abstimmung von Ausgabeplänen eines Bundesministers mit den vom Bundesfinanzminister verkündeten finanziellen Eckdaten. Seit 1984 wird das B. geleitet von einem Bundesminister „für besondere Aufgaben".

Bundeskompetenz, Zuständigkeit des Bundes für staatliche Aufgaben anstelle der → Bundesländer. Die B. gilt stets für die Bereiche der ausschließlichen Gesetzgebungskompetenz (Art. 73 GG), z. B. für Verteidigung (Art. 87a). Besteht ein „Bedürfnis nach bundesgesetzlicher Regelung“, gilt die B. auch für die → konkurrierende Gesetzgebung (Art. 72 GG). Soweit nicht ausdrücklich nur die Länder zuständig sind, wie z. B. für Schulfragen, greift der Verfassungsgrundsatz, daß Bundesrecht Landesrecht bricht (Art. 31 GG), wenn beide im Widerspruch zueinander stehen.

Bundesländer, die 10 Gliedstaaten der Bundesrepublik Deutschland. Es sind dies die Länder Baden-Württemberg, Bayern, Bremen, Hamburg, Hessen, Niedersachsen, Nordrhein-Westfalen, Rheinland-Pfalz, Saarland und Schleswig-Holstein. Bremen (Freie Hansestadt Bremen) und Hamburg (Freie und Hansestadt Hamburg) sind sogenannte Stadtstaaten, die anderen Flächenstaaten. Westberlin zählt nicht zu den B. Es hat einen Sonderstatus; → Bundesrat; → Viermächteabkommen.

Bundesleistungsgesetz (BLG), ein → Sicherstellungsgesetz, mit dem für Aufgaben der Verteidigung Sach- und Werkleistungen in Anspruch genommen werden können, z. B. Überlassung von (auch privaten) Kraftfahrzeugen im → Verteidigungsfall und → Notstand.

Bundesluftwaffe → Luftwaffe.

Bundesmarine → Marine.

Bundesminister, Minister der Bundesregierung der Bundesrepublik Deutschland und damit Leiter einer obersten Bundesbehörde. Die B. werden auf Vorschlag des Bundeskanzlers vom Bundespräsidenten ernannt und entlassen.

Bundesminister *für* Verteidigung, im Frieden Inhaber der höchsten „Befehls- und Kommandogewalt über die Streitkräfte“ (Art. 65a GG) und Leiter des → Bundesministeriums *der* Verteidigung.

Bundesministerium, oberste, von einem Bundesminister geleitete Bundesbehörde. Von den 1989 insgesamt bestehenden 17 B. sind die fünf klassischen Ministerien die mit dem bedeutendsten politischen Gewicht. Zu ihnen gehört auch das → B. der Verteidigung.

Bundesministerium der Verteidigung (BMVg), Bundesministerium, das für die Verteidigungs- und – zusammen mit dem → Auswärtigen Amt – für die Sicherheitspolitik zuständig ist. Bis 1945 trugen die Ministerien dieser Art allgemein den Namen Kriegsministerium. Das B. wurde nach dem Beitritt der Bundesrepublik Deutschland zur NATO (1955) errichtet.

Bundesnachrichtendienst (BND), der Geheimdienst der Bundesrepublik Deutschland mit Sitz in Pullach/München zur Beschaffung, Sammlung und Auswertung von Nachrichten und Informationen aus dem Ausland, die für die Sicherheit und verfassungsmäßige Ordnung der Bundesrepublik Deutschland wichtig sein können. Der B. ist 1955 aus der „Organisation Gehlen“ hervorgegangen, die 1945 von der US-Besatzungsmacht eingerichtet wurde.

Bundespflicht, Pflicht der → Bundesstaaten zur Bundestreue gegenüber dem übergeordneten Gesamtstaat. Verletzt ein Bundesland diese Pflicht, kann es dem → Bundeszwang unterworfen werden.

Bundespräsident, in der Bundesrepublik Deutschland Amtsbezeichnung für das Staatsoberhaupt. Er ist der oberste Repräsentant und vertritt den Staat nach innen, z. B. durch Reden zu besonderen Anlässen, nach außen durch Staatsbesuche und nimmt die völkerrechtliche Vertretung wahr (Art. 59 GG). Seine engen Befugnisse erlauben ihm nur beschränkt, im selbständigen Ermessen rechtliche Beschlüsse zu fassen. Er wird von der → Bundesversammlung auf fünf Jahre gewählt. Einmalige Wiederwahl des B. ist zulässig (Art. 54,2 GG).

Bundespräsidialamt, von einem Staatssekretär geleitete oberste Bundesbehörde zur Unterstützung der Arbeit des Bundespräsidenten. Der Vertreter des B. hat das Recht, an allen Sitzungen des → Bundeskabinetts teilzunehmen.

Bundesrat, parlamentarisches Vertretungsorgan der → Bundesländer auf der staatlichen Ebene des Bundes. „Durch den B. wirken die Länder bei der Gesetzgebung und Verwaltung des Bundes mit“ (Art. 50 GG). Der B. besteht aus Mitgliedern der Länderregierungen, wobei jedes Bundesland mindestens drei, bei mehr als 2 Millionen Einwohner vier, bei mehr als 6 Millionen Einwohner fünf Vertreter entsendet (Art. 51 GG). Z. Zt. (1989) besteht der B. aus 45 Mitgliedern.

Bundesratspräsident, Leiter der Sitzungen des Bundesrates und zugleich Stellvertreter des Bundespräsidenten (Art. 57 GG). Der B. wird vom Bundesrat auf ein Jahr gewählt (Art. 52,1 GG); nach einer Vereinbarung der Länderregierungschefs wechselt das Amt unter ihnen in der Reihenfolge der Einwohnerzahl ihrer Länder.

Bundesrechnungshof, aufgrund von Art. 114 GG errichtete, oberste Bundesbehörde (Sitz: Frankfurt/Main). Der B. hat die Aufgabe, das Haushaltsgebaren des Bundes auf seine Rechtmäßigkeit, wirtschaftliche Zweckmäßigkeit und Sparsamkeit zu überprüfen. Der B. ist weisungsunabhängig und seine Mitglieder genießen richterliche Unabhängigkeit.

Bundesregierung. Die B., auch Kabinett genannt, setzt sich zusammen aus dem Bundeskanzler und den → Bundesministern.

Bundesrepublik Deutschland, → Bundesstaat mit einer verfassungsrechtlich festgelegten, unveränderbaren Staats- und Regierungsform. Nach Art. 20,1 GG ist die Bundesrepublik Deutschland „ein demokratischer und sozialer Bundesstaat“; dieser Grundsatz darf auch durch eine Verfassungsänderung nicht berührt werden (Art. 79 GG).

Bundessanitätszentrum, Sitz Bonn, ist Teil des → Sanitätswesens und erfüllt im Gegensatz zum Sanitätsdienst der Teilstreitkräfte, ärztliche Aufgaben für alle Soldaten, die ihren Standort in Bonn haben.

Bundessicherheitsrat (früher: Bundesverteidigungsrat), ein seit 1955 bestehender Ausschuß des → Bundeskabinetts, der sich mit Fragen der → Landesverteidigung befaßt. Neben dem Bundeskanzler und dem Bundesminister der Verteidigung gehören ihm die Bundesminister des Auswärtigen, des Inneren und der Bundesminister für Wirtschaft an.

Bundesstaat, Staat, dessen Befugnisse zwischen dem Zentralstaat und den Gliedstaaten (Länder) aufgeteilt sind. Seine entscheidenden Zuständigkeiten liegen jedoch beim Bund, z. B. bei der Bundesrepublik Deutschland. Das Königreich Belgien beabsichtigt, sich in einen B. umzuwandeln mit einem flämischen und wallonischen Teil; Ggs.: → Einheitsstaat; → Staatenbund.

Bundestag (Deutscher), auf vier Jahre vom Volk gewähltes → Parlament der Bundesrepublik Deutschland (Art. 38 GG) und Vertretungsorgan „des ganzen Volkes“ (Art. 38,1 GG). Der B. besteht – ohne Überhangmandate – aus 496 Abgeordneten, zuzüglich den nicht voll stimmberechtigten 22 Vertretern Westberlins. Der 11. B. hat (1989) eine Gesamtmitgliederzahl von 519. Der Deutsche B. hat alle „klassischen“ Rechte einer parlamentarischen Volksvertretung: Wahl des Regierungschefs (Art. 63,1 GG), Gesetzgebungsfunktion (Art, 77 GG) und Kontrolle der → Exekutive, z. B. durch Einsetzen eines Untersuchungsausschuß (Art. 44 GG). Für die Modalitäten der Verhandlungen, Abstimmungen und Arbeitsverfahren hat sich der B. eine Geschäftsordnung gegeben. Über den ihm unterstellten → Wehrbeauftragten (Art. 45b GG) übt der B. die parlamentarische Kontrolle über die Streitkräfte aus.

Bundestagsabgeordnete(r) → Abgeordnete(r) .

Bundestagspräsident, Vorsitzender des Bundestages und damit nach dem Bundespräsidenten der ranghöchste politische Amtsträger der Bundesrepublik Deutschland. Er leitet die Sitzungen des Plenums und übt das Hausrecht nebst Polizeigewalt im Bundeshaus aus (Art. 40,2 GG).

Bundestagswahl, nach Art. 39,1 GG → Wahl zum Deutschen Bundestag: Die B. erfolgt i. d. R. alle 4 Jahre. Bisherige Wahljahre: 1949, 1953, 1957, 1961, 1965, 1969, 1972, 1976, 1980, 1983, 1987; nächste Wahl voraussichtlich Ende 1990.

Bundesverfassungsgericht (BVG), aufgrund Art. 92 GG 1951 errichtetes oberstes Gericht der Bundesrepublik Deutschland mit absichtlich von Bonn entferntem Sitz in Karlsruhe, um die Gewaltenteilung zu unterstreichen. Als unabhängiger und selbständiger Gerichtshof hat das B. den Rang eines obersten Verfassungsorganes, das aus zwei Senaten mit je 8 Richtern besteht. Seine Aufgaben (Art. 93 GG) als „Hüter des Rechts“ sind vor allem die Auslegung des Grundgesetzes und bei Meinungsverschiedenheiten über die Verfassungsgemäßheit eines Bundesgesetzes zu urteilen, so z. B. 1985 über die Zulässigkeit der Verlängerung des → Zivildienstes von 16 auf 20 Monate. Seine Entscheidungen binden alle anderen Verfassungsorgane und haben Gesetzeskraft. Außerdem entscheidet das B. über → Verfassungsbeschwerden. Die Rechtsstellung und der Aufgabenbereich des B. dürfen auch im → Verteidigungsfall nicht geändert werden.

Bundesversammlung, alle 5 Jahre einmal zusammentretendes Wahlorgan zur Wahl des Bundespräsidenten (Art. 54,3 GG), bestehend aus allen Mitgliedern des Bundestages und einer gleichen Anzahl von Mitgliedern, die von den Länderparlamenten gewählt werden. Die B. tagte zuletzt 1989.

Bundesverteidigungsrat → Bundessicherheitsrat.

Bundeswappen, einköpfiger schwarzer Adler mit roten Klauen und rotem Schnabel auf goldgelbem Grund (Bundesadler). Die Farbkomposition entspricht den Bundesfarben schwarz-rot-gold gem. Art. 22 GG. Das B. symbolisiert die staatliche Hoheit (→ Souveränität) der Bundesrepublik Deutschland.

Bundeswehr, militärische → Streitkräfte der Bundesrepublik Deutschland zur bewaffneten → Landesverteidigung. Mit den → Pariser Verträgen von 1954 und dem Beitritt zur → WEU und zur NATO hat sich die Bundesrepublik Deutschland zum Aufbau einer B. verpflichtet. Die dazu notwendigen Änderungen und Ergänzungen des Grundgesetzes erfolgten in den Jahren 1954 und 1956 (vor allem: Art. 12a, 17a, 45a und b, 65a, 80a, 87a und b GG). Die B. fußt auf der allgemeinen → Wehrpflicht; Sollstärke: 495 000 Mann. Etwas mehr als die Hälfte davon dienen als Soldaten auf Zeit (→ Zeitsoldaten) 2 bis 15 Jahre und als → Berufssoldaten auf Lebenszeit (→ Berufsarmee). Die B. untersteht als Teil der → Exekutive der zivilen → Befehls- und Kommandogewalt. Sie ist eine → Bündnisarmee innerhalb der NATO, deren entscheidende Aufgabe ist, einen potentiellen Gegner von der Androhung und Anwendung militärischer Gewalt abzuhalten (→ Abschreckung). Die B. darf einen → Angriffskrieg weder vorbereiten noch führen (Art. 26,1 GG). Sie ist nur mit → konventionellen Waffen ausgerüstet; → Teilstreitkräfte; → Verteidigungsfall; → Spannungsfall; → Notstand.

Bundeswehrfachschulen, Einrichtungen, die allen Soldaten auf Zeit mit einer Mindestverpflichtung von acht Jahren am Ende und nach der Dienstzeit die Möglichkeit bieten, allgemeinbildende und berufsbezogene Abschlüsse des Zweiten Bildungsweges zu erwerben. An insgesamt 28 über das Bundesgebiet verteilten B. unterrichten (Stand 1987) über 350 Lehrer etwa 10 000 Soldaten auf Zeit.

Bundeswehrhochschulen → Bundeswehruniversitäten.

Bundeswehrkrankenhäuser, insgesamt 12 stationäre Behandlungseinrichtungen im → Sanitäts- und Gesundheitswesen der Bundeswehr, z. B. in Koblenz und Ulm. Die B. entsprechen in Ausstattung und Leistung mittleren bzw. größeren Krankenhäusern des zivilen Bereichs. Im → Verteidigungsfall werden zusätzlich 76 → Lazarette und 160 → Reservelazarette eingerichtet.

Bundeswehrplanung, zentrale Aufgabe des → BMVg zur Sicherstellung des künftigen personellen und materiellen Bedarfs der Bundeswehr. Die Integration in die Streitkräfte der NATO macht es erforderlich, die nationale Planung in die von allen Bündnispartnern koordinierte Gesamtplanung einzubringen. Entscheidungsgremium für die B. ist die 1983 vom BMVg eingerichtete Planungskonferenz.

Bundeswehrsanitätszentrum, den → Teilstreitkräften unterstehende Einrichtung der → Sanitätstruppe, die in bestimmten → Standorten zusammengefaßt sind, z. B. in Flensburg oder Koblenz. Das → Territorialheer verfügt über 40 Sanitätszentren, die → Luftwaffe über 38 und die → Marine über 7 (Stand 1989).

Bundeswehrstruktur, Aufbau und Beschaffenheit der → Bundeswehr. Die Bundeswehr gliedert sich in → Heer, → Luftwaffe, → Marine, → Sanitäts- und Gesundheitswesen sowie in → zentrale militärische Bundeswehrdienststellen, wie z. B. das Bundeswehrbeschaffungsamt. Besondere Aufgaben hinsichtlich der Bundeswehr haben die → Bundeswehrverwaltung und der → Wehrbeauftragte des Deutschen Bundestages.

Bundeswehruniversitäten, im Jahr 1973 in Hamburg und München errichtete Hochschulen für Soldaten. Das Studium an diesen Universitäten dauert drei, in Trimester gegliederte Studienjahre und dient der wissenschaftlichen Ausbildung der Berufs- und Zeitoffiziere mit mindestens 12jähriger Verpflichtungszeit. Studienabschluß: Diplom.

Bundeswehrverwaltung, zivile, für alle → Teilstreitkräfte der Bundeswehr zuständige, dem → BMVg unterstehende Verwaltung. Die B. sorgt für die Deckung des Personal- und Sachbedarfs der Streitkräfte.

Bundeszentrale für politische Bildung (Sitz Bonn), überparteiliche Einrichtung zur Förderung der politischen Bildung. Die B. untersteht dem Bundesinnenministerium.

Bundeszwang, Zwangsmaßnahmen des Bundes gegenüber einem Bundesland, das seine → Bundespflicht verletzt (Art. 37 GG). Der B. erlaubt ein unmittelbares Weisungsrecht eines Bundesbeauftragten gegenüber den Länderbehörden; in der Bundesrepublik Deutschland wurde diese Verfassungsbestimmung bisher (Stand 1989) noch nie angewandt.

Bündnis, Zusammenschluß von Staaten zum Erreichen eines gemeinsamen außenpolitischen Zieles. Das B. unterscheidet sich vom → Beistandspakt durch die Errichtung fester, übernationaler Organe, z. B. → NATO-Rat. Aufgrund des → Gewaltverzichtsgebotes der UN sind Militär-B. nur zur → kollektiven Selbstverteidigung zulässig.

Bündnisarmee, → Armee, die ihre entscheidenden Aufgaben nur im Zusammenwirken mit den Armeen der verbündeten Staaten wahrnehmen kann und will. Die Bundeswehr ist eine B.

Bündnisfreiheit, Nichtzugehörigkeit zu einem → Bündnis; → Blockfreiheit, z. B. Jugoslawien; → Neutralität.

Bündnisstruktur, Inbegriff für Art und Zusammensetzung der Streitkräfte, der gesamtstrategischen Zielsetzung und geopolitischen Lage eines Militärbündnisses. Die B. der NATO ist von der des → WP wesentlich verschieden, z. B. in der Strategie und im Kräfteverhältnis ihrer Bewaffnung.

Bündnissystem, Verbindung mehrerer → Bündnisse, z. B. NATO und → WEU.

Bürgerinitiativen, nicht parteilich gebundene Gruppen, die sich zumeist aus einem konkreten Anlaß zusammenschließen, um die öffentliche Meinung zu beeinflussen bzw. aus ihrer Sicht vorhandene Mißstände zu beseitigen oder ihr Entstehen zu verhindern suchen. Die sog. → Friedensbewegung von 1983 war die bisher größte B.

Bürger in Uniform, zentrales Prinzip der → Inneren Führung der Bundeswehr, das vom → Wehrpflichtigen als mündigem und verantwortlichem Staatsbürger ausgeht. Die im Grundgesetz garantierten → Grundrechte gelten auch für Soldaten, wobei Einschränkungen zur Erfüllung des → Auftrags der Bundeswehr im Soldatengesetz festgelegt sind.

Bürgerkrieg, mit militärischen Mitteln ausgetragener Konflikt zwischen regulären Streitkräften und opponierenden Gruppen (Aufständischen, z. B. Verschwörern, Guerillas) innerhalb eines Staates. Ein B. liegt auch vor, wenn die staatliche Macht außerstande ist, bewaffnete Auseinandersetzungen zwischen rivalisierenden Kräften zu verhindern, z. B. im Libanon seit 1975. Der B. ist kein → Krieg im völkerrechtlichen Sinne.

BVG, Abk. für: → Bundesverfassungsgericht.

B-Waffen → Biologische Waffen.

B-Waffen-Konvention von 1972, Übereinkommen zum Verbot der Entwicklung, Herstellung, Lagerung und Erwerb von → Bakteriologischen Waffen und → Toxinwaffen sowie über die Vernichtung solcher Waffen. Die B. wurde von über 120 Staaten unterzeichnet, darunter auch von der Bundesrepublik Deutschland. Eine generelle → Verifizierung der Vertragseinhaltung war bisher kaum möglich; → Genfer Protokoll.

Casus belli (lat. = Kriegsfall); Kriegsgrund, Ereignis, das zum unmittelbaren formalen Anlaß oder auch Vorwand zur Abgabe einer → Kriegserklärung eines Staates gegenüber einem oder mehreren anderen genommen wird. Der C. kann auch ohne Kriegserklärung zum Beginn kriegerischer Handlungen führen, z. B. Besetzung der britischen Falklandinseln durch Argentinien 1982.

Casus foederis (lat. = Fall des Bündnisses), Bündnisfall; Ereignis, bei dem die vom Staat aufgrund eines → Bündnisses übernommenen Pflichten wirksam werden müssen, z. B. Kriegserklärung des Deutschen Reiches an Rußland 1914 nach Ausbruch des österreich-serbischen Krieges.

CCD, Abk. für: Conference of the Committee on Disarmament (engl.), Konferenz des Komitees zur Abrüstung; Bezeichnung der Abrüstungskonferenz in Genf von 1969 bis 1979; → CD.

CD, Abk. für:

— Conference on Disarmament (engl. = Konferenz zur Abrüstung) → Genfer Abrüstungskonferenz;

— Corps Diplomatique (frz.) → Diplomatisches Korps.

CDU → Christlich-Demokratische Union.

CENTO, Abk. für: Central Treaty Organization (engl. = Zentrale Paktorganisation), aus dem → Bagdadpakt hervorgegangenes, 1959 geschlossenes Militärbündnis zwischen Großbritannien, Iran, Pakistan und der Türkei mit den USA als assoziiertes Mitglied. Als Folge der iranischen Revolution 1979 erklärten der Iran, die Türkei und Pakistan ihren Austritt aus dem C.; damit war der Pakt zerbrochen.

Charta der Vereinten Nationen → UN-Charta.

Checks and Balances (engl. = Kontrollen und Gleichgewichte), Grundsatz der präsidialen Demokratie, insbes. der US-Verfassung, nach dem die staatlichen Teilgewalten annähernd gleich stark sein sollen, um sich in ihrer Machtausübung gegenseitig zu hemmen und damit einen Machtmißbrauch zu verhindern.

Chemiewaffenkonferenz, auf einer Konferenz über → chemische Waffen (Januar 1989, Tagungsort Paris) richteten die Vertreter von 149 Staaten einen einmütigen Appell an die → Genfer Abrüstungskonferenz für ein weltweites Verbot der Herstellung, Lagerung und des Einsatzes chemischer und → bakteriologischer Waffen. Die C. bekräftigte außerdem das → Genfer Protokoll von 1925, das den Einsatz der Chemiewaffen bereits damals untersagte.

Chemische Waffen, Kampfstoffe, die aus tragbaren oder fahrbaren Behältern abgeblasen oder versprüht, aus Geschützen oder Minenwerfern verschossen oder von Raketen bzw. Flugzeugen über dem Zielgebiet abgeworfen werden. C. wurden erstmalig im Ersten Weltkrieg 1915 eingesetzt. Man unterscheidet Augen-, Nasen- und Rachenreizstoffe sowie Lungen-, Haut- und Nervengifte. Einige Nervengifte wirken sofort tödlich, andere Stoffe machen nur hilflos, können aber in größeren Dosen erhebliche Langzeitwirkungen haben. 1989 sollen knapp 40 Staaten im Besitz von C. sein. Die Bundesrepublik Deutschland hat anläßlich der Unterzeichnung der

→ B-Waffenkonvention 1972 erklärt, daß sie nicht nur auf Entwicklung und Herstellung, sondern auch auf Erwerb und Lagerung einseitig verzichtet; → Chemiewaffenkonferenz.

Christlich-Demokratische Union CDU), nach dem 2. Weltkrieg entstandene Volkspartei der Bundesrepublik Deutschland, die als Sammlung christlicher und konservativer Kräfte angesehen werden kann. Sie betont in ihren Zielen: Soziale Marktwirtschaft, innere Sicherheit, militärische Verteidigung im Rahmen des NATO-Bündnisses, Wahrung der traditionellen Grundwerte der Verfassung sowie Schutz von Ehe und Familie.

Christlich-Soziale Union (CSU), auf den Freistaat Bayern beschränkte Schwesterpartei der → CDU mit besonderer Betonung nationalkonservativer Akzente. Die CSU ist seit Jahrzehnten die führende Regierungspartei in Bayern.

Clausewitz, Carl Philipp Gottfried (1780 bis 1831), preußischer General und Militärtheoretiker. Sein Hauptwerk „Vom Kriege" (erschienen 1832/34) versteht den Krieg grundsätzlich als Instrument der Politik, wie dies in dem bekannten Satz vom „Krieg als die Fortsetzung der Politik mit anderen Mitteln" zum Ausdruck kommt.

Clausula rebus sic stantibus (lat. = Klausel der unveränderten Umstände), völkerrechtliches Prinzip, das die einseitige Auflösung und Kündigung von zwischenstaatlichen Verträgen gestattet, wenn sich die grundlegenden Bedingungen und Umstände, die zum Vertragsabschluß geführt haben, wesentlich geändert haben; Ggs.: → Pacta sunt servanda.

CNAD, Abk. für: → Conference of National Armament Directors.

COCOM, Abk. für: Coordinating Committee for East-West-Trade-Policy (engl. = Koordinierungsausschuß für Ost-West-Handelspolitik). Aufgabe des C. ist es, durch ein → Embargo zu verhindern, daß Hochtechnologie-Systeme in Staaten des Ostblocks gelangen. Diese Güter werden auf der sog. C.-Liste aufgeführt.

COMECON, Abk. für: Council of Mutual Economic Assistance (engl. = Rat für gegenseitige Wirtschaftshilfe); Vereinigung von 10 kommunistischen Staaten zur Förderung der wirtschaftlichen Zusammenarbeit der Ostblockländer einschließlich Kuba und Vietnam (Gründung 1949 in Moskau). Im Vergleich zur EG bestehen im C. andere Strukturen bzw. geringere Verflechtungen und keine supranationalen Instanzen. Insofern kann der C. nur bedingt mit der EG verglichen werden.

Commonwealth (engl. = öffentliches Wohl), Gemeinwesen, Kurzfassung des Begriffs „British Commonwealth of Nations" (Gemeinschaft der Staaten des ehemaligen britischen Weltreichs). Geschichtlich geht das C. auf das britische Empire zurück und ist in der 2. Hälfte des 19. Jahrhunderts entstanden. Es umfaßt außer Großbritannien über 45 unabhängige Staaten, vor allem ehemalige britische Kolonien, z. B. Südafrika und Indien. Als symbolisches gemeinsames Oberhaupt wird von allen Mitgliedern des C. die Königin von England angesehen.

Conference of National Armament Directors (CNAD), (engl. = Konferenz der nationalen Rüstungsdirektoren), Koordinationsorgan der NATO zur zeitlichen Harmonisierung gemeinsamer Rüstungsprojekte, z. B. „Jäger 90".

CONTADORA-Gruppe, nach der panamesischen Insel Contadora benannte Vereinigung der 4 mittelamerikanischen Staaten Kolumbien, Mexiko, Panama und Venezuela. Die C. bemüht sich um die friedliche Lösung von Konflikten in der mittelamerikanischen Region.

Containment (engl. = Eindämmung), vom US-Diplomaten G. F. Kennan 1947 formuliertes außenpolitisches Konzept der USA zur Eindämmung der sowjetischen Expansion (→ Truman-Doktrin). Diese Politik beinhaltet eine zwar defensive, aber entschlossene Haltung gegenüber der UdSSR, deren politischer Druck mit Gegendruck beantwortet wird. Der Verbleib der US-Streitkräfte in Deutschland und der Aufbau des Bündnissystems der → NATO waren Auswirkungen des C.

Counter-City-Strategy, US-Nuklearstrategie etwa ab 1961, nach der Städte und Industriezentren des potentiellen Gegners als Zielobjekte vorgesehen waren. Die gegnerische Bevölkerung wurde damit zur Geisel der Abschreckung bei nuklearer Überlegenhei der USA; → Counter-Force-Strategy.

Counter Force (engl. wörtlich = Gegenkraft), Gegenschlag-Strategie. Prinzip, bei einem gegnerischen Angriff nur dessen Streitkräfte, nicht aber Zivilbevölkerung durch den Einsatz von Nuklearwaffen zu vernichten. Die C. kann sowohl eine Waffe zur Kriegsverhinderung wie der Kriegsführung sein. Im Extremfall kann die C. die Fähigkeit zum → Erstschlag bedeuten.

Counter-Force-Strategy, US-Nuklearstrategie etwa ab 1962, nachdem die UdSSR die Fähigkeit zum strategischen Gegenschlag besaß und ihrerseits amerikanische Städte bedrohen konnte. Die sowjetischen Nuklear-Raketenbasen erschienen damit als größte Bedrohung. Die höhere Treffgenauigkeit (niedriger Streuradius) der Raketen ermöglichte eine Zielverlagerung auf militärische Zentren. Die C. wurde zur Grundlage der → MAD und damit der Kriegsverhinderung.

Crisis Management (engl. = → Krisenmanagement).

Cruise Missiles, unbemannte Marschflugkörper, die in Bodennähe mit Unterschallgeschwindigkeit fliegen und aufgrund vorprogrammierter Landmarkierungen ihren Flugweg selbst korrigieren und dadurch eine hohe Treffgenauigkeit erzielen. C. können sowohl mit konventionellen wie mit nuklearen Sprengköpfen ausgerüstet werden.

CSU → Christlich-Soziale Union.

C-Waffen → Chemische Waffen.

Datenbank, Einrichtung zum Speichern großer Informationsmengen, z. B. „Verkehrssünderkartei" in Flensburg.

Datenschutz, Schutz der Persönlichkeitsrechte vor dem Mißbrauch personenbezogener Daten, insbesondere solcher Daten, die in Datenverarbeitungsanlagen verarbeitet und gespeichert werden. Rechtsgrundlage des D. ist ein Urteil des → BGV von 1983 zum Volkszählungsgesetz und das Bundesdatenschutzgesetz von 1977. Es soll den Mißbrauch bei der Datenverarbeitung verhindern. Datenschutzbeauftragte des Bundes und der Länder sowie eigens dafür Beauftragte in Betrieben der privaten Wirtschaft sind zur Überwachung des D. eingesetzt.

DDR, Abk. für: → Deutsche Demokratische Republik.

Debellation (von lat. bellum = Krieg), völlige Besiegung eines Staates und Eroberung seiner Gebiete. Folge: Bedingungslose Kapitulation wie die der deutschen Wehrmacht am 8. Mai 1945.

DED, Abk. für: Deutscher Entwicklungsdienst; → Entwicklungshilfe.

De-Eskalation, wichtiger Bestandteil der Strategie der NATO, um auf jeder Stufe der → Eskalation durch Verhandlungen den Konflikt auf eine niedrigere Stufe rückzuführen, zu beenden und eine Lösung mit gewaltlosen Mitteln anzustreben; Ggs.: → Eskalation.

de facto (lat.), tatsächlich (bestehend), den Tatsachen entsprechend, nach Lage der Dinge, z. B. De-facto-Anerkennung der auf absehbare Zeit fortbestehenden Teilung Deutschlands; Ggs.: → de jure.

Defence Planning Committee (DPC), (engl. = Ausschuß für Verteidigungsplanung), oberste Planungsbehörde der NATO. Im DPC koordinieren die Mitgliedstaaten ihre Politik.

Defensive, Beschränkung der Ziele und Mittel auf Abwehr gegen feindliche Angriffe. Die NATO ist z. B. ein reines Defensivbündnis; Ggs.: → Offensive.

Defensive Verteidigung (von H. Afheld und F. Birnstiel), zu Beginn der 70er Jahre entwickelte Verteidigungsstrategie, von der keine offensive Gefährdung eines anderen Staates ausgehen kann, mit der dennoch ein Angriff auf das eigene Territorium mit konventionellen Mitteln erfolgreich abgewehrt werden kann, z. B. durch Bildung von → Technokommandos; Ggs.: Offensive Verteidigung

Defensivkonzepte → Defensive Verteidigung.

Defensivpotentiale, konventionelle Streitkräfte, die nach Stärke und Bewaffnung auf Verteidigung ausgerichtet sind und deren Struktur, → Logistik und Operationsplanung sie nicht zur → Offensive befähigen. Merkmale eines D.:

1. → Strukturelle Nichtangriffsfähigkeit, z. B. keine reinen Offensivwaffen;
2. Ausreichende Stärke, um einen Gegner von einer Aggression abzuhalten bzw. einen Angriff abwehren zu können.

Defensivstrategie → Defensive.

de jure (lat.) von Rechts wegen, dem Gesetz entsprechend; z. B. de-jure-Anerkennung der Westgrenze Polens durch die Bundesrepublik Deutschland 1970; Ggs.: → de facto.

Deklaration (lat. declaratio = Kundgebung), Erklärung, in feierlicher Form vorgetragen, in der grundlegende Ziele und Absichten verkündet werden, z. B. die „Allgemeine Erklärung der Menschenrechte“ durch die → UN von 1948.

Deklaratorische Politik, Politik der Absichtserklärungen ohne konkrete, rechtlich bindende Vereinbarungen, z. B. Erklärung einer Regierung, größere Anstrengungen zur Verbesserung der Verteidigungsfähigkeit zu unternehmen.

Demarche (franz. = „diplomatischer Schritt“), in der Diplomatensprache eine schriftliche Anfrage, um eine Beschwerde, Forderung oder Drohung gegenüber einer anderen Regierung vorzubringen, z. B. bei vermeintlich oder tatsächlich ungerechtfertigter Verhaftung eines eigenen Staatsbürgers im anderen Land.

Demarkationslinie, vorläufige gegenseitige Abgrenzung der Hoheitsgebiete von Staaten, etwa nach einem → Waffenstillstand oder zur Markierung der Gebiete für die Besatzungstruppen, z. B. die D. zwischen der amerikanischen, britischen, französischen und sowjetischen → Besatzungszone nach 1945.

Demilitarisierung → Entmilitarisierung.

Demokratie (griech. demos = Volk und kratein = herrschen), → Regierungsform, in der das Volk die Regierung direkt oder indirekt (über ein → Parlament) wählt, diese selbst und/oder durch beauftragte Organe kontrolliert, alle Maßnahmen des Staates durch Verfassung und Gesetz abgedeckt sein müssen und die → Menschenrechte gewahrt werden. In der Bundesrepublik Deutschland sind diese grundlegenden D-Merkmale im Grundgesetz niedergelegt, insbes. im Art. 20, nach dem „alle Staatsgewalt vom Volke ausgeht“ und „durch besondere Organe der Gesetzgebung, der vollziehenden Gewalt und der Rechtsprechung ausgeübt“ wird (Art. 20,2 GG).

Demokratischer Sozialismus (freiheitlicher Sozialismus), Form des → Sozialismus, der sich vom marxistischen Sozialismus insbesondere durch die Anerkennung der individuellen → Menschenrechte in einem Rechtsstaat unterscheidet.

Demokratisierung, Übertragung der demokratischen Grundsätze von Wahl und Mehrheitsentscheidung auf exekutive Aufgaben, z. B. Schulleiterwahl durch das Lehrerkollegium.

Demontage, Abbau und ggf. auch Abbruch von Industrieanlagen, Maschinen und Einrichtungen nach dem Zweiten Weltkrieg insbes. zu Gunsten der UdSSR und Großbritanniens.

Desertion → Fahnenflucht.

Destabilisierung, Vorgang, der einen politischen Zustand instabil macht, z. B. die Lage in Nahost durch den Krieg Iran-Irak von 1980 bis 1988.

Deterrence (engl.) → Abschreckung.

Deutsche Demokratische Republik (DDR), nach dem Verständnis der Bundesrepublik Deutschland der östliche deutsche Staat, Teil der deutschen Nation und des gesamten deutschen Volkes. Nach dem Selbstverständnis der DDR ist sie gem. ihrer Verfassung ein „Sozialistischer Staat deutscher Nation“, organisiert nach dem Prinzip des → Demokratischen Zentralismus unter der Führung der → SED.

Deutsche Frage, Frage nach der Einheit des deutschen Volkes, nach seinem → Selbstbestimmungsrecht, als deutsche Nation unter *einem* staatlichen Dach zu leben. Dieses Recht ist als Forderung in der → Präambel des → Grundgesetzes verankert.

Deutsche Friedensgesellschaft – Vereinigte Kriegsdienstgegner (DFG), 1892 gegründete pazifistische Vereinigung. Die D. wurde 1933 verboten. Sie wurde nach 1945 in den Westzonen und den Westsektoren Berlins wiedergegründet. 1968 Vereinigung mit der „Internationale der Kriegsdienstgegner", 1974 Zusammenschluß mit dem Verband der → Kriegsdienstverweigerer.

Deutsche Kommunistische Partei (DKP), Nachfolgepartei der durch Urteil des → BVG 1956 verbotenen → KPD. Die aktive Mitgliedschaft in der DKP kann als Indiz dafür gewertet werden, daß die betreffende Person nicht vorbehaltlos die freiheitlich-demokratische Grundordnung bejaht und damit nicht Beamter sein oder werden kann.

Deutscher, jeder, der die deutsche → Staatsangehörigkeit besitzt, also auch die Deutschen in der DDR. Der Begriff D. im Sinne des Art. 116 GG umschließt auch Flüchtlinge oder Vertriebene deutscher Volkszugehörigkeit, die auf dem Gebiet des Deutschen Reiches in den Grenzen vom 31. 12. 1937 aufgenommen wurden, sowie deren Abkömmlinge.

Deutscher Bundestag → Bundestag.

Deutscher Bundeswehrverband, 1956 gegründete Organisation zur Wahrnehmung der allgemeinen, sozialen und beruflichen Interessen von → Berufssoldaten, → Soldaten auf Zeit, → Wehrpflichtigen, ehemaligen Soldaten sowie ihrer Familienangehörigen und Hinterbliebenen.

Deutsch-französische Zusammenarbeit, von Konrad Adenauer (1876 bis 1967) nach Ende des → Zweiten Weltkriegs initiierte Politik der deutsch-französischen Aussöhnung Frankreichs mit Deutschland. Mit der Unterzeichnung der Deutsch-Französischen Vertrags (Elysèe-Vertrag) 1963 wurde ein Freundschaftsvertrag abgeschlossen, der regelmäßige Konsultationen der Außenminister vor jeder wichtigen außenpolitischen Entscheidung, Zusammenarbeit in allen wichtigen Bereichen der Wirtschaftspolitik, Verstärkung des Jugendaustausches u. a. vorsieht. Die ebenfalls festgelegte Bemühung um eine gemeinsame militärische Konzeption war nach Frankreichs Austritt aus der militärischen Integration der NATO nicht voll zu verwirklichen. Sie bewährte sich aber im Truppenbereich, z. B. Ausbildung deutscher Verbände auf französischen Übungsplätzen und deutsch-französischer Kompanieaustausch. Ab 1980 verstärkte sich die D., was 1988 zur Aufstellung einer gemischten deutsch-französischen Brigade in Böblingen (Baden-Württemberg) führte.

Deutschlandvertrag (Generalvertrag), Vertrag zwischen der Bundesrepublik Deutschland und den westlichen Besatzungsmächten Frankreich, Großbritannien und USA von 1952 i. d. Fassung des Pariser Protokolls von 1954 über die Beendigung des Besatzungsregimes; → Pariser Verträge. Mit dem D. erhielt die Bundesrepublik Deutschland im Prinzip die volle → Souveränität, eingeschränkt allerdings durch die alliierten Vorbehaltsrechte, z. B. über Maßnahmen zur Sicherheit der in der Bundesrepublik Deutschland stationierten Truppen. Diese Sonderrechte beruhen jedoch nicht mehr auf Besatzungsrecht, sondern sind Teil einer freien Vereinbarung zwischen der Bundesrepublik Deutschland und den westlichen Bündnispartnern.

Deutsch-Polnischer Vertrag, auch: Warschauer Vertrag → Ostverträge.

Deutsch-Sowjetischer Vertrag, auch: Moskauer Vertrag → Ostverträge.

DFG, Abk. für → Deutsche Friedensgesellschaft.

Die GRÜNEN, seit 1977 neue Parteigruppierung, hervorgegangen aus ökologischen Strömungen und örtlichen → Bürgerinitiativen, bezeichnen ihre Grundsätze selbst als „basisdemokratisch, gewaltfrei und ökologisch". Innerhalb der G. gibt es Spannungen und offene Konflikte über den politischen Kurs zwischen dem realpolitischen Flügel und den sog. Fundamentalisten. Die G. sind in den meisten Länderparlamenten vertreten, im Bundestag hat ihre Fraktion 27 Mandate (Stand: 1989).

Dienstaufsicht, in der öffentlichen Verwaltung und in den Streitkräften das Recht und gleichzeitig auch die Pflicht der höheren Behörde und der → Vorgesetzten im Dienst, die Tätigkeit der nachgeordneten Stellen oder Untergebenen zu überwachen.

Diensteid, Schwur, den Berufssoldaten und Soldaten auf Zeit anstelle des Amtseides der Beamten leisten müssen. Sein Wortlaut: „Ich schwöre, der Bundesrepublik Deutschland treu zu dienen und das Recht und die Freiheit des deutschen Volkes tapfer zu verteidigen (so wahr mir Gott helfe)". Das feierliche → Gelöbnis ist inhaltlich dem D. gleich; → Fahneneid.

Dienstgrad, eine militärische Rangbezeichnung anstelle der bei Beamten üblichen Amtsbezeichnung, z. B. der D. eines Obergefreiten. Der Begriff D. ist in der 2. Hälfte des 17. Jahrh. entstanden. Zur Kennzeichnung der verschiedenen D. werden D.-Abzeichen an der → Uniform auf Schulterstücken oder -klappen, Ärmeln u. a. getragen. Die Zuordnung der D. zu den einzelnen Laufbahnen in der Bundeswehr und die → Beförderung regelt die → Soldatenlaufbahnverordnung.

Dienstpflichten, Aufgaben, die sich aus dem Dienst ergeben. Die D. des militärischen Bereichs sind im → Soldatengesetz festgelegt; → Grundpflichten des Soldaten.

Dienststelle Blank, am 27. Oktober 1950 von der Bundesregierung unter Bundeskanzler Konrad Adenauer eingerichtetes Amt „für die mit der Vermehrung der alliierten Truppen zusammenhängenden Fragen". Beauftragter (später: Bevollmächtigter) war Theodor Blank. Die nach ihm benannte D. wurde zur politischen und geistigen Keimzelle des Bundesverteidigungsministeriums. Blank wurde am 8. Juni 1955 zum ersten → Bundesminister für Verteidigung ernannt, aber bereits am 16. Oktober 1956 durch F. J. Strauß abgelöst.

Dienstvergehen, schuldhafte Verletzung der einem Soldaten, Beamten oder Richter obliegenden → Dienstpflichten. Ein D. zieht in der Regel eine → Disziplinarmaßnahme nach sich.

Dienstweg, im öffentlichen Dienst der für die Weiterleitung amtlicher Mitteilungen und Weisungen vorgeschriebene Weg innerhalb von Behörden. Vorlagen und Berichte u. a. sind jeweils dem nächsthöheren → Vorgesetzten zuzuleiten bzw. vorzutragen, sofern der Empfänger nicht selbst entscheiden kann. Soldaten, die sich beim → Wehrbeauftragten beschweren wollen, müssen den D. nicht einhalten, sondern können sich direkt an ihn wenden.

Diktatfrieden, → Friedensvertrag, der vom unterlegenen Staat als aufgezwungen empfunden („diktiert") wird, weil er auf seinen Inhalt keinen oder nur geringen Einfluß gehabt hat. Der Verlierer mußte ihn dennoch annehmen, da er zum militärischen Widerstand nicht mehr fähig und/oder willens war; B.: → Versailler Vertrag von 1919.

Diktatur, Regierungsform, bei der sich die gesamte staatliche Gewalt unkontrollierbar in der Hand eines Einzelnen oder einer Gruppe befindet. Kennzeichen einer D. ist insbesondere die unbeschränkte Herrschaft – keine Gewaltenteilung – und die Unmöglichkeit, die Machthaber durch Wahlen oder Abstimmungen abzuberufen. In diesem Sinne sind z. B. die UdSSR (noch) und die DDR eine D.

Diplomatie, Formen, Regeln, Taktiken und die Verhandlungskunst zur Interessenwahrnehmung eines Landes gegenüber anderen Mächten.

Diplomatische Beziehungen, feststehende, offizielle Verbindung zwischen Staaten gem. den Regeln des → Völkerrechts. Die Aufnahme von D. gilt als gegenseitige Anerkennung, etwa nach einem Umsturz; ein Abbruch signalisiert erhebliche Störungen und kann zum bewaffneten Konflikt führen, z. B. zwischen Großbritannien und Iran 1989 aufgrund des Mordaufrufs von Khomeiny gegen den britischen Schriftsteller Rushdie.

Diplomatische Mission (diplomatische Vertretung), offizielle, vertraglich institutionalisierte Behörde zur Wahrnehmung der staatlichen Interessen in einem anderen Land.

Diplomatisches Korps, (frz. Corps Diplomatique, abgek. CD), alle Angehörige der bei einem Staat tätigen → diplomatischen Missionen. Sie genießen besondere Vorrechte, z. B. keine Gepäckkontrolle bei der Zollgrenze und haben Anspruch auf Schutz vor Strafverfolgung; → Immunität.

Direkte Demokratie, Modell einer → Demokratie, bei der die Bürger unmittelbar selbst über politische Fragen durch Abstimmung entscheiden können. Die Schweizer Verfassung sieht Formen der D. vor; Ggs.: → Repräsentative Demokratie.

Direktverteidigung, Teil der → Strategie der NATO. Die D. soll den → Aggressor auf der Stufe der militärischen Auseinandersetzung abwehren, die er gewählt hat. Entweder scheitert der Angriff des Aggressors, oder er geht das Risiko einer → Eskalation ein. Ziel der D.: Ein konventionell vorgetragener Angriff soll nach Möglichkeit konventionell abgewehrt und die → Nuklearschwelle angehoben werden.

Disengagement (engl. = Loslösung), Auseinanderrücken der gegeneinander gerichteten militärischen Kräfte durch Schaffung entmilitarisierter oder militärisch verdünnter Zonen zur Minderung der Konfliktmöglichkeiten; → atomwaffenfreie Zone.

Dislozierung, Verteilung von Truppenteilen, Stäben und militärischen Dienststellen in einem bestimmten Gebiet durch die militärische Führung, z. B. die Stationierung der Landstreitkräfte der NATO innerhalb der Bundesrepublik Deutschland.

Dissuasion (franz. wörtlich: Abhaltung) → Abschreckung.

Disziplin, Gehorsam, Beherrschtheit, Selbstzucht, Unterordnung. Soldatische D. ist Grundlage der Kameradschaft, gegenseitiger Verläßlichkeit und des Vertrauens untereinander. D. zeigt sich in der gewissenhaften Erfüllung soldatischer Pflichten im Dienst; sie ist eine Grundlage soldatischer Leistung und umfaßt Geist, Haltung und Form. D. ist nach diesem Verständnis eines der wichtigsten Erziehungsziele in den → Streitkräften.

Disziplinargewalt, Befugnis, → Disziplinarmaßnahmen zu verhängen und die sonst den → Disziplinarvorgesetzten obliegenden Entscheidungen und Maßnahmen zu treffen. Die D. ist an die Dienststellung gebunden; sie kann nicht übertragen werden und geht von selbst auf den Stellvertreter über.

Disziplinarmaßnahmen, alle Handlungen zur Ahndung einer vorangegangenen schuldhaften Pflichtverletzung, z. B. nach Gehorsamsverweigerung. Zu den in der Bundeswehr vom zuständigen → Disziplinarvorgesetzten zu verhängenden einfachen D. gehören Verweis, Geldbuße, Ausgangsbeschränkung und Arrest bis höchstens drei Wochen. Die → Wehrdienstgerichte können je nach Schwere der Tat auf Gehaltskürzung, Beförderungsverbot, Degradierung, Entfernung aus dem Dienstverhältnis und Kürzung bzw. Aberkennung des Ruhegehalts erkennen.

Disziplinarstrafen, frühere Bezeichnung für → Disziplinarmaßnahmen.

Disziplinarvorgesetzter, → Vorgesetzter, der z. B. → Disziplinargewalt über Soldaten seines Befehlsbereiches hat, mit dem Recht, → Disziplinarmaßnahmen zu verhängen und die sonst dem D. obliegenden Entscheidungen und Maßnahmen zu treffen. Oberster D. für Soldaten ist der → Bundesminister der Verteidigung.

Diversion, im kommunistischen Sprachgebrauch Bezeichnung für → Sabotage, die auf Schädigung der sozialistischen Staatsmacht, insbesondere ihrer Verteidigungskraft abzielt.

DKP, Abk. für: → Deutsche Kommunistische Partei.

Dogmatismus (griech. dogma = Glauben, Lehrsatz), Einstellung und Verhalten gegenüber der Realität aufgrund einseitiger, als „wahr" erachteter Meinungen; → Doktrin. D. ist vielfach mit Fanatismusverbunden, z. B. der islamische Fundamentalismus im Iran.

Doktrin, Lehrmeinung; im Politischen hat D. die Bedeutung einer strikten Richtlinie, z. B. die von 1955 bis ca. 1970 gültige Hallstein-D., nach der die Bundesrepublik Deutschland mit keinem Staat diplomatische Beziehungen unterhielt, der diese mit der DDR pflegte.

Doppelbeschluß der NATO vom Dezember 1979 bestand aus zwei Teilen: Aufforderung an die UdSSR zur Rücknahme ihrer Vorrüstung mit SS-20-Mittelstreckenraketen, die eine strategische Bedrohung des westlichen Europas darstellte bei gleichzeitigem Verzicht auf Stationierung gleichwertiger Waffen der NATO mit modernen amerikanischen Mittelstreckenwaffen (Cruise missiles und Pershing 2) in Westeuropa. Die UdSSR lehnte diese Aufforderung ab und brach die Verhandlungen darüber Ende 1983 ab. Daraufhin begann die NATO mit der Nachrüstung gem. Teil 2. Diese führte zum Einlenken der UdSSR, so daß Ende 1987 das → INF-Abkommen zur Beseitigung des nuklearen Mittelstrecken-Potentials in Europa abgeschlossen werden konnte.

Doppelnullösung, Bezeichnung dafür, daß nach dem → INF-Abkommen nicht nur die Mittelstrekkenraketen mittlerer (1000 bis 5500 km) sondern auch die kürzerer Reichweite (500 bis 1000 km) abgezogen werden sollen; → Null-Lösung.

Doppelstrategie (der NATO), grundlegende Strategieziele der NATO zur Sicherung von Frieden und Freiheit der verbündeten Nationen. Die D. besteht aus zwei gleichgewichtigen Elementen: Aufrechterhaltung einer zur → Abschreckung und → Verteidigungsfähigkeit ausreichenden militärischen Stärke und einer Politik wachsender → Entspannung, um friedliche Konfliktlösungen zu ermöglichen; → Harmel-Bericht.

DPC, Abk. für → Defence Planning Committee.

Drei-Lager-Theorie, politische Vorstellung der UdSSR, welche ab 1956 die Zweilager-Theorie ablöste. Nach der D. besteht die Welt aus einem kapitalistischen Block , einem sozialistischen und dem der blockfreien Staaten, insbes. der „jungen Staaten“ Afrikas und Asiens.

Dreimeilenzone, 3 Seemeilen (= 5,556 km) breites Seegebiet vor der Küste. Die D. gehörte bis 1982 (UN-Seerechtskonvention) zum Hoheitsgebiet eines Staates (mit Zugang zum Meer). Heute gilt eine 12 Seemeilen breite Zone (→ Zwölfmeilenzone).

Drei-Staaten-Theorie, These der UdSSR und der DDR (erstmals 1958), Westberlin als einen dritten selbständigen Staat neben der DDR und der Bundesrepublik Deutschland zu betrachten.

Dritte Welt, Bezeichnung für die wirtschaftlich unterentwickelten Staaten in Afrika, Lateinamerika und Asien.

Drittländer, Staaten, die nicht Unterzeichner einer vertraglichen Vereinbarung sind, z. B. des → Nichtverbreitungsvertrages.

Drittstaaten → Drittländer.

Drittstaatensysteme, Nuklearpotentiale, die nicht im Besitz der USA oder der UdSSR sind. Dazu gehören die Nuklearwaffensysteme Frankreichs, Großbritanniens und der VR China. Die D. waren nicht Gegenstand der Verhandlungen zum → INF-Abkommen.

Dünkirchenvertrag (Vertrag von Dünkirchen) v. 1947, Beistandspakt zwischen Frankreich und Großbritannien zur Verhinderung einer neuerlichen deutschen Aggression. Der V. wurde ein Jahr später zum → Brüsseler Pakt erweitert, der 1954 in die → Westeuropäische Union einmündete.

EAG → EURATOM.

EG, Abk. für: → Europäische Gemeinschaft.

Ehrenkompanie, militärische Einheit, die beispielsweise zum Empfang eines ausländischen Staatsoberhauptes antritt, um der Begrüßung einen würdigen Rahmen zu geben. Innerhalb der Bundeswehr nimmt das → Wachbataillon diese Repräsentationsaufgaben wahr.

Eid, förmliche Versicherung mit einem bestimmten Wortlaut, z. B. der Eid des Berufssoldaten; → Vereidigung. In der Bundesrepublik Deutschland kann jeder Eid auch ohne religiöse Beteuerungsformel abgelegt werden.

Einberufung, Heranziehung männlicher Deutscher zwischen dem 18. und 28., in gesetzlich geregelten Ausnahmefällen bis zum 32. Lebensjahr zum → Grundwehrdienst in der Bundeswehr. Die E. erfolgt im Quartalsrhythmus und ergeht jeweils an rd. 50 000 Grundwehrdienstleistende.

Einfrieren, → Freeze Now.

Eingreiftruppe, → Verbände der NATO, die multinational zusammengesetzt sind und bereits im Frieden den Oberbefehlshabern der NATO unterstehen. Die E. besteht aus dem ständigen Marineverband Atlantik, dem ständigen Einsatzverband Ärmelkanal und dem mobilen Eingreifverband des Obersten Alliierten Befehlshabers Europa (→ Supreme Allied Commander Europe). Jederzeitige Einsatzbereitschaft der E. und ihre hohe Mobilität machen sie zu wirksamen Mitteln der Krisenbeherrschung.

Einheitspartei, aus Zusammenlegung mehrerer → Parteien entstandene → Partei, z. B. Zwangszusammenschluß von SPD und KPD 1946 in der Sowjetischen Besatzungszone. Die Bezeichnung E. wird heute vor allem für die → Staatsparteien der sozialistisch regierten Länder verwandt.

Einheitsstaat, Staat ohne vertikale → Gewaltenteilung mit einer zentralisierten → Staatsgewalt. Ein E. kann sowohl eine → Demokratie sein, z. B. Frankreich, wie eine → Diktatur, z. B. Deutschland von 1933 bis 45; Ggs.: → Bundesstaat.

Einsatzbereitschaft, ständige Fähigkeit, einen Auftrag im Rahmen der militärischen Zielsetzung zu erfüllen. Die E. der Bundeswehr und der verbündeten NATO-Streitkräfte soll einen potentiellen → Aggressor von einem Überraschungsangriff abhalten und der politischen Führung jederzeit Handlungsspielraum zur Krisenbeherrschung gewährleisten. Grad und Umfang der E. müssen jeweils der politischen Lage angepaßt werden.

Einschränkung der Grundrechte, durch das → Soldatengesetz (SG) formulierte Vorbehalte, die bestimmte, im Grundgesetz garantierte Grundrechte für die Dauer des → Wehrdienstes einschränken, z. B. das Recht auf Freizügigkeit (Art. 11,1 GG), durch den Zwang, zu bestimmten Zeiten in der Kaserne zu sein.

Einspruchsgesetze, vom Bundestag beschlossene Gesetze, gegen die der Bundesrat Einspruch erheben kann. Der Einspruch kann vom Bundestag zurückgewiesen werden. Dabei muß die zustimmende Bundestagsmehrheit mindestens so groß sein wie die ablehnende Mehrheit des Bundesrates (Art. 77,4 GG); Ggs.: Zustimmungsgesetze.

Einstellungsuntersuchung, ärztliche Kontrolle, der sich Beamte, Richter, Soldaten auf Zeit und → Berufssoldaten vor der Übernahme in ein befristetes oder unbefristetes Dienstverhältnis unterziehen müssen. Nur körperlich und geistig geeignete Bewerber ohne ernsthafte gesundheitliche Schäden dürfen in ein Dienstverhältnis übernommen werden.

Elferclub → Zehner-Gruppe.

Elysee-Vertrag, benannt nach dem Amtssitz des französischen Staatspräsidenten in Paris (auch: Vertrag über die deutsch-französische Zusammenarbeit) von 1963 zwischen Adenauer und de Gaulle abgeschlossen. Der E. sieht eine Koordinierung und Abstimmung insbes. der Außen- und Sicherheitspolitik beider Länder vor; → Deutsch-französische Zusammenarbeit.

Embargo, Ein- oder Ausfuhrverbot für spezielle Güter, z. B. Ausfuhrverbot für Waffen in Spannungsgebiete; vergl. Art. 26,2 GG.

Enklave, Staatsgebiet, das vom Gebiet eines anderen Staates umschlossen ist und keinen direkten Zugang zum eigenen Staatsgebiet hat. Eine E. ist aus der Sicht des anderen Staates eine → Exklave. Beispiel: Das Kleine Walsertal gehört politisch zu Österreich, wirtschaftlich jedoch zur Bundesrepublik Deutschland. Es ist eine deutsche E. und eine österreichische Exklave.

ENMOD-Konvention (engl.) = Convention of the prohibition of military or any other hostile use of environmental modification techniques: Abkommen über das Verbot der militärischen oder sonstigen feindlichen Nutzung umweltverändernder Techniken. Die E. wurde von 37 Staaten, darunter auch der Bundesrepublik Deutschland, unterzeichnet und trat 1978 in Kraft. Sie soll verhindern, daß kriegerische Handlungen langfristige umweltverändernde Folgen haben, z. B. Klimaveränderungen durch Explosion von Wasserstoffbomben.

Enthauptungsschlag, → Erstschlag mit nuklearen Waffen, durch den die strategisch wichtigen Führungsstellen des Gegners ausgeschaltet werden, so daß er zu einer operativen und koordinierten Leitung seiner Streitkräfte nicht mehr fähig ist, z. B. Atomschlag auf zentrale Befehlsstellen. Nach derzeitigen Erkenntnissen (1989) ist keine Seite in der Lage, einen solchen E. zu führen; → Erstschlagsfähigkeit.

Entmilitarisierte Zone, Gebiet, in dem die Stationierung von Streitkräften und die Anlage militärischer Einrichtungen verboten sind. Ziel der E. ist, die Gefahr eines militärischen Konfliktes zu verringern; → Atomwaffenfreie Zone. Beispiel einer E.: Linksrheinische Gebiete nach dem Versailler Vertrag.

Entmilitarisierung i. w. S. ist die zumeist durch einen → Waffenstillstand oder → Friedensvertrag auferlegte Verpflichtung, die Streitkräfte nach Art und Umfang zu vermindern bzw. ganz zu beseitigen. Eine totale E., auch Demilitarisierung genannt, sah das → Potsdamer Abkommen von 1945 für Deutschland vor: → Entmilitarisierte Zone.

Entnazifizierung, Maßnahmen der Siegermächte gem. dem → Potsdamer Abkommen, mit dem Ziel, nach 1945 Nationalsozialisten aus ihren Stellungen zu entfernen.

Entspannung, politisches Ziel zur Verminderung von Konfliktgefahren; → Entspannungspolitik. Der E. dienen z. B. Abkommen über → Rüstungskontrolle, → kooperative Rüstungssteuerung und → vertrauensbildende Maßnahmen, zu denen vor allem die → KSZE-Akte von Helsinki 1973 einen wichtigen Beitrag geleistet hat. Die gültige NATO-Strategie beruht auf den beiden Säulen Verteidigung und E.; → Harmel-Bericht.

Entspannungspolitik, Teil „vorausschauender" → Sicherheitspolitik zur Kriegsverhinderung. E. fußt auf der Erwartung, daß unbeschadet fortdauernder Interessengegensätze Abkommen zur Erhaltung des → Friedens mit der Gegenseite getroffen werden können. Die „realistische E." der Bundesrepublik Deutschland geht aus von der Zugehörigkeit zum westlichen Bündnis, vom Gegensatz der west-östlichen Gesellschaftssysteme und der grundsätzlichen Friedensbereitschaft des östlichen Lagers.

Entwaffnungsschlag, ein → Erstschlag mit atomaren Waffen, der das Atompotential des Gegners so zerstört, daß dieser nicht mehr gleichwertig zurückschlagen kann. Bisher besitzt keine der Supermächte die Fähigkeit zum E.

Entwicklungshilfe, Sammelbegriff für alle Maßnahmen und Leistungen (Kapitalhilfe, Kredithilfe, Warenhilfe, kostenlose Beratungshilfe) von öffentlicher oder privater Seite, z. B. von Staat oder Kirchen, die → Entwicklungsländern gegeben werden. Die E. hat auch das Ziel, zur inneren Stabilisierung des Entwicklungslandes und damit zur Friedenssicherung beizutragen. An Stelle des Begriffs E. wird vielfach der neutralere Ausdruck „Zusammenarbeit" gewählt, z. B. Bundesministerium für wirtschaftliche Zusammenarbeit.

Entwicklungsländer, rd. 130 Staaten, die im Vergleich zu den Industrieländern als unterentwickelt gelten. Mögliche gemeinsame Merkmale für ein E. sind niedriges Bruttosozialprodukt je Kopf, wenig Transportmittel, hohe Analphabetenquote, Ernährungsmangel, schlechte gesundheitliche Versorgung (niedrige Krankenhausdichte) und kurze Lebenserwartung bei hohem Bevölkerungswachstum.

Erbfeindschaft, im frühen 16. Jahrhundert von Kaiser Maximilian I. auf das Verhältnis Deutschland zu Frankreich angewandtes Schlagwort. Zur Zeit des → Befreiungskrieges wurde der Begriff E. erneut belebt; für die deutsch-französischen Beziehungen bis 1945 war er von verhängnisvoller Bedeutung. Insbesondere in der Publizistik des → Ersten Weltkriegs wurde er sehr häufig gebraucht. In der heutigen Phase der → deutsch-französischen Zusammenarbeit hat der Begriff E. nur noch historische Bedeutung.

Ernährungssicherstellungsgesetz, ein → Sicherstellungsgesetz, durch das notfalls die Lebensmittelzuteilung staatlich gelenkt werden soll, wenn sich mit marktwirtschaftlichen Mitteln keine noch ausreichende Versorgung erzielen läßt.

Eroberung, im Völkerrecht die militärische Besitzergreifung eines fremden Territoriums bzw. die gewaltsame Annexion fremden Staatsgebietes mit kriegerischen Mitteln, z. B. E. der ägyptischen Sinai-Halbinsel 1967 durch Israel.

Ersatzdienst ist der gem. Art. 12a, 2 GG von → Kriegsdienstverweigerern (Art. 4,3 GG) zu leistende → Zivildienst, z. B. bei Rote-Kreuz-Einrichtungen.

Ersteinsatz (von → Nuklearwaffen, engl. = First Use), erstmaliger Gebrauch atomarer Waffen im Falle eines bewaffneten Konfliktes; → Verteidigungsfall. Die Strategie der → Flexible Response sieht die Möglichkeit eines E. erst dann vor, wenn die konventionellen Kräfte nicht ausreichen, um einen Angriff abzuwehren. Wegen der Unterlegenheit der NATO gegenüber dem WP bei konventionellen Streitkräften, kann sie auf die → Option des E. nicht verzichten. Der E. darf nicht mit dem → Erstschlag verwechselt werden.

Erster Weltkrieg (1914 bis 1918), der erste Krieg, an dem die meisten Völker der Erde direkt oder indirekt beteiligt waren. Die Ermordung des österreichischen Thronfolgers in Sarajewo am 28. Juni 1914 löste die deutsche Kriegserklärung an Rußland am 1. August 1914 aus. Der E. endete am 11. November 1918 mit der Niederlage des Deutschen Reiches und seiner Verbündeten. Insgesamt wurden im E. 65 Millionen Soldaten mobilisiert; davon fielen 8,5 Millionen und mehr als 21 Millionen wurden verwundet.

Erstschlag, Einsatz von Nuklearwaffen mit einer solchen Vernichtungswirkung, daß der Gegner zu einem Rückschlag nicht mehr fähig ist; → Erstschlagsfähigkeit. Der E. darf nicht mit dem → Ersteinsatz verwechselt werden.

Erstschlagsfähigkeit (engl. First-Strike-Capability), Fähigkeit einer Militärmacht, dem Gegner einen → Erstschlag zu versetzen. Die E. erfordert eine qualitative und quantitative Überlegenheit. Z. Zt. (1989) besitzt keine militärische Macht eine E.; sie würde – ebenso wie die Fähigkeit zum → Enthauptungsschlag – das System der gegenseitigen Abschreckung destabilisieren; → Zweitschlagsfähigkeit.

Eskalation, Ausweitung, stufenweises oder gleitendes Ansteigen von politischen Auseinandersetzungen und militärischen Konflikten durch sich wechselseitig verschärfende Aktionen und Reaktionen. Die militärstrategische Konzeption der NATO sieht die Möglichkeit der vorbedachten E. eines bewaffneten Konflikts bis zum selektiven → Atomkrieg vor; Ggs.: → De-Eskalation.

Eskalationsbereitschaft, objektive Möglichkeit und subjektiver Wille, den Einsatz der militärischen Mittel, z. B. von konventionellen zu taktisch-nuklearen, zu steigern; → Eskalation. Die E. gilt als wesentlicher Teil des Abschreckungsverbunds; → Triade.

Eskalationsdominanz (Eskalationsüberlegenheit), Fähigkeit, die militärischen Mittel auf einer Stufe der Gewaltanwendung einzusetzen, die dem Feind nicht zur Verfügung steht, z. B. Atomwaffen gegen einen nur konventionell gerüsteten Gegner.

Eskalationskontrolle, Bereitschaft und Fähigkeit, politische und militärische Machtmittel so einzusetzen, daß eine Krise beseitigt oder ein Spannungsfall gelöst und ein Krieg beendet werden kann: → Krisenmanagement.

Eskalationsverbund, Teil der NATO-Strategie, die Mittel der → Triade einzeln einzusetzen unter ständiger Aufrechterhaltung der → Eskalationsbereitschaft. B.: Abwehr eines Angriffs nur mit konventionellen Mitteln, wenn diese zur Verteidigung ausreichen; aber gleichzeitig ständige Drohung zur → Eskalation, um dem Gegner das wachsende Risiko seines Angriffs zu signalisieren; → Abschreckungsverbund.

EURATOM, (auch: EAU): Abk. für: Europäische Atomgemeinschaft, Teilgemeinschaft der → Europäischen Gemeinschaften, deren Ziel die gemeinsame friedliche Nutzung der Atomenergie und Sicherstellung der Versorgung mit Kernbrennstoffen ist.

EUREKA, Abk. für: European Research Coordinating Agency (engl. = Europäische Agentur für Koordination in der Forschung), gegr. 1985. Zusammenschluß von 19 europäischen Staaten, darunter alle 12 EG-Länder. Die E. erstrebt eine Zusammenarbeit der Industrie- und Forschungszentren dieser europäischen Länder auf dem Gebiet der Informations-, Produktions- und Bio-Technologie an, z. B. beim Umweltschutz.

EUROGROUP (engl. = Europäische Gruppe), 1968 gegründetes Konsultations- und Koordinationsorgan zur informellen Zusammenarbeit der Verteidigungsminister der europäischen NATO-Staaten. Frankreich, Portugal und Spanien sind nicht Mitglieder der E. (Stand: 1989).

Eurokommunismus, westeuropäische Richtung des → Kommunismus; zum E. zählen insbesondere die Strömungen der KPF (Kommunistische Partei Frankreichs) und der KPI (Kommunistische Partei Italiens).

Europäische Bündnisse sind die nach dem 2. Weltkrieg zwischen europäischen Staaten abgeschlossenen Verteidigungspakte; 1947: → Dünkirchenvertrag; 1948: → Brüsseler Pakt; 1954: → Westeuropäische Union.

Europäische Gemeinschaft(en) (EG), 1958 vollzogener Zusammenschluß der 1952 gegründeten → EGKS mit der 1957 gebildeten → EWG und → EURATOM. Die sechs Gründerstaaten dieser drei Gemeinschaften sind die Bundesrepublik Deutschland, Frankreich, Italien und Benelux. Ziel der EG ist die Schaffung eines einheitlichen europäischen Binnenmarktes bis 1992, auf dem volle Freiheit für Waren, Dienstleistungen, Kapitalien, Verkehr u. a., z. B. Geld und Kreditverkehr, herrscht.
Die EG wurde 1973 durch den Beitritt von Dänemark, Großbritannien und Irland auf neun Mitglieder erweitert, wuchs 1981 durch Griechenland auf zehn, und gilt seit 1986 durch den Beitritt Spaniens und Portugals als „Gemeinschaft der Zwölf". Die Türkei hat 1987 einen Aufnahmeauftrag gestellt, über den allerdings kaum vor 1995 entschieden sein wird.
Die wichtigsten Organe der EG sind der → Ministerrat, die → Europäische Kommission, der → Europäische Gerichtshof und das → Europäische Parlament.

Europäische Konvention, völkerrechtliches Abkommen von 1950 zur Anerkennung der → Menschenrechte durch alle Staaten, die Mitglied des → Europarates sind. Die Rechte, z. B. Religionsfreiheit, sollen in allen diesen Staaten unmittelbar geltendes Recht sein.

Europäischer Gerichtshof, Judikativ-Organ der EG, gilt als „Wächter der Verträge"; → Römische Verträge; → EG.

Europäischer Pfeiler, Bezeichnung für die sog. Revitalisierung der

→ WEU seit der Erklärung von Rom (1984) durch die Verteidigungsminister der 7 Mitgliedsstaaten dieses Bündnisses.

Europäischer Rüstungsmarkt, 1988 von den europäischen Verteidigungsministern der NATO-Länder entwickelter Plan, Hindernisse im grenzüberschreitenden Wettbewerb der Rüstungsproduktion abzubauen und schrittweise einen einheitlichen Binnenmarkt für → Rüstungsgüter herzustellen. Ziel: Bessere Nutzung der → Ressourcen und Kostensenkung.

Europäisches Parlament, Beratungs- und Kontrollorgan der EG. Das E. hat im wesentlichen Mitwirkungsrechte und nur in Haushaltsfragen eine begrenzte Beschlußgewalt. Die Abgeordneten des E. werden in den 12 Mitgliedsstaaten nach einem unterschiedlichen Wahlmodus auf fünf Jahre gewählt (letzte Wahl 1989). Von den insgesamt 518 Mandaten entfallen auf die Bundesrepublik Deutschland, Frankreich, Großbritannien und Italien mit je 81 die meisten, während Luxemburg mit 6 die wenigsten Mandate erhält. Die stärkste Fraktion im E. sind die Sozialisten mit 172, gefolgt von den Christlichen Demokraten mit 117 Mitgliedern.

Europäische Verteidigungsgemeinschaft (EVG), zwischen den sechs Staaten der → EGKS 1952 in Paris geschlossener Vertrag, der eine Verschmelzung und Unterstellung der nationalen Streitkräfte unter gemeinsamen europäischen Oberbefehl vorsah. Das Projekt wurde 1954 von der französischen Nationalversammlung diskussionslos verworfen. Als Folge wurde die Bundesrepublik Deutschland Mitglied der NATO und stellte nationale Streitkräfte auf.

Europa-Parlament → Europäisches Parlament; → EG.

Europarat, älteste, 1949 gegründete europäische Organisation (Sitz: Straßburg), dem mit 23 Mitgliedern alle westeuropäischen Staaten einschl. Finnland angehören. Hauptaufgabe des E. ist die Sicherung der Menschenrechte. So verabschiedete der E. 1986 z. B. eine Empfehlung an die Regierungen zur gesetzlichen Regelung des Umgangs mit Embryonen, Keimzellen und Föten.

Eurostrategische Waffen, nukleares Waffensystem begrenzter Reichweite (bis zu 5000 km), die von der UdSSR aus zwar Ziele in Europa, nicht dagegen in den USA und Kanada treffen können, z. B. Kurz- und Mittelstreckenraketen.

EVG, Abk. für: → Europäische Verteidigungsgemeinschaft.

EWG, Abk. für: → Europäische Wirtschaftsgemeinschaft; → EG.

EWS, Abk. für: Europäisches Währungssystem.

Exekutive, vollziehende (ausführende) → Staatsgewalt. Zur E. gehören die Ministerien und die ihnen untergeordneten Behörden, z. B. die Polizei.

Exilregierung, Regierung, die sich ständig außerhalb ihres eigenen Staatsgebietes aufhält, mit dem Anspruch, zur Regierungsgewalt berechtigt zu sein. Die Mitglieder einer E. sind nach einem Machtwechsel oder Krieg ins Ausland vertrieben worden oder geflohen, z. B. die polnische E. in London 1939.

Exklave → Enklave.

Exterritorialität, Status für Einrichtungen mit dem Anspruch, den jeweiligen Landesgesetzen nicht unterworfen zu sein, z. B.

Unabhängigkeit von den in diesem Land geltenden Gesetzen. Beispiel: Botschaftsgebäude gelten als exterritorial und befinden sich daher außerhalb der Hoheitsgewalt des betreffenden Staates.

Fahne, an einer Stange starr befestigtes Tuch, das ein- oder mehrfarbig und mit Bildern oder Wappen gestaltet sein kann. Bis zur Einführung moderner Kriegstechnik war die F. Richtungs- und Sammelzeichen für die Soldaten. Die heutigen Bataillons-F. der Bundeswehr, die seit 1965 eingeführt wurden, haben die Funktion eines Identifikationssymbols; → Flagge; → Fahneneid.

Fahneneid, Treue- und Gehorsamsschwur des Soldaten. Etwa ab dem 16. Jahrh. leisteten Söldner einen → Eid. Mit dem F. schwor der Söldner, bei der Fahne zu bleiben und seinen Vorgesetzten zu gehorchen. In der Bundeswehr trat an die Stelle des F. für Berufssoldaten und Soldaten auf Zeit der → Diensteid, der dem → feierlichen Gelöbnis der Wehrpflichtigen entspricht.

Fahnenflucht, militärische Straftat nach § 16 des → Wehrstrafgesetzes, wonach derjenige mit Freiheitsstrafe bis zu fünf Jahren bestraft wird, der eigenmächtig seine Truppe oder Dienststelle verläßt oder ihr fernbleibt, um sich der Verpflichtung zum Wehrdienst dauernd oder für die Zeit eines bewaffneten Einsatzes zu entziehen oder um die Beendigung des Wehrdienstverhältnisses zu erreichen.

Fall Out, in Niederschlägen wie Regen oder Schnee enthaltene radioaktive Stoffe, die durch Explosion von → Atomwaffen oder durch Betriebsunfälle in Kernkraftwerken in die Atmosphäre gelangen.

FAR, Abk. für: → Force d'Action Rapid.

Faschismus (vom ital. Wort fascio = Bündel), von Benito Mussolini (1883 bis 1945) gegründete autoritäre politische Bewegung, die von 1922 bis 1943 in Italien herrschte. Der Begriff F. wurde zur Sammelbezeichnung für alle rechtsgerichteten antidemokratischen Staaten und dient heute auch zur Diffamierung politischer Gegner konservativer Richtung. Im Gegensatz zum → Nationalsozialismus kennt die Ideologie des F. keine Rassenlehre.

FDP → Freie Demokratische Partei.

Feind, im militärischen Sinne Bezeichnung für gegnerische Streitkräfte nach Beginn eines Krieges im Gegensatz zum Gegner in der Politik oder im sportlichen Wettkampf; → Feindbild.

Feindbild, negativ geprägtes und emotional verzerrtes Vorurteil gegen einen Feind. Die Bundeswehr besitzt kein F., denn „der Wille zur Selbstbehauptung, notfalls zur bewaffneten Verteidigung der freiheitlichen Lebensweise, benötigt kein Feindbild“ (Weißbuch des BMVg 1973/4); Ggs.: → Selbstbild.

Feindstaat, allg. Begriff zur Kennzeichnung eines gegnerischen Landes aufgrund eines bewaffneten Konfliktes.

Feindstaatenklausel, Bestimmungen der Art. 53 und 107 der → UN-Charta, nach der Staaten, die im Zweiten Weltkrieg gegen die Siegermächte gekämpft haben, sich nicht auf die Charta berufen können, wenn sie von Maßnahmen dieser Mächte betroffen werden. Daraus leitete die UdSSR das Recht zur (notfalls bewaffneten) Intervention gegen die Bundesrepublik Deutschland ab. Mit den → Ostverträgen ist dieses Recht gegenstandslos geworden.

Feldheer, bei der Bundeswehr der Teil der → Landstreitkräfte, der im Gegensatz zum → Territorialheer im → Verteidigungsfall der operativen Führung der NATO unterstellt wird. Das F. umfaßt insgesamt 12 Divisionen und die ihnen zugeordneten Verbände.

Feminismus, Sammelbegriff für alle Frauenbewegungen mit dem Ziel, Gleichberechtigung und Einfluß in der von Männern geprägten Gesellschaft zu erhalten. Geschichtlich hat eine Frauenminderheit in den Friedensbewegungen eine bedeutende Rolle gespielt, seitdem Bertha v. Suttner (1843 bis 1914) für ihr 1889 erschienes Buch „Die Waffen nieder" im Jahre 1905 den Friedensnobelpreis erhielt

Fenster der Verwundbarkeit, Ende der 70er Jahre in den USA aufgekommene Befürchtung, die amerikanischen landgestützten → Interkontinentalraketen könnten durch einen sowjetischen → Erstschlag in ihren Silos vernichtet werden, so daß keine landgestützte → Zweitschlagsfähigkeit bestehe, das Prinzip der → MAD ausgehöhlt und eine wirksame Abschreckung nicht mehr gewährleistet sei.

First-Use (von Waffen), engl.; → Ersteinsatz.

Flagge, drei- oder viereckiges, mit meist farbigen Symbolen bedrucktes Tuch, das im Unterschied zur → Fahne mit einer Leine an einem Mast gehißt werden kann. → National-F. bzw. Staats-F. sind Hoheits- und Ehrenzeichen eines Staates.

Flexible Antwort → Flexible Response.

Flexible Reaktion → Flexible Response.

Flexible Response, (engl.) flexible Reaktion, gültige sicherheitspolitische Konzeption der → NATO mit dem Ziel, einen Angriff auf die Staaten des Bündnisses zu verhindern. Die Reaktionsarten dieser Strategie richten sich nach der militärischen Ebene der Aggression. B.: Auf einen Angriff mit konventionellen Kräften reagiert die NATO im Rahmen der → Vorneverteidigung ebenfalls konventionell, behält sich allerdings die Drohung mit den verschiedenen Stufen der nuklearen → Eskalation als Abschreckungsmittel vor, wenn der Konflikt anders nicht beendet werden kann. Der Aggressor soll kalkulieren können, daß sein Risiko und der bei ihm zu erwartende Schaden in keinem annehmbaren Verhältnis zu einem möglichen Gewinn stehen, so daß die Aggression unterbleibt; → Ersteinsatz; → Harmelbericht.

Flüchtlinge, Personen, die ihr Heimatland aus politischen, religiösen, rassischen oder nationalen Gründen verlassen haben. Im rechtlichen Sinne gelten Personen nicht als F., die aufgrund wirtschaftlicher Notlage geflohen sind (sog. Wirtschafts-F.). Nach Art. 16,2 GG haben F. in der Bundesrepublik Deutschland einen garantierten Anspruch auf → Asyl. Die Bundesrepublik Deutschland gewährt damit als einziges Land der Welt F. einen verfassungsrechtlichen Schutz.

Föderalismus (lat. foedus = Bund), im staatsrechtlichen Sinne ist eine staatliche Ordnung, in der die Gliedstaaten, z. B. die → Bundesländer, in einem Gesamtstaat wie etwa der Bundesrepublik Deutschland zusammengefaßt sind. Das Prinzip des F. steht dem Gedanken des → Einheitsstaates gegenüber. Im → Bundesstaat können die kulturellen, sozialen und landsmannschaftlichen Eigenheiten stärker zur Geltung kommen, als beim Einheitsstaat. Nachteil ist dagegen die Gefahr der Zersplitterung, z. B. des Schulwesens durch den Kultur-F.

FOFA, Abk. für: → Follow-on-Forces-Attack.

Folgekonferenz, Begriff vornehmlich für die der → KSZE in Helsinki von 1973 bis 1975 in unregelmäßigen Abständen nachfolgenden Zusammenkünfte der Vertreter der an der KSZE beteiligten Staaten. Die erste F. fand 1977 bis 78 in Belgrad statt, die zweite in Madrid (1980 bis 1983) und die dritte (von Mitte 1986 bis Jan. 1989) in Wien. Die 35 Teilnehmerstaaten dieser letzten F. beschlossen einstimmig, die Verhandlungen zur → konventionellen Rüstungskontrolle (→ KRK) aufzunehmen. Die nächste F. ist für März 1992 in Helsinki geplant.

Folgetreffen → Folgekonferenz.

Follow-on-Forces-Attack (FOFA), (engl. = Angriff gegen die Folgestaffeln), Konzept der NATO zur Abwehr eines Angriffs des Warschauer Pakts. Die nachfolgenden Truppen (der sog. 1. und 2. Strategischen Staffel) sowie Flugplätze und militärische Einrichtungen, z. B. Kommandostellen im gegnerischen Hinterland sollen durch Luftwaffe und konventionell bestückte Flugkörper bekämpft werden. Damit sollen die feindlichen Angriffsoperationen so sehr geschwächt werden, daß sie nicht in voller Stärke auf dem Gefechtsfeld wirksam werden können.

Force d'Action Rapid (FAR), (frz. = schnelle Eingreiftruppe) wurde 1983 zur militärischen Krisenbeherrschung in Europa wie in außereuropäischen Interessengebieten Frankreichs aufgestellt. Die F. umfaßt rd. 47 000 Soldaten. Im September 1987 nahm sie mit drei Divisionen an der ersten gemeinsamen deutsch-französischen Großübung „Kecker Spatz" in Bayern teil.

Force de Frappe (franz. = Schlagkraft), Bezeichnung für die seit 1950 aufgebaute, eigenständige französische Atomstreitmacht.

Forward Defence → Vorneverteidigung.

Frauen in der Bundeswehr, weibliche Angehörige in der Zivilverwaltung der Bundeswehr. Ihr Anteil betrug 1987 rd. 52 000 (= 28 % der 186 000 zivilen Angestellten der Bundeswehr). Seit 1975 können sich auch weibliche Sanitätsoffiziere in allen Teilstreitkräften bewerben. Sie haben dieselben Laufbahnmöglichkeiten wie ihre männlichen Kameraden. Umstritten ist, ob F. wenigstens als → Freiwillige auch zum Dienst mit der Waffe herangezogen werden sollen und dürfen. Die nach Art. 12a,4 GG mögliche Dienstverpflichtung von Frauen verbietet den Waffendienst von Frauen .

Frauen und Militär, geschichtlich war Kampf, wie die Jagd, eine reine Männerdomäne, geprägt vom Selbstverständnis der Männer, daß nur sie zum Schutz von Frauen und Kindern berufen sind. Erst im 20. Jahrhundert stieg infolge des hohen Personalbedarfs in den Streitkräften der Anteil der Frauen beim Militär. Von den NATO-Staaten haben den höchsten Anteil an Frauen die USA mit rd. 10%, den niedrigsten die Türkei mit 0,003% (1985); → Frauen in der Bundeswehr.

Freeze-Now (engl. = „jetzt einfrieren“), Friedensbewegung von 1982 in den USA. Die F. forderte u. a. den sofortigen Stopp von Bau und Bereitstellung weiterer → Nuklearsysteme als Voraussetzung von erfolgversprechenden Abrüstungsverhandlungen. Im Gegensatz zur deutschen → Friedensbewegung wurde von F. keine einseitige Abrüstung verlangt.

Freie Demokratische Partei (FDP), nach 1945 entstandene Partei, die als Sammlung verschiedener liberaler Kräfte angesehen werden kann. Die F. nennt als Zielschwerpunkte: möglichst ungehinderte Marktwirtschaft, Liberalismus, Betonung der individuellen Freiheitsrechte.

Freiheit im sicherheitspolitischen Sinn: Recht eines Volkes auf Selbstbestimmung und Eigenentfaltung, z. B. nicht unter der Herrschaft einer Besatzungsmacht zu stehen.

Freiheiten, vier → Vier Freiheiten.

Freiheitlich-demokratische Grundordnung, politisches System, das dem Volk unantastbare → Grundrechte gewährt und in dem alle staatliche Gewalt vom Volkswillen ausgeht. Weitere wichtige Merkmale der F. sind: Gewaltenteilung, freie Wahlen, Recht auf Opposition, Unabhängigkeit der Gerichte und Mehrparteiensystem. Die F. ist in der Bundesrepublik Deutschland in den Art. 1 bis 20 GG verankert und gem. Art. 79 GG unantastbar.

Freiheitskampf, Bezeichnung für den Kampf von Völkern bzw. Staaten um ihre Selbständigkeit, entweder gegen drohende oder bereits eingetretene Gewaltherrschaft durch fremde Staaten oder Volksgruppen, z. B. F. der Kurden gegen die türkische Herrschaft; → Befreiungskrieg.

Freiheitsrechte, allgemeine → Grund- und Menschenrechte, welche die „freie Entfaltung der Persönlichkeit“ (Art. 2,1 GG) garantieren sollen. Nach dem GG gehören zu den F. die Art. 4, 5, 8, 9 und 11 bis 12.

Freikorps, für die Dauer einer militärischen Auseinandersetzung unter einzelnen Führern gebildete Freiwilligenverbände, z. B. das F. Lützow im Befreiungskrieg 1813 gegen Napoleon.

Freischärler, bewaffnete Freiwillige, die auf Veranlassung einzelner Persönlichkeiten oder politischer Parteien ohne Ermächtigung staatlicher Stellen aufgestellt werden, z. B. die F. des Major Schill im Kampf gegen Napoleon 1809; → Partisanen.

Freiwillige in den Streitkräften; Ggs.: → Wehrpflichtige. In der Bundeswehr sind F. die → Berufssoldaten und → Soldaten auf Zeit. Ihr Anteil müßte sich in den nächsten Jahren wegen der rückläufigen Zahl an Wehrpflichtigen aufgrund der geburtenschwachen Jahrgänge erhöhen.

Freiwilligengesetz, 1955 vom Bundestag verabschiedetes Gesetz, das die Voraussetzung für die Einstellung der ersten Soldaten in die Bundeswehr geschaffen hat.

Frieden, nicht einheitlich gebrauchter Begriff eines Zustands zwischen Personen, Gruppen und Staaten, in dem auf die Androhung und Anwendung von Gewalt zur Durchsetzung von Interessen verzichtet wird.

1. Negativer F. als Abwesenheit von bewaffneten Konflikten und Kriegen. Dieser ist iden-

tisch mit dem völkerrechtlichen F.-Begriff; d. i. Nicht-Krieg;
2. Positiver F. als Zustand allgemeiner, sozialer Befriedigung, in dem auch die sog. → strukturelle Gewalt, z. B. die Abhängigkeit von Menschen und/oder der Zwang zum Gehorsam, mehr und mehr abgebaut und durch Formen des kooperativen Zusammenlebens ersetzt wird;
3. Nach theologischer Auffassung ist F. letztlich ein Gnadenakt Gottes.

Friedensbewegung, Sammelbegriff für Gruppen sehr unterschiedlicher Motivation, die sich für die Erhaltung und verstärkte Sicherung des → Friedens einsetzen. Gemeinsam ist allen Strömungen der F., daß sie die herrschende Strategie der Friedenssicherung durch → Verteidigungsbereitschaft und → Abschreckung ablehnen.

Friedenserziehung, Methode einer pädagogischen Einflußnahme, um durch Verhaltens- und Einstellungsänderungen den einzelnen Menschen zum → Frieden und zur friedlichen Austragung von Konflikten zu befähigen. Nach Auffassung der Friedenspädagogik ist F. ein Beitrag zum Abbau internationaler Spannungen.

Friedensfähigkeit, Grad der Bereitschaft von Personen, Gruppen und Staaten, Konflikte ausschließlich mit friedlichen Mitteln zu lösen, z. B. durch Kompromißbereitschaft.

Friedensforschung (Friedens- und Konfliktforschung), Forschungsbereiche, die verschiedene Wissenschaftszweige umfassen, zur Untersuchung der Voraussetzungen und Bedingungen einer Friedenssicherung und friedlichen Konfliktlösung. Zu den Forschungsgegenständen gehören insbes. die → Rüstungskontrolle, Konfliktursachen, → Gewalt und → Krieg. In der Bundesrepublik Deutschland gibt es (1989) drei F.-Institute in Frankfurt, Hamburg und Heidelberg.

Friedensgebot, völkerrechtliche Verpflichtung, den → Frieden als Ziel gem. Art. 1 der → UN-Charta anzustreben. Das F. schließt die Anwendung und Androhung von → Gewalt zur Durchsetzung eigener Interessen aus, berührt aber nicht das Recht zur Selbstverteidigung (Art. 51 UN-Charta). Die Bundesrepublik Deutschland hat sich in der Präambel zum Grundgesetz ausdrücklich zum Friedensziel bekannt. Die Verfassung verbietet deshalb die Vorbereitung eines Angriffskrieges (Art. 26,1 GG).

Friedensgrenze, von der DDR 1950 anerkannte Westgrenze Polens, die Oder-Neiße-Linie. Mit den → Ostverträgen hat auch die Bundesrepublik Deutschland 1970 diese Grenze anerkannt, verzichtet aber auf die Bezeichnung F.

Friedenspädagogik → Friedenserziehung.

Friedenssicherung, Inbegriff aller politischen, militärischen, ökonomischen und kulturellen Maßnahmen, den → Frieden zu erhalten und zu festigen, z. B. durch vertrauensbildende Maßnahmen; → Rüstungskontrolle.

Friedensstrategie, umfassender sicherheitspolitischer Begriff, der alle Einrichtungen, Instrumente und Maßnahmen einschließt, die der Erreichung und Festigung des → Friedens dienen können. Die Aufrechterhaltung einer glaubhaften Verteidigung ist ein wichtiger Teil der F.

Friedensstreitmacht, Bezeichnung für Truppen der UN zur Friedenssicherung in Krisengebieten, z. B. UN Peace-Keeping Force (UN-Friedenerhaltungsstreitkraft auf Zypern).

Friedenstaube von Pablo Picasso (1881 bis 1973) für den Weltfriedenskongreß in Paris 1949 geschaffenes Symbol der Friedenssehnsucht aller Menschen.

Friedenstruppen, von der UN entsandte, international zusammengesetzte Militäreinheiten zur Sicherung des Waffenstillstands und Friedens in Krisenregionen, z. B. seit 1964 auf Zypern (rd. 2000 Soldaten). Die Angehörigen der F. dürfen ihre Waffen nur zur Selbstverteidigung bei einem unmittelbaren Angriff einsetzen.

Friedensumfang, gesamter → Personalumfang der Bundeswehr zuzügl. der Zivilbediensteten. Der F. (Sollstärke) beträgt 495 000 Mann, davon im Heer 345 000, bei der Luftwaffe rd. 111 000 und in der Marine 39 000. Zur Sicherung des F. wird wegen rückläufiger Jahrgangszahlen künftig eine stärkere Heranziehung der → Reservisten zu Wehrübungen notwendig sein.

Friedensvertrag, umfassende vertragliche Regelung zwischen Sieger und Besiegtem zur Beendigung eines → Krieges. Dem F. geht in der Regel ein → Waffenstillstand voraus, z. B. wie beim Versailler Vertrag von 1919. Wegen der Uneinigkeit der Siegermächte des Zweiten Weltkrieges über ihre Nachkriegspolitik gegenüber Deutschland steht ein F. noch aus. Sie haben aber den Kriegszustand 1951 für beendet erklärt (UdSSR 1955).

Friedenswissenschaft, Wissenschaft von den Bedingungen zur Abschaffung von Gewalt und Krieg innerhalb der Gesellschaften und zwischen den Staaten. F. ist Gegenstand von Forschungen von → IPRA und → SIPRI.

Friedliche Koexistenz, (von lat. con = zusammen und existere = bestehen) ein auf → Lenin zurückgehender Begriff, der bis jetzt (1989) noch Teil des Lehrgebäudes des Marxismus-Leninismus und Instrument der sowjetischen Außenpolitik ist. K. bedeutet friedlicher Wettbewerb zwischen den Staaten unterschiedlicher Gesellschaftsordnungen des Kapitalismus und Sozialismus bei Fortführung des politisch-ideologischen Klassenkampfes. K. gilt nicht für die Dritte Welt, in der sog. → Befreiungsbewegungen auch militärisch unterstützt werden können.

Front, militärische Bezeichnung für

— ausgerichtete vordere Reihe einer angetretenen → Truppe,

— Kampfgebiet,

— vorderste Linie der kämpfenden Truppe,

— höchste Gliederungsform der Streitkräfte des → Warschauer Pakts.

Führungsakademie der Bundeswehr, höchste Ausbildungsstätte der → Bundeswehr, an der vor allem → Offiziere für den Dienst als → Generalstabsoffiziere aus- und fortgebildet werden. Sitz der F.: Hamburg.

Führungsstil, Art und Weise, die Leitungsaufgaben im zivilen wie im militärischen Bereich wahrzunehmen. Als demokratischer F. wird die Mitwirkung aller Beteiligten an der Entscheidungsfindung bezeichnet. Im militärischen Bereich schränkt das Prinzip von Befehl und Gehorsam diesen F. ein.

Führungstruppen, eine → Truppengattung der Bundeswehr. Sie umfaßt Fernmeldetruppe, Feldjäger, Fernspäher sowie die Topographietruppe und die Truppe der PSV (Psychologische Verteidigung). Aufgabe der F. ist es, → Kampftruppen zu unterstützen und die Führung im → Gefecht zu ermöglichen bzw. zu erleichtern.

Fünfergruppe, Bezeichnung für die Gruppe der 5 wirtschaftlich stärksten Industriestaaten der Welt (ohne UdSSR): Bundesrepublik Deutschland, Frankreich, Großbritannien, Japan und USA.

Futurologie, Zukunftsforschung. Die F. untersucht mit wissenschaftlichen Methoden die Frage, wie sich die Lebensbedingungen einer Gesellschaft bzw. der Menschheit vermutlich entwickeln werden. Bedeutung: Entscheidungshilfen für Politiker, z. B. in Fragen des Umweltschutzes.

G-5-Länder → Fünfergruppe.

G-10-Gesetz (auch: G-Zehn-Gesetz), Abk. für das Gesetz zur Einschränkung der Garantie des Postgeheimnisses, das nach Art. 10 GG gewährleistet ist. Das Gesetz sieht für solche Beschränkungen, z. B. Telefonüberwachung, eines des → Landesverrats Verdächtigen verschiedene Kontrollinstanzen vor.

GAU, Abk. für: Größter anzunehmender Unfall, insbesondere in einem Kernkraftwerk.

Gefecht, im → Krieg der Kampf der aufeinander abgestimmten, sog. verbundenen Waffen, also z. B. Panzer, Infanterie, Pioniere, Artillerie usw., in zeitlich und örtlich begrenzten Aktionen. Man unterscheidet die Gefechtsarten → Angriff, → Verteidigung und Verzögerung.

Gefechtsfeld, örtlich begrenztes Gebiet, in dem ein → Gefecht stattfindet.

Gegner, wertneutrale Bezeichnung für einen Widersacher im Kampf, z. B. in einem Fußballspiel. Im Gegensatz zum Begriff → Feind soll mit G. ausgedrückt werden, daß dieser zwar bekämpft, aber ohne feindliche Gefühle besiegt werden soll. Deshalb wird bei allen Übungen der Bundeswehr nur der Begriff G. verwendet.

Gehorsam, Ausführung oder Unterlassung einer Handlung aufgrund einer Weisung oder eines Befehls. Im militärischen Bereich ist G. die Pflicht des → Soldaten, einen ihm erteilten verbindlichen → Befehl auszuführen. Die → Befehlsverweigerung ist von der → Gehorsamsverweigerung zu unterscheiden.

Gehorsamsverweigerung, demonstrative Form der → Befehlsverweigerung, die mit Arrest oder Gefängnis (§ 20 → Wehrstrafgesetz) bestraft wird. Der G. macht sich schuldig, wer die Befolgung eines → Befehls dadurch verweigert, daß er sich mit Wort und Tat gegen ihn auflehnt, oder wer die Ausführung auch nach Befehlswiederholung verweigert.

Gelöbnis, in feierlicher Form öffentlich abgebenes Versprechen von Soldaten der Bundeswehr, die ihren → Wehrdienst – im Gegensatz zu den → Freiwilligen – aufgrund der → Wehrpflicht ableisten. Der Wortlaut des G. ist in der inhaltlichen Aussage dekkungsgleich mit dem → Diensteid, den Berufssoldaten und Soldaten auf Zeit leisten.

Gemeinsamer Ausschuß, ein aus 33 Mitgliedern bestehender Ausschuß aus Bundestags- und Bundesratsmitgliedern im Verhältnis 2:1 gem. Art. 53a GG. In Friedenszeiten muß er von der Bundesregierung über die Pläne für den → Verteidigungsfall unterrichtet werden. Tritt dieser ein (Art. 115a GG) und ist der an sich zuständige Bundestag am Zusammentreten gehindert, so trifft gem. Art. 115a, 2 GG der G. die Feststellung des Verteidigungsfalls, wenn sofortiges Handeln erforderlich ist.

Gemeinsame Sicherheit, erstmals von der → Palme-Kommission verwendeter politischer Begriff, mit dem ausgedrückt werden soll, daß außenpolitische Sicherheit nicht gegen sondern nur zusammen mit dem potentiellen Gegner zu erreichen ist; → Sicherheitspartnerschaft.

General, in zahlreichen → Streitkräften der höchste Offizier. Die Dienstgradgruppe der Generale umfaßt in der Bundeswehr (aufsteigend): Brigade-G., Generalmajor, Generalleutnant, General. In der Schweiz ist der G. → Oberbefehlshaber der → Streitkräfte, der nur im Mobilmachungsfall eingesetzt wird.

Generalinspekteur, ranghöchster Soldat der Bundeswehr und militärischer Berater des → Bundesverteidigungsministers. Der G. ist für eine gemeinsame militärische Willensbildung der drei → Teilstreitkräfte verantwortlich, gegenüber deren → Inspekteuren er Weisungsrecht hat; 1989: Admiral Wellershoff.

Generalklausel, allgemeine Bestimmung („Gummiparagraph"), mit der eine Vielzahl unübersehbarer und nicht voraussehbarer Fälle erfaßt werden sollen; so ist z. B. im Grundgesetz im Gegensatz zum → Verteidigungsfall nicht exakt definiert, unter welchen Umständen der → Spannungsfall vorliegt.

Generalstab, Einrichtung in nahezu allen Armeen der Welt zur Vorbereitung und Durchführung militärischer → Operationen, bestehend aus speziell ausgebildeten Offizieren, die ihre Aufgaben als Gehilfen der → Befehlshaber erfüllen. Der G.-Dienst ist in folgende Führungsgebiete unterteilt:
G1: Personalwesen, → Innere Führung und Öffentlichkeitsarbeit;
G2: Militärisches Nachrichtenwesen, Sicherheit sowie Auswertung von Feindnachrichten;
G3: Führung, Organisation und Ausbildung;
G4: → Logistik. Alle im G. tätigen Offiziere der Bundeswehr führen den Zusatz „i. G." hinter ihrem Dienstgrad, z. B. Major i. G.

Generalversammlung der UN, Vollversammlung der Mitgliedsländer der UN. Die G. tagt jährlich mindestens einmal und gilt als das zentrale politische Beratungsorgan aller Mitgliedstaaten.

Generalvertrag → Deutschlandvertrag.

Genfer Abkommmen → Genfer Konvention.

Genfer Abrüstungskonferenz, von Frankreich, Großbritannien und USA beschlossener 10-Mächte-Abrüstungsausschuß, der 1960 erstmals in Genf zusammentrat. 1988 gehörten ihm über 40 Staaten an, darunter auch die Bundesrepublik Deutschland. Die G. war am Ergebnis verschiedener → Rüstungskontrollverhandlungen erfolgreich beteiligt, z. B. am → Nichtverbreitungsvertrag von 1968 und dem → Meeresbodenvertrag von 1971. Gegenwärtige Hauptaufgabe der G. (1989): Beseitigung aller chemischen Waffen.

Genfer Giftgasprotokoll → Genfer Protokoll.

Genfer Konventionen, ursprünglich eine auf Henri Dunant (1864) zurückgehende Übereinkunft zur Verbesserung des Loses der verwundeten Soldaten im Felde und der Kriegsgefangenen. Die G. wurde nach dem Zweiten Weltkrieg zum → Genfer Rot-Kreuz-Abkommen weiterentwickelt.

Genfer Protokoll von 1925 (auch: Genfer Giftgasprotokoll),völkerrechtliche Vereinbarung zum Verbot des Einsatzes chemischer und bakteriologischer Waffen. Als Rechtsnachfolger des Deutschen Reiches bindet das G. auch die Bundesrepublik Deutschland, die zusätzlich zum G. einseitig auf Herstellung, Lagerung und Verfügungsgewalt chemischer und bakteriologischer Waffen verzichtet hat; → Chemiewaffenkonferenz.

Genfer Rot-Kreuz-Abkommen von 1949 (Beitritt der Bundesrepublik Deutschland 1954), ein Übereinkommen zur Behandlung Verwundeter, Gefangener und der Zivilpersonen in Kriegszeiten. Dem G. sind inzwischen über 100 Staaten beigetreten.

Geopolitik, Teil der Politik, insbes. der → Sicherheitspolitik, bei der sich die geographische Lage eines Staates in einer gegebenen Mächtekonstellation auswirkt. Für die Bundesrepublik Deutschland ist dies vor allem die Grenzlage zwischen den beiden Blöcken; → Geostrategische Asymmetrie.

Geostrategie, eine → Strategie der Sicherheitspolitik unter Berücksichtigung der wehrgeographischen Lage. B.: Die Nachschubentfernung der USA bis zur innerdeutschen Grenze beträgt 6000 km, die der UdSSR nur 650 km.

Geostrategische Asymmetrie, Ungleichgewicht der geographischen Lage eines Landes, die sich zum Vorteil bzw. Nachteil des Gegners auswirkt. B.: Während in der NATO die USA und Kanada durch 6000 km Atlantik von den europäischen Verbündeten getrennt sind und Kräfte und Mittel auf langen und verwundbaren Luft- und Seetransporten nach Europa verlegen müssen, kann der → WP seine Streitkräfte über sichere Verbindungswege nach Westen verlegen.

Geräteeinheiten, Truppenteile mit eingelagerten Waffen und Gerät, aber geringem ständigem Personal, das erst im Mobilmachungsfall aufgefüllt wird, z. B. Sicherungseinheiten des Territorialheeres.

Gerechter Krieg, Bezeichnung für einen moralisch erlaubten Krieg. In der Menschheitsgeschichte wurde wiederholt der Versuch unternommen, Kriege moralisch zu rechtfertigen, z. B. die Kreuzzüge zwischen dem 11. bis 13. Jahrh. als „heiliger Krieg“. Spätestens nach 1945 gilt gem. Art. 51 der UN-Charta nur noch der → Verteidigungskrieg als legitimiert.

Gesamtlebensdauerkosten, Beschaffungskosten zuzügl. durchschnittl. Reparatur- und Wartungskosten eines Waffensystems von der Einführung bis zur Ausmusterung.

Gesamtverteidigung umfaßt alle für die → Verteidigung notwendigen politischen, militärischen und zivilen Maßnahmen der Bundesrepublik Deutschland im nationalen Bereich und im NATO-Bündnis. Die → zivile Verteidigung ist unverzichtbarer Bestandteil der G.; → Zivilschutz.

Gesellschaft für Wehrkunde, überparteiliche Organisation in der Bundesrepublik Deutschland, die sich zur Aufgabe gemacht hat, durch Öffentlichkeitsarbeit ihrer über 100 örtlichen Sektionen Verständnis für die Notwendigkeit bewaffneter → Landesverteidigung und die Zugehörigkeit zur NATO zu wecken. Die einzelnen Sektionen veranstalten Vorträge, Seminare, Diskussionen und Truppenbesuche. Das Organ der G. ist die Monatsschrift „Europäische Wehrkunde“.

Gesetz, i. w. S. jede allgemeine, gültige Rechtsnorm, die den Angehörigen einer Rechtsgemeinschaft (Staat) ein bestimmtes Tun oder Unterlassen vorschreibt, gestattet oder verbietet. Beispiele: Recht auf freie Meinungsäußerung,

Pflicht zur Abgabe einer Steuererklärung.

Gesetz- und Verordnungsblatt (GVBl), Verkündigungsblatt der Regierung eines Bundeslandes, insbesondere über Gesetze und Verordnungen. Das G. entspricht in den Aufgaben dem → Bundesgesetzblatt.

Gesetzesentwurf → Gesetzesinitiative.

Gesetzesinitiative, Einbringung einer Gesetzesvorlage (Gesetzesentwurf, Gesetzesvorschlag) beim zuständigen → Gesetzgeber. Nach Art. 76,1 haben der → Bundestag, → Bundesrat und die Bundesregierung das Recht zur G. In den Ländern sind die Länderregierungen und Länderparlamente zuständig. Daneben ist in einigen Bundesländern, so z. B. in Baden-Württemberg, auch eine G. durch ein – allerdings seltenes – → Volksbegehren möglich.

Gesetzgebende Gewalt → Legislative.

Gesetzgeber, Bezeichnung für die Person bzw. Institution, die das Recht hat, → Gesetze zu erlassen. In den westlichen Demokratien ist dies ein Parlament, oft im Zusammenwirken mit einer zweiten Kammer. Der G. der Bundesrepublik Deutschland ist der → Bundestag im Zusammenwirken mit dem → Bundesrat.

Gesetzgebungsinitiative → Gesetzesinitiative.

Gesetzgebungsverfahren, Prozedur von der Einbringung einer Gesetzesvorlage (→ Gesetzesinitiative) über die Beratung bis zur Beschlußfassung und Verkündung. In der Bundesrepublik Deutschland ist das G. in Art. 77 GG festgelegt.

Gesetzgebungsweg → Gesetzgebungsverfahren.

Gesetzliche Grundlagen (der Bundeswehr) sind die verfassungsrechtlichen Grundlagen, insbes. die Grundgesetzartikel 4,3; 12a; 17a; 26; 45a u. b; 65a; 87a u. b; 115a (1) und 115b. Zu den G. gehören ferner das → Wehrpflichtgesetz, → Soldatengesetz, → Wehrstrafgesetz und → die Wehrdisziplinarordnung.

Gesinnungsethik, Einstellung und Verhalten, das sich ausschließlich an bestimmte moralische Werte, z. B. an das absolute Tötungsverbot, hält. Die Konsequenz einer solchen Haltung ist der → Pazifismus. Radikale G. kann wegen der möglichen schwerwiegenden Folgen, z. B. der völligen Wehrlosigkeit, immer nur ein Prinzip für den einzelnen, nicht jedoch für Staaten oder Völker sein; Ggs.: → Verantwortungsethik.

Gewalt i. w. S. ist jede Durchsetzung von Interessen mit physischem oder psychischem Zwang. Zu unterscheiden ist zwischen legitimer Gewaltanwendung, z. B. → Notwehr oder Polizeieinsatz zum Schutze der Rechtsordnung gegen unrechtmäßige Gewalt, etwa bei gewalttätigen Demonstrationen, Straftaten gegen Personen und Eigentum und unrechtmäßiger G. In einem → Rechtsstaat hat grundsätzlich nur die Staats-G. das Recht zur G.-Anwendung; → Gewaltmonopol.

Gewaltenkonzentration, diktatorische Form der → Gewaltenverbindung. G. liegt z. B. vor, wenn der Regierungschef zugleich Vorsitzender der allein herrschenden Partei ist wie in der DDR; → Gewaltenverschränkung.

Gewaltenteilung, Verfassungsgrundsatz aller westlichen Demokratien. Dies auf Montesquieu (1689 bis 1755) zurückgehende Prinzip besagt, daß zur Verhütung des Machtmißbrauchs die Staatsgewalt geteilt werden soll in → Legislative, → Exekutive und → Judikative. Der Art. 20,2 GG schreibt diese G. verbindlich vor; Ggs.: → Gewaltenverschränkung; → Gewaltenkonzentration.

Gewaltenverbindung, Verknüpfung von Teilen aus mehreren → Staatsgewalten. Z. B. ist der Präsident der USA zugleich Staatsoberhaupt und Regierungschef; → Gewaltenkonzentration; → Gewaltenverschränkung.

Gewaltenverschränkung, Zusammenlegung und Verbindung der → Staatsgewalten. In keiner westlichen Demokratie läßt sich das Prinzip der → Gewaltenteilung konsequent durchführen; so sind z. B. die Mitglieder der Bundesregierung (= Exekutive) i. d. R. auch Mitglieder des Bundestages (= Legislative). In den → Volksdemokratien hat die G. zur → Gewaltenkonzentration geführt.

Gewaltfreie Aktion → Gewaltloser Widerstand.

Gewaltfreie Verteidigung → Soziale Verteidigung.

Gewaltfreiheit → Gewaltlosigkeit.

Gewaltlosigkeit, Prinzip der Ablehnung jeder Art von Gewaltanwendung zur Durchsetzung eigener Interessen. Die G. gilt als ethisch und religiös gerechtfertigt. Ihre Mittel sind → Ziviler Ungehorsam, → Boykott, Streik, friedliche Demonstration u. a.; → Pazifismus.

Gewaltloser Widerstand, Protest in Form des gewaltfreien, zivilen Widerstands gegen eine tatsächliche oder vermeintlich unrechtmäßige Maßnahme des Staates. Die Grenzen zur Gewaltanwendung sind fließend und auch rechtlich umstritten, z. B. Sitzblockaden vor Kasernen; → Ziviler Ungehorsam.

Gewaltmonopol, das prinzipiell alleinige Recht des Staates zur Anwendung von → Gewalt. Das G. ist eine zivilisatorische Errungenschaft des → Rechtsstaates; Ggs.: individuelles Faustrecht.

Gewaltverbot, in Art. 2 der → UN-Charta verankertes grundsätzliches Verbot der Gewaltanwendung und -androhung gegen Souveränität und territoriale Unversehrtheit eines Staates; → Gewaltverzicht.

Gewaltverzicht, verbindliche Verpflichtung, auf die Anwendung und Androhung militärischer Gewalt bei der Durchsetzung nationaler Interessen zu verzichten. Die Bundesrepublik Deutschland hat wiederholt G.-Erklärungen abgegeben, so z. B. im → Grundlagenvertrag. Der G. ist auch Teil der → UN-Charta; das Recht auf → Selbstverteidigung wird davon allerdings nicht berührt.

Gewaltverzichtsabkommen, internationale Vereinbarung, bei der Lösung von Streitfragen auf die Anwendung und Androhung militärischer Gewalt zu verzichten und statt dessen sich um eine friedliche Konfliktlösung zu bemühen, z. B. → Ostverträge.

Gewaltverzichtsgebot → Gewaltverbot.

GG, Abk. für: → Grundgesetz.

Glaubwürdigkeit, Grundvoraussetzung der Strategie der → Abschreckung. Sowohl → Verteidigungsfähigkeit als auch → Verteidigungswille der NATO müssen einen potentiellen → Aggressor vom unkalkulierbar hohen → Risiko eines → Angriffs überzeugen und somit zur → Kriegsverhütung beitragen.

Gleichgewicht, Bezeichnung für einen außenpolitischen Zustand von nebeneinander bestehenden Staaten oder Staatengruppen. Keine Seite ist in der Lage, die Unabhängigkeit oder die wesentlichen Rechte des anderen ohne Gefahr für sich selbst zu zerstören oder zu beschädigen; → Balance of power. In der Sicherheitspolitik bedeutet G. die annähernde Ausgewogenheit der sich gegenüberstehenden Streitkräftepotentiale, die keiner Seite ein Übergewicht und damit eine wirksame Bedrohung ermöglicht.

Globalismus, „Wir-sitzen-alle-in-einem-Boot"-Vorstellung, nach der die Welt eine Einheit darstellt, so daß nationale Lösungen in der → Sicherheitspolitik, dem → Umweltschutz und der → Entwicklungshilfe nicht (mehr) möglich sind.

Globalstrategie, eine langfristige, grundlegende und weltweite politische Strategie. B.: Eindämmung der kommunistischen Expansion in allen Ländern der → Dritten Welt; → Globalismus.

Gnadenrecht, Rechtsvorschriften, die eine → Begnadigung, d. h. eine Rücknahme oder Abmilderung einer rechtmäßig verhängten Strafe, betreffen. Die Ausübung des G. ist kein Schulderlaß oder Freispruch der Verurteilten.

Gradualismus, Konzept einer stufenweisen, allmählichen und einseitigen → Abrüstung. Der G. geht davon aus, daß ohne Minderung der eigenen → Sicherheit die Vertrauensbildung begünstigt werden kann, indem der anderen Seite Verhandlungsbereitschaft signalisiert wird. Die zweite Abrüstungsstufe beginnt erst, wenn der potentielle Gegner das Signal versteht und seinerseits mit einem Abrüstungsschritt antwortet.

Grauzone, Rüstungsbereich, der nicht durch Verhandlungen zur → Rüstungskontrolle erfaßt wird und in dem sich deshalb eine wechselseitige Aufrüstung entwickeln kann. B.: Bis zum Abschluß des → INF-Vertrages gehörten die Mittelstreckenwaffensysteme zur G.; → Grauzonenwaffen.

Grauzonenwaffen, Waffensysteme, die noch nicht Gegenstand von → Rüstungskontrollverhandlungen waren. Zu ihnen gehören z. B. Anfang 1989 die Kurzstreckenraketen.

Grenztruppen, Einheiten der → NVA an der innerdeutschen Grenze und an der Ostseeküste. Nach der Argumentation der DDR dienen sie der Abwehr „faschistischer Grenzverletzungen", ihre tatsächliche Aufgabe besteht vor allem in der Verhinderung unerlaubter Ausreisen von DDR-Bürgern, „Republikflucht" genannt.

Grundausbildung, erster Ausbildungsabschnitt von Soldaten innerhalb des → Grundwehrdienstes. Die G. dauert in der Bundeswehr drei Monate, in denen der Soldat mit den grundlegenden Kenntnissen und Fertigkeiten vertraut gemacht wird, die für den allgemeinen militärischen Dienst und zur Selbstverteidigung erforderlich sind.

Grundgesetz (GG) vom 23. Mai 1949 ist die → Verfassung der Bundesrepublik Deutschland. Es legt die → Grundrechte fest, bestimmt die verfassungsmäßige Struktur mit den obersten Bundesorganen, z. B. → Bundestag, → Bundesrat, → Bundesregierung, regelt das → Gesetzgebungsverfahren, die Rechtsprechung und das Finanzwesen. Das GG gilt in Berlin (West) aufgrund der Vorbehaltsrechte der westlichen Besatzungsmächte nur beschränkt. Der Name G. (GG) anstelle Verfassung wurde gewählt, um zu verdeutlichen, daß das GG nur für „eine Übergangszeit" gelten soll, bis das „gesamte Deutsche Volk ... in freier Selbstbestimmung die Einheit und Freiheit Deutschlands" vollenden kann. Das G. wird ungültig, wenn eine Verfassung in Kraft tritt, „die von dem deutschen Volke in freier Entscheidung beschlossen worden ist" (Art. 146 GG).

Grundlagenvertrag vom 21. Dezember 1972 ist der zwischen der Bundesrepublik Deutschland und der DDR geschlossene Vertrag zur Regelung ihrer Beziehungen. Beide Staaten verpflichten sich, bei Anerkennung der gegenseitigen → Souveränität gutnachbarliche Beziehungen zu entwickeln und Streitfragen ausschließlich mit friedlichen Mitteln unter Verzicht auf Androhung und Anwendung von Gewalt zu lösen. Der G. ist die Geschäftsgrundlage für die Deutschlandpolitik und hat z. B. positive Auswirkungen auf den gegenseitigen Besucherstrom.

Grundpflichten, Pflichten, die der Bürger gegenüber dem → Staat hat, z. B. die im GG genannte „Erziehungspflicht der Eltern" nach Art. 6 GG und die „Wehr- und Dienstpflicht" nach Art. 12 a GG, sowie die Pflicht, die Gesetze zu befolgen.

Grundrechte sind die verfassungsmäßig gesicherten, individuellen Rechte, die im GG in den Art. 1 bis 19 niedergelegt sind. Oberstes G. ist die Achtung der Menschenwürde (Art. 1,1 GG) als allgemeines Rechtsprinzip. Die G. sind nicht nur (einklagbare) subjektive Abwehr- und Anspruchsrechte, sondern binden auch die staatliche Gewalt. G. können darüber hinaus auch Wirkung auf vertragliche Vereinbarungen haben, z. B. bei Tarifverträgen, in der Gleichstellung von Mann und Frau, sog. Drittwirkung.

Grundvertrag → Grundlagenvertrag.

Grundwehrdienst, aktiver Teil der zu erfüllenden → Wehrpflicht. Er dauert 15 Monate und muß normalerweise von allen wehrpflichtigen Männern zwischen dem 19. und 28. Lebensjahr abgeleistet werden.

GRÜNEN → DIE GRÜNEN.

GSG 9 (Abk.: Grenzschutzgruppe), besonders ausgebildete Eliteeinheit des → Bundesgrenzschutzes zur Bekämpfung schwerer, vor allem terroristischer Gewaltkriminalität, bei der Menschenleben und andere hochwertige Rechtsgüter, z. B. Unabhängigkeit der Rechtsprechung durch Gewaltandrohung gegen Richter in Gefahr sind.

Guerilla (von span. = „kleiner Krieg"), Kampf bewaffneter Gruppen gegen die eigene Regierung oder gegen die Besatzungstruppen eines anderen Staates. Beispiel: Militärische Aktionen der sog. Contras gegen die sandinistische Regierung in Nicaragua seit 1979. Der Begriff stammt aus dem Kampf der Bevölkerung gegen die Napoleonische Besetzung Spaniens von 1808 bis 1813.

G-Zehn-Gesetz → G-10-Gesetz.

Haager Friedenskonferenz, 1899 und 1907 in Den Haag tagende Versammlung von Vertretern europäischer Staaten zur Entwicklung des → Kriegsvölkerrechts. Die Beschlüsse der H. sahen u. a. vor, daß z. B. die Verwendung von Waffen, die unnötige Leiden hervorrufen (Hohlmantel-Geschosse), unzulässig ist; → Genfer Konvention.

Haager Landkriegsordnung → Haager Konventionen; → Genfer Konvention.

Haager Konventionen von 1907 sind völkerrechtliche Abmachungen zur Regelung der Rechte der Kriegsführung, des Besatzungsrechts und der Behandlung von Kriegsgefangenen. Der wichtigste Teil der H. ist die Haager Landkriegsordnung, die in die → Genfer Konvention von 1949 mit inhaltlicher Erweiterung eingegangen ist.

Hallstein-Doktrin von 1955 legte fest, daß die Bundesrepublik Deutschland die Anerkennung der DDR durch andere Staaten als „unfreundlichen Akt" wertet, der mit dem Abbruch der diplomatischen Beziehungen beantwortet werden kann. Mit der 1969 einsetzenden neuen Ostpolitik ist die H. überholt.

Handelskrieg → Wirtschaftskrieg.

Harmel-Bericht, im Dezember 1967 vom belgischen Außenminister Harmel vorgelegter Bericht, der die Grundsätze der Sicherheitspolitik der westlichen Allianz beschreibt. Darin wird die Doppelfunktion der → NATO betont, die Sicherheit gleichgewichtig durch → Verteidigung und → Entspannung zu gewährleisten. Der H. wurde im Juni 1982 letztmals ausdrücklich bestätigt; → Flexible Response.

Hauptquartier, Zentrale einer multinationalen Organisation wie der UN in New York oder der → NATO in Brüssel, sowie der höchsten militärischen Kommandostelle.

H-Bombe → Wasserstoffbombe.

Heer, Landstreitkräfte mit rd. 345 000 präsenten Soldaten der Bundeswehr (ca. 70% des Gesamtumfangs). Das H. besteht aus dem im → Verteidigungsfall der NATO unterstellten → Feldheer und dem unter nationalen Kommando verbleibenden → Territorialheer. Im Mobilmachungsfall wächst der Umfang des H. durch Einberufung der Reservisten auf das Dreifache.

Heeresstruktur 2000, Bezeichnung für die Pläne zur Umstrukturierung der Landstreitkräfte der Bundeswehr in den 90er Jahren. Ziel der Strukturveränderung ist die Erhaltung der Lebensfähigkeit der Verbände zur Wahrnehmung ihrer Aufgaben im Frieden, ihre Reaktionsfähigkeit auf der Grundlage einer realistischen → Warnzeit und eine hinreichende Durchhaltefähigkeit zu sichern.

Hegemonie, staatliche Vorherrschaft, z. B. H. der UdSSR gegenüber Polen.

Heimatrecht, von → Heimatvertriebenen und Flüchtlingen nach 1945 beanspruchtes Recht auf Rückkehr in die Ostgebiete des Deutschen Reiches von 1937, z. B. H. der Schlesier, Ostpreußen und Pommern. H. bedeutet nicht → Revanchismus, sondern soll auf friedlichem Wege verwirklicht werden.

Heimatvertriebene, Personen aus Gebieten des Deutschen Reiches in den Grenzen vom 31. Dezember 1937, die nach dem Zweiten Weltkrieg aus ihrer Heimat vertrieben wurden, z. B. aus Ostpreußen, Schlesien, Pommern.

„Heißer-Draht“-Abkommen, Vereinbarungen über die Einrichtung einer direkten „stehenden“ Nachrichtenverbindung (Heißer Draht) zwischen zwei Staaten. Das erste H. wurde nach der Kubakrise 1963 zwischen den USA und der UdSSR geschlossen, 1966 zwischen Frankreich und der UdSSR und ein Jahr später zwischen Großbritannien und der UdSSR. Die H. sind Vorläufer der späteren → Kriegsverhinderungsabkommen.

Herrschaft, das institutionell verankerte Recht zur Ausübung von → Macht. Gemeinsam ist allen heutigen H.-Formen das Bemühen der Herrschenden, die Zustimmung der Beherrschten zur H.-Ausübung zu erhalten. In der Demokratie erfolgt die Legitimierung (= Rechtfertigung) der H. durch Wahlen und Abstimmungen.

Heteronomie (griech. = Fremdgesetzlichkeit), Unterwerfung eines Volkes oder Personengruppen unter den Willen einer als fremd empfundenen Staatsgewalt. Beispiel: Unterdrückung der Kurden in der Türkei. Eine Folge der H. ist das Streben nach (Ggs.) → Autonomie.

Hierarchie (von griech. hieros = heilig), ursprünglich Rangsystem in der römisch-katholischen Kirche. System der Über- und Unterordnung, wobei der jeweils Ranghöhere gegenüber dem Rangniederen die Befehlsgewalt besitzt. Dieser ist zum Gehorsam verpflichtet. Der hierarchische Aufbau hat sich als Organisationsprinzip stets dann bewährt, wenn Entscheidungen rasch vollzogen werden müssen, z. B. im Militärwesen, bei Polizei und Verwaltung.

High Level Exercise (HILEX) (engl. = Übung auf hoher Ebene), Stabsrahmenübung der obersten NATO-Behörden und ihrer Regierungen zur Ausarbeitung und Erprobung einheitlicher Kriterien zur Lagebeurteilung und Beschlußfassung, z. B. von welchem Zeitpunkt an eine Aggression als bewaffneter Angriff auf NATO-Gebiet angesehen werden muß.

High Level Group (HLG) (engl. = Gruppe auf hoher Ebene), ständiges Beratergremium der → Nuklearen Planungsgruppe.

High-Tech, Abk. für: High-Technologie (engl.), Spitzentechnologie, insbes. in der Mikroelektronik.

HILEX, Abk. für → High Level Exercise.

Himmeroder Denkschrift, Dokument über das Ergebnis einer Arbeitstagung ehemaliger Wehrmachtsoffiziere, u. a. der Generale Heusinger und Speidel im Kloster Himmerod/Eifel vom 5. bis 9. Oktober 1950. Die H. „über die Aufstellung eines deutschen Kontingents im Rahmen einer übernationalen Streitmacht zur Verteidigung Europas“ wurde im Auftrag des damaligen Bundeskanzlers (Adenauer) erstellt.

HLG, Abk. für: → High Level Group.

Hochschulen der Bundeswehr → Bundeswehruniversitäten.

Hochverrat, Gewaltanwendung oder Gewaltandrohung gegen den verfassungsmäßigen Bestand eines Staates. Im Ggs. zum → Landesverrat ist der H. gegen die innere

Ordnung des Staates gerichtet, z. B. Terrorakte gegen → Verfassungsorgane, Verschwörung oder Putsch gegen die legale Regierung.

Hoheit, umfassendes Recht des Staates als alleiniger Inhaber der legalen Gewaltausübung, z. B. für Gesetzgebung und Polizeibefugnis; → Hoheitsrechte; → Souveränität.

Hoheitsrechte, Rechte des Staates zur alleinigen Ausübung der staatlichen Gewalt auf dem eigenen Staatsgebiet.

Horizontale Eskalation, Steigerung des Waffeneinsatzes auf gleichbleibender Ebene, z. B. Erhöhung der konventionellen Abwehrkraft durch verstärkten Panzereinsatz; Ggs.: → Vertikale Eskalation.

Hot Line (engl.) → „Heißer-Draht"-Abkommen.

Humanitäres Völkerrecht → Kriegsrecht; → Menschenrechte.

ICBM, Abk. für: Intercontinental Ballistic Missile (→ Interkontinentalrakete).

Ideologie (von griech. idea = Gedanke und logos = Lehre), zusammenhängendes Weltbild von Vorstellungen über politische, gesellschaftliche, wirtschaftliche, soziale und religiöse Zustände bzw. Ziele. Beispiele: → Liberalismus, → Konservati(vi)smus, → Nationalismus, → Faschismus, → Sozialismus, → Kommunismus. Nach marxistisch-kommunistischer Auffassung ist I. ein „falsches Bewußtsein", z. B. die Auffassung, ein frei gewähltes Parlament als Volksvertretung verschleiere im Kapitalismus nur die Herrschaft der „besitzenden Klasse".

IISS, Abk. für: International Institute for Strategic Studies (engl.) → Internationales Institut für Strategische Studien.

Imperialismus (von lat. imperium = Reich, Weltreich), staatliches Streben nach Ausdehnung der eigenen Grenzen und Erweiterung der Herrschaftsmacht durch Krieg oder andere Mittel, z. B. durch wirtschaftliche Abhängigkeit. Im 19. Jahrh. war der → Kolonialismus Teil imperialistischer Politik der europäischen Mächte. Heute wird die → Entwicklungspolitik der Industriestaaten in den Ländern der → Dritten Welt vielfach, insbes. von kommunistischer Seite, als Neo-I. bezeichnet.

Indoktrination, Belehrung und Beeinflussung im Sinne einer bestimmten → Doktrin, die mit dem Anspruch der Allgemeingültigkeit auftritt. B: I. durch die Lehre des → Marxismus-Leninismus.

INF, Abk. für: Intermediate Range Nuclear Forces (engl.), Atomwaffen mittlerer Reichweite. Zu diesen Mittelstreckenwaffen gehören landgestützte Flugkörper mit einer Reichweite von 150 bis 5500 km; → Doppel-Null-Lösung.

INF-Vertrag, Vertrag zwischen den USA und der UdSSR vom Dezember 1987 zur Beseitigung aller landgestützten Mittelstreckenraketen (→ INF) kürzerer und mittlerer Reichweite in Europa. Mit dem I. kam zum ersten Mal seit 1945 ein Abkommen zustande, nach dem Waffen unter wechselseitiger Kontrolle tatsächlich ersatzlos vernichtet werden.

Infrastruktur (vom lat. infra = unterhalb und structura = Bauart), im volkswirtschaftlichen Sinne sind I. die grundlegenden Voraussetzungen zur Erstellung der wirtschaftlichen Leistungen. Dazu gehören das Verkehrswesen (materielle I.), die öffentliche Verwaltung (institutionelle I.) und die Menge und Qualität der Arbeitskräfte (personelle I.).

Inkompatibilitätstheorem (von franz. incompatible = unvereinbar, unverträglich), Theorienbündel, dessen Kernaussage lautet: Je weiter die Gesellschaft technisch und demokratisch entwickelt ist, desto unwahrscheinlicher ist eine kriegerische Auseinandersetzung, weil diese dysfunktional (= im Widerspruch stehend) zu den eigenen Interessen verläuft, d. h. auch der militärische Sieger ist wirtschaftlich und gesellschaftlich ein Verlierer.

Innenpolitik, Inbegriff für alle Ziele, (z. B. Soziale Gerechtigkeit), Methoden (Gesetze), Mittel (Steuern), Institutionen (Gemeinden) zur Gestaltung der gesellschaftlichen Entwicklung innerhalb eines Staates; Ggs.: → Außenpolitik.

Innerdeutsche Beziehungen, rechtliche Bestimmungen, ihre Auslegung und Anwendung in der Politik zwischen den beiden deutschen Staaten, z. B. Regelung des gegenseitigen Besucherverkehrs. Grundlage für die I. ist der → Grundlagenvertrag von 1972; → Deutsche Frage.

Innerdeutsche Grenze, völkerrechtlich verbindliche und anerkannte Grenze zwischen der Bundesrepublik Deutschland und der DDR, entstanden aus den 1945 gebildeten → drei Besatzungszonen von Großbritannien, Frankreich und den USA einerseits und der UdSSR anderseits.

Innere Führung, Grundsätze der Bundeswehr für die Menschenführung. Oberstes Leitbild ist der „Staatsbürger in Uniform", d. h. der Soldat hat unbeschadet seines Verteidigungsauftrages und seiner besonderen Gehorsamspflicht die gleichen – wenn auch dienstbedingt eingeschränkten – Rechte wie jeder andere Staatsbürger. Zu den Grundsätzen der I. gehört auch der Primat der politischen Führung gegenüber der militärischen. Die 1956 gegründete Schule der Bundeswehr für I. (seit 1981 → Zentrum Innere Führung) soll u. a. die Angehörigen der Streitkräfte befähigen, gem. den Grundsätzen der I. im Truppenalltag zu handeln.

Innerer Notstand, eine durch Vorgänge im Inneren eines Staates, wie z. B. Katastrophen, Aufruhr oder Revolution verursachte Notlage. In der Bundesrepublik Deutschland kann beim Zustand drohender Gefahr für den Bestand der → Freiheitlich-demokratischen Grundordnung auch die Bundeswehr eingesetzt werden, wenn die Voraussetzungen der → Notstandsverfassung und der → Notstandsgesetze gem. Art. 87a, 4 GG gegeben sind.

Inspekteur, ranghöchste Dienststellung in den Teilstreitkräften und dem → Sanitäts- und Gesundheitswesen der Bundeswehr. Die vier I. Heer, Marine, Luftwaffe und Sanitätswesen haben die Aufgabe, unter Leitung des → Generalinspekteurs an der Gesamtkonzeption der militärischen Verteidigung mitzuwirken und die ständige Einsatzbereitschaft der ihnen unterstellten Truppen zu sichern. Als Abteilungsleiter im BMVg unterstehen sie unmittelbar dem Bundesminister der Verteidigung.

Integration, Verschmelzung von Teilen zu einem neuen Ganzen. B.: Geplante I. der 12 Volkswirtschaften der EG im Jahre 1992 zu einem Binnenmarkt.

Interim (von lat. interim = einstweilig), vorläufiger Zustand, Zwischenzeit. Eine Interimslösung z. B. ist die Zwischenlagerung radioaktiver Abfälle bis zur Endlagerung (Entsorgung).

Interimsabkommen (→ interim), der 1972 auf fünf Jahre abgeschlossene Vertrag zwischen den USA und der UdSSR zur Begrenzung strategischer Offensivwaffen. Das I. ist der eine Teil des → SALT-I-Abkommens, der andere ist der → ABM-Vertrag.

Interkontinentalraketen (→ ICBM), Waffensysteme mit Erdteile übergreifenden Reichweiten. Gem. → SALT-II-Definition gehören dazu atomare Raketen mit einer Reichweite von über 5500 km, die für die beiden Großmächte USA und UdSSR eine gegenseitige strategische Bedrohung ihres Territoriums darstellen.

International, zwischenstaatlich, nicht national begrenzt, d. h. mehrere Staaten bzw. Völker betreffend; z. B. → Interpol.

Internationale, i. w. S. Bezeichnung für nichtstaatliche Organisationen, z. B. die 1926 in London gegründete I. der Kriegsdienstgegner. I. e. S. ist I. der Name für den Zusammenschluß kommunistischer und marxistisch-sozialistischer Parteien. Die erste I., gegr. in London unter dem Einfluß von Karl Marx, bestand von 1864 bis 1872, die zweite I. in Paris existierte von 1889 bis 1914, die dritte unter dem Namen → Kominform, Sitz: Moskau von 1919 bis 1943.

Internationale Beziehungen, rechtliche, wirtschaftliche, politische militärische und kulturelle Verbindungen zwischen souveränen Staaten. B.: Deutsch-französische Beziehungen auf der Grundlage des Freundschaftsvertrages (Elysee-Vertrag) von 1963.

Internationale Sicherheit, alle Pläne und Maßnahmen der Staaten zur Herstellung und Gewährleistung einer dauerhaften Friedensordnung; B.: → KSZE.

Internationaler Gerichtshof (Sitz: Den Haag), wurde 1946 als Institution der → UN errichtet. Der I. kann bei internationalen Konflikten nur von Staaten angerufen werden. Sie müssen zuvor ihre Bereitschaft erklären, sich dem Urteil des I. zu unterwerfen. Bedeutsamster Fall der letzten Jahre war die Klage der USA gegen Iran wegen der Gefangennahme amerikanischer Diplomaten 1979 bis 1981.

Internationales Friedensforschungsinstitut (→ SIPRI), regierungsunabhängiges Institut (Sitz: Stockholm), das jährlich einmal einen Bericht über die weltweite Rüstung, den Waffenhandel und die bewaffneten Konflikte vorlegt; → Internationales Institut für Strategische Studien.

Internationales Institut für Strategische Studien (IISS), regierungsunabhängiges wissenschaftliches Institut (Sitz: London), das jährlich einmal einen Bericht über die Streitkräfte und Rüstung aller Militärmächte vorlegt; → Internationales Friedensforschungsinstitut.

Internationales Recht → Völkerrecht.

International Peace Research Association (IPRA), (engl. = Internationale Friedensforschungsvereinigung) mit Sitz in Oslo wurde 1964 von Wissenschaftlern aus vielen Ländern gegründet. Das I. befaßt sich mit den Ursachen und Bedingungen von Konflikten mit dem Ziel, eine Welt ohne Gewalt und Krieg zu schaffen; ähnlich → SIPRI.

Internierung, Inhaftierung von Personen anderer Staatsangehörigkeit im Falle eines Krieges. Gem. → Genfer Konvention können Zivilisten eines Feindstaates interniert werden. Betreten Soldaten eines kriegführenden Landes den Boden eines neutralen Staates, so ist die I. aufgrund der → Haager Konvention zwingend vorgeschrieben. Diktatorische Staaten benutzen die I. in Konzentrationslagern auch als Terrorinstrument gegen Andersdenkende.

Interpol, Abk. für: Internationale Kriminalpolizeiliche Organisation. Ziel der I.: Gegenseitige Unterstützung in der Bekämpfung von Schwerverbrechen, z. B. Rauschgiftkriminalität. Der I. gehören weltweit etwa 140 Staaten an, darunter auch die Bundesrepublik Deutschland.

Intervention (von lat. intervenire = einschreiten), Einmischung in die Angelegenheiten eines anderen Staates, zumeist durch Androhung oder Anwendung von Gewalt. Grundsätzlich ist die I. völkerrechtlich verboten, kann aber als notwendig zur Selbstverteidigung angesehen werden, wie etwa der Einmarsch israelischer Truppen 1982 in den Libanon.

Invasion (von lat. invasio = militärischer Einfall), militärischer Einmarsch in ein fremdes Staatsgebiet, um dieses zu erobern oder zurück zu gewinnen. B.: Landung der Westalliierten in Nordfrankreich 1944.

Invasionsfähigkeit, Bezeichnung für die objektiv gegebene Möglichkeit – nicht Absicht – eines Staates, eine großräumige Offensive und einen strategischen Überraschungsangriff zu beginnen. Die WP-Staaten besitzen im Ggs. zur NATO aufgrund ihrer geostrategischen Lage und des konventionellen Kräfteverhältnisses eine solche I.

IPRA, Abk. für: → International Peace Research Association.

Judikative, richterliche (rechtsprechende) Gewalt im Staat (→ Staatsgewalt). Richter sind gem. Art. 97,1 GG „unabhängig und nur dem Gesetz unterworfen".

Jugendoffizier, pädagogisch ausgebildeter Offizier der Bundeswehr mit dem Auftrag, über die Sicherheitspolitik der Bundesregierung und die Aufgaben der Bundeswehr zu informieren. Der J. steht Jugendverbänden, Schulen und Bildungsstätten, z. B. Volkshochschulen, als Sachverständiger bei Diskussions- oder Informationsveranstaltungen zur Verfügung.

Junktim (lat. = verbunden), Verknüpfung von mehreren Vorgängen oder Tatbeständen zu einem Ganzen, so daß diese nur insgesamt oder gar nicht wirksam werden können. B.: Eine Enteignung ist gem. Art. 14,3 GG nur gegen Entschädigung zulässig (Junktimsklausel).

Junta (span. = Vereinigung), herrschende Personengruppe in einer Diktatur. B.: Militär-J. in Chile.

Juristische Person, Institution, die selbständig Trägerin von Rechten und Pflichten ist; Ggs.: Natürliche Person (= Mensch). J. sind solche des Privatrechts, z. B. eine AG, und des öffentlichen Rechts, z. B. eine Gemeinde.

Justiz → Judikative.

Kabinett, andere Bezeichnung für → Regierung, d. h. Gesamtheit der Minister.

Kabinettskrieg, → Krieg, der zwischen den Fürsten mit stehenden Heeren ausgefochten wird. Das 18. und 19. Jahrh. gilt als die Zeit der K.; Ggs.: Volkskrieg.

Kader,

1. Stammbestand, z. B. einer Armee, d. h. Armee ohne Reservisten;
2. in den Ostblockstaaten: Bezeichnung für Personen in wichtigen Positionen von Staat, Partei und Wirtschaft (Funktionäre).

Kaderverbände, Teile des → Heeres, z. B. eine Brigade, die personell nur zu einem zahlenmäßig geringen Teil präsent sind und erst im Verteidigungsfall durch → Reservisten auf die vorgesehene Stärke aufgestockt werden. Waffen und Gerät sind dagegen stets einsatzbereit.

Kadetten, seit dem 17. Jahrhundert Bezeichnung für den Offiziersnachwuchs. In der Bundeswehr wird diese Bezeichnung nur noch als See-K. für die Offiziersanwärter der → Marine verwendet.

KAE, Abk. für → Konferenz über Abrüstung in Europa.

Kalter Krieg, Macht- und Ideologienkonflikt zwischen Staaten, der mit nichtmilitärischen Mitteln ausgetragen wird, z. B. durch ein Handels- und Wirtschaftsembargo. Eine solche Konfrontation entstand nach dem Zweiten Weltkrieg zwischen den westlichen Siegermächten und der UdSSR. Der K. dauerte bis 1962, als nach der Kubakrise eine Politik der → Entspannung eingeleitet wurde.

Kameradschaft, zwischen Mitgliedern einer Gruppe bestehende, soziale Beziehung, die mehr emotional als sachbezogen bestimmt ist. Die K. ist sowohl durch ein gemeinsames Ziel wie durch die Zugehörigkeit zur Gruppe gekennzeichnet. Der Soldat in der Bundeswehr ist zur K. verpflichtet.

Kampfhandlungen, militärische Bezeichnung für die gewaltsame Auseinandersetzung mit feindlichen → Streitkräften; → Gefecht; → Schlacht.

Kampfkraft, Bezeichnung für den militärisch nutzbaren Wert eines Verbandes. Die K. wird durch die Personalstärke der kämpfenden Truppe, ihre Ausrüstung, die Leistungsfähigkeit, den Ausbildungsstand und nicht zuletzt von der → Kampfmoral der Soldaten bestimmt. Die K. dient als wesentliche Vergleichsgröße zwischen den Streitkräften der NATO und des WP.

Kampfmoral, Bezeichnung für Motivation und Bereitschaft der Truppe, eine bewaffnete Auseinandersetzung zu führen. Die K. ist der wichtigste Faktor für den → Verteidigungswillen. So gilt z. B. die K. der israelischen Soldaten als besonders hoch.

Kampftruppen, → Truppengattung des Heeres, die Jäger, Gebirgsjäger, Fallschirmjäger, Panzergrenadiere, die Panzertruppe, Panzerjäger und Panzeraufklärer umfaßt.

Kampfunterstützungstruppen, → Truppengattung des Heeres, die Artillerie, Heeresflugabwehrtruppe, Heeresflieger, Pioniere und die ABC-Abwehrtruppen umfaßt. Aufgabe der K. ist es, die → Kampftruppen im Gefecht zu unterstützen.

Kapitulation, mit dem Feind vereinbarte oder von ihm durch Brechung des militärischen Widerstandes erzwungene Einstellung der Kampfhandlungen; → Waffenstillstand. Die K. kann eine bedingungslose sein, wie die der deutschen Wehrmacht am 8. Mai 1945 oder ist an bestimmte Voraussetzungen geknüpft, wie etwa freier Abzug der Truppen. Nach dem Geltungsbereich wird unterschieden:

1. Gesamt-K. aller Streitkräfte, z. B. Japan am 10. August 1945 gegenüber den USA;
2. Teil-K., z. B. der deutschen Streitkräfte in Italien am 29. April 1945.

Formal kann jeder militärische Befehlshaber für seinen Befehlsbereich die K. erklären und entgegennehmen.

Katastrophenfall bedeutet Naturkatastrophe, z. B. Hochwasser, starke Schneeverwehungen, oder ein besonders schwerer Unglücksfall, z. B. in einem Kernkraftwerk. Der K. berechtigt ein Bundesland, von anderen Ländern zur Unterstützung seiner Polizei Hilfe sowie Einrichtungen des → Bundesgrenzschutzes anzufordern (Art. 35,2 GG). Gefährdet der K. mehr als das Gebiet eines Bundeslandes, wie bei einem Reaktorunfall, so kann die Bundesregierung den Länderregierungen zur Bekämpfung der Katastrophe Weisungen erteilen und notfalls auch die Streitkräfte der Bundeswehr einsetzen. (Art. 35,3 GG).

Katastrophenschutz, Inbegriff aller vorbeugenden Maßnahmen zur Abwehr und Linderung der Schäden im → Katastrophen- und → Verteidigungsfall, z. B. Bau von Schutzräumen und Bereitstellung sanitärer Hilfe; → Katastrophenschutzgesetz.

Katastrophenschutzgesetz, regelt den Einsatz der Schutzorganisationen für den → Katastrophenfall; dazu gehören u. a. die Feuerwehr, das Technische Hilfswerk und das Deutsche Rote Kreuz. Wehrpflichtige, die sich auf die Dauer von 10 Jahren freiwillig zum Dienst im → Katastrophenschutz verpflichten, werden vom Wehrdienst befreit.

KDV, Abk. für: → Kriegsdienstverweigerung bzw. Kriegsdienstverweigerer.

Kellog-Pakt → Briand-Kellog-Pakt.

Kernländer, Bezeichnung für die 6 Gründerstaaten der → EG (1957): Belgien, Bundesrepublik Deutschland, Frankreich, Italien, Luxemburg und die Niederlande.

Kernwaffen → Atomwaffen.

Kernwaffenfreie Zonen → Atomwaffenfreie Zone.

Kernwaffenstaaten i. e. S. des → Atomwaffensperrvertrages sind Staaten, die vor dem 1. Oktober 1967 einen Atomsprengkörper hergestellt und gezündet haben; → Nuklearmächte.

K-Gruppen, Sammelbegriff für alle kommunistischen Gruppen, die sich nicht der moskautreuen → DKP zugehörig fühlen, z. B. die Marxistisch-Leninistische Partei Deutschlands (MLPD).

Koexistenz → friedliche Koexistenz.

Kollaboration (von lat. collaborare = zusammenarbeiten), Zusammenarbeit von Staatsangehörigen mit dem kriegführenden Feind, insbes. in dem von ihm besetzten Gebieten. Ein Kollaborateur war z. B. der von der deutschen Besatzungsmacht abhängige norwegische Ministerpräsident Vidkum Quisling (1942 bis 1945), der 1940 die Norweger zur → Kapitulation aufgerufen hatte. Seitdem gilt sein Name als Synonym für Verräter (= Quislinge).

Kollektive Selbstverteidigung, Form der gemeinsamen → Verteidigung in einem Bündnis. Das Recht zur K. ist in Art. 51 der → UN-Charta ausdrücklich vorgesehen und gilt als ein Akt der kollektiven Notwehr.

Kollektive Sicherheit, umfassendes, auf Verträge beruhendes System einer nach innen und außen garantierten Sicherheit. Ein solches Übereinkommen ist mehr als eine Militärallianz. Es richtet sich nicht gegen einen bestimmten möglichen Gegner, sondern gegen jeden Staat, der einen Konflikt durch Androhung oder Anwendung von Gewalt zu lösen trachtet. Das Prinzip der K. gilt auch im Verhältnis der Mitglieder untereinander. Das GG hat in Art. 24,2 ausdrücklich vorgesehen, daß sich der Bund „zur Wahrung des Friedens einem System gegenseitiger kollektiver Sicherheit einordnen" kann und zu diesem Zweck auch eine Einschränkung seiner Hoheitsrechte zustimmt; → kollektive Selbstverteidigung.

Kolonialismus, Außenpolitik zur Gewinnung von Gebieten außerhalb des Mutterlandes, insbes. von überseeischem Besitz. Das kolonialisierte Land wird dabei nicht gleichberechtigter Teil des eigenen Staatsgebietes. Absicht des K. ist Sicherung der Rohstoffe, Absatz eigener Waren und Machtzuwachs. Heute wird der Begriff K. vor allem im Zusammenhang mit der Entwicklungspolitik als Vorwurf des Neo-K. benützt.

Kombattant (franz. combattant = Kämpfer), Angehöriger der offiziellen Streitkräfte eines kriegführenden Staates: → Kombattantenstatus.

Kombattantenstatus, Rechtsstellung eines → Kombattanten, die ihn legitimiert, an Kampfhandlungen teilzunehmen.

Kominform, Abk. für: Kommunistisches Informationsbüro mit Sitz in Bukarest wurde 1947 von Stalin ins Leben gerufen mit dem Ziel, den → Marshallplan als „Instrument des amerikanischen Imperialismus" zu bekämpfen. Das K. war Nachfolgerin der → Komintern.

Komintern, Abk. für: Kommunistische Internationale, Bezeichnung für die dritte → Internationale von 1919 bis 1943 mit Sitz in Moskau.

Kommission (Europäische), das (gegenüber dem → Ministerrat) mit einem Vorschlagsrecht ausgestattete Exekutivorgan der → EG, bestehend aus derzeit (1989) 17 Mitgliedern, davon entsenden die Bundesrepublik Deutschland, Frankreich, Großbritannien, Italien und Spanien je zwei, die restlichen je einen Vertreter.

Kommunismus, ideologisches Ziel und Vorstellung einer Gesellschaftsordnung mit Beseitigung des Privateigentums, Aufhebung aller Klassenunterschiede, Befriedigung aller materiellen, geistigen und seelischen Bedürfnisse bei freiwilligen Leistungen für die Solidargemeinschaft unter Verzicht auf jedes Herrschaftssystem.

Kommunistische Partei Deutschlands (KPD), 1956 vom → BVG als verfassungsfeindlich verbotene Partei.

Kompetenz, Zuständigkeit, Befugnis, auch: Fähigkeit. B.: Der →

Bundesgrenzschutz ist eine paramilitärische Einheit und genießt im Verteidigungsfall den → Kombattantenstatus. Dennoch ist für ihn nicht der Bundesminister der Verteidigung zuständig, sondern der Bundesinnenminister.

Konferenz über Abrüstung in Europa (KAE), ein von Frankreich den Staaten der → KSZE 1978 vorgeschlagener Plan zur Verringerung der konventionellen Waffen. Zielsetzung: Verhinderung eines Überraschungsangriffs mit konventionellen Streitkräften. Die K. ist in die Konferenzen der → KVAE und → KSZE sowie der Verhandlungen über → MFBR eingegangen.

Konferenz über konventionelle Rüstungskontrolle (KRK), auf der → KSZE vereinbarte Konferenz, auf der die 23 paktgebundenen Länder (16 NATO-Staaten und 7 WP-Staaten) über den Abbau der konventionellen Streitkräfte einschl. ihrer Bewaffnung und Ausrüstung verhandeln. Die K. hat im März 1989 in Wien begonnen.

Konferenz über Sicherheit und Zusammenarbeit in Europa (KSZE), in unregelmäßigen Abständen – erstmalig in Helsinki 1973 – tagende Konferenz der Mitgliedstaaten der → NATO, des → Warschauer Pakts und aller 12 Blockfreien in Europa. Die letzte Tagung endete 1989 in Wien. Die Hauptaufgabe der K. ist die Förderung der wirtschaftlichen, politischen und kulturellen Beziehungen zur Erhöhung der Sicherheit und zu Verhandlungen über Abrüstung der konventionellen Streitkräfte zu führen. Ein Folgeergebnis der letzten K. ist die Vereinbarung über die → KRK. Die nächste K. ist für 1992 in Helsinki geplant.

Konferenz über Vertrauensbildung und Abrüstung in Europa (KVAE), Verhandlungen der 35 Unterzeichnerstaaten der → KSZE, abgeschlossen am 22. September 1986 in Stockholm mit dem Ergebnis, daß ab 1. 1. 1987 alle Manöver und Truppenverlegungen mit mehr als 13 000 Soldaten oder mehr als 300 Panzern angemeldet und Beobachter zu allen größeren Übungen, an denen mehr als 17 000 Soldaten teilnehmen, eingeladen werden müssen.

Konflikt (lat. confligere = zusammenstoßen), Streit zwischen Staaten oder Personen und Gruppen. K. ist ein nicht wegzudenkender Bestandteil einer freien (pluralistischen) Gesellschaft; Konfliktfreiheit ist eine → Utopie. Die K.-Ursachen sind so vielfältig wie die Interessen und reichen von wirtschaftlichen über ideologischen bis zu rein menschlichen. Für die Qualität des Zusammenlebens der Menschen ist die Art der K.-Austragung entscheidend; → Konfliktlösung; → Krisenmanagement.

Konfliktbegrenzung, Ziel und Mittel der Sicherheitspolitik, einen ausgebrochenen Konflikt an einer Ausdehnung zu hindern bzw. ihn zu verringern, z. B. → Nahostkonflikt.

Konfliktlösung, Möglichkeiten zur vorübergehenden oder dauerhaften Beilegung eines → Konfliktes. Dazu gehört die Vertagung bzw. Verschiebung der Lösung. B.: Offenheit der Deutschen Frage wegen Uneinigkeit der Siegermächte. Andere Formen der K. sind:

1. Einseitige Interessendurchsetzung mit erlaubten und unerlaubten Mitteln wie z. B. der Gewaltandrohung oder -anwendung,

2. Kompromiß durch Verhandlungen, z. B. → Viermächteabkommen und
3. Entscheidung durch Richterspruch, z. B. Entscheidung des Europäischen Gerichtshofes 1987, daß Bier, das von anderen EG-Länder nicht nach dem deutschen Reinheitsgebot gebraut wird, auch in der Bundesrepublik Deutschland zum Verkauf zugelassen werden muß.

Konkurrierende Gesetzgebung, Gesetzgebungsbereich gem. Art. 74 GG, für den die Länder die Gesetzgebungskompetenz haben, solange der Bund von seinem Gesetzgebungsrecht keinen Gebrauch macht; Ggs.: → ausschließliche Gesetzgebung.

Konservati(vi)smus (lat. conservare = bewahren), politische Grundeinstellung, die im Prinzip dem Bestehenden den Vorzug gegenüber Veränderungen gibt. Der K. trachtet danach, die vorhandene rechtliche, wirtschaftliche, politische und kulturelle Ordnung mit ihren Normen zu festigen. B.: Das Land Bayern gewährt im Gegensatz zu einigen anderen Bundesländern Hausbesetzern grundsätzlich keine Straffreiheit.

Konstruktives Mißtrauensvotum — geregelt in Art. 67 GG — bestimmt, daß der amtierende Bundeskanzler nur gestürzt werden kann, wenn der Bundestag mit (absoluter) Mehrheit einen neuen Kanzler wählt.

Konterbande,

1. Schmuggelware, Bannware;
2. Kriegsmaterial, das von neutralen Schiffen mitgeführt wird und für eine kriegführende Macht bestimmt ist. Schiffe, die K. führen, können nach geltendem Seekriegsrecht samt ihrer Ladung von den kriegführenden Staaten beschlagnahmt werden. Es gilt dann das sog. → Prisenrecht.

Konterrevolution (lat. contra = gegen), politische Strömung, die – notfalls auch mit militärischen Mitteln – den Versuch unternimmt, den vorrevolutionären Zustand wieder herzustellen; B.: Kampf der von den USA unterstützten „Contras " seit 1979 gegen die Sandinistische Befreiungsfront in Nicaragua unter dem diktatorisch regierenden Präsidenten Ortega.

Kontinental-strategische Waffensysteme, nukleare Waffensysteme, die aufgrund ihrer Reichweite bis zu 5500 km nur Europa und nicht die USA bedrohen können (→ Eurostrategische Waffen).

Konvention (lat. convenire = übereinkommen), i. d. R. ein multilateraler Vertrag, der damit Teil des allgemeinen Völkerrechts wird, z. B. → Genfer Konvention.

Konventionalisierung, Ersatz der → ABC-Waffen, insbesondere der Nuklearsysteme durch modernste konventionelle Bewaffnung, um die militärische Verteidigung der NATO von der Notwendigkeit zu entheben, als erste atomare Waffen einsetzen zu müssen.

Konventionelle Waffen, alle herkömmlichen Waffensysteme, die nicht → ABC-Waffen sind. Als konventionell ausgerüstete Streitkräfte gelten auch jene, die zwar über Träger für Nuklearwaffen verfügen, aber keine Verfügungsgewalt darüber haben, d. h. nicht über ihren Einsatz entscheiden können. In diesem Sinne ist die Bundeswehr eine konventionelle Streitmacht.

Konvergenztheorie, Vorstellung, daß sich die westlichen und östlichen Gesellschaftssysteme allmählich angleichen, da die Anforderungen der hochtechnisierten Industrieabläufe, die Lösung vieler grenzüberschreitender Probleme wie die des Umweltschutzes und die → kooperative Rüstungssteuerung ähnliche Strukturen erfordern. Offiziell lehnt die UdSSR die K. als unvereinbar mit der Theorie der → friedlichen Koexistenz ab, die unverändert vom Systemgegensatz ausgeht. Mit der von Gorbatschow seit 1985 initiierten neuen Politik scheint die K. langsam Realität zu werden.

Kooperation, Zusammenarbeit auch gegensätzlicher Gruppen zur Erreichung eines im gemeinsamen Interesse liegenden Zieles, z. B. → kooperative Rüstungssteuerung.

Kooperative Maßnahmen, häufig gebrauchter Begriff im Rahmen der → Rüstungskontrolle, z. B. → Vertrauensbildende Maßnahmen.

Kooperative Rüstungssteuerung, der von W. Graf Baudissin eingeführte Begriff entspricht dem englischen „Arms control", die eine Methode darstellt, die Eigendynamik eines gegenseitigen Hochschaukelns der Rüstung zu brechen. Sie zielt nicht auf die (illusionäre) Totalabrüstung ab, sondern nur darauf, ein noch glaubwürdiges Abschreckungspotential zu erhalten, das nicht als Bedrohung betrachtet werden kann. B.: → SALT-Abkommen.

KPD, Abk. für: → Kommunistische Partei Deutschlands.

KPdSU, Abk. für: Kommunistische Partei der UdSSR.

Kräftegleichgewicht, quantitativ und qualitativ schwer zu bestimmender Begriff der → Sicherheitspolitik. Annäherndes K. gilt als gegeben, wenn die Streitkräfte beider Seiten so ausgewogen sind, daß sie nicht ausreichen, um unter akzeptablen Bedingungen das Risiko einer Aggression einzugehen.

Kräftevergleich, wesentlicher Bestandteil einer → Bedrohungsanalyse. Der K. erstreckt sich nicht nur auf Quantität und Qualität der Waffensysteme, sondern schließt auch → Dislozierung, Mobilität, Einsatzbereitschaft, militärische → Infrastruktur, → Kampfmoral und andere Faktoren ein.

Kreiswehrersatzamt, Behörde der → Bundeswehrverwaltung, die für → Musterung, Einberufung und Wehrüberwachung der → Wehrpflichtigen und Reservisten zuständig ist.

Kreml, ehemaliges Zarenschloß in Moskau, jetzt sowjetischer Regierungssitz. Der Ausdruck K. wird gleichbedeutend mit Regierung der UdSSR gebraucht.

Krieg, ein zwischen mehreren Staaten mit militärischen Mitteln ausgetragener → Konflikt mit dem Ziel, die eigenen politischen, wirtschaftlichen, militärischen, ideologischen oder sonstigen Interessen gewaltsam gegen den Willen des Gegners durchzusetzen. Zum K. gehört auch der → Bürgerkrieg. Wichtige Unterscheidungsarten des K. sind:

— Der allgemeine K. wie Weltkrieg I und II;
— der begrenzte K., geographisch, z. B. Falklandkrieg 1982; nach der Zahl der Teilnehmer, z. B. K. zwischen Irak-Iran (1980 bis 1988),
— nach der Art der Mittel, z. B. französische Militärunterstützung des Tschad gegen die Be-

setzung eines Teil von Nord-Tschad durch Lybien 1987; → totaler K.;
— nach Ziel, z. B. → Angriffskrieg; → Verteidigungskrieg; → Präventivkrieg und → Land-, → See- und Luft-K.

Die Unterscheidung der K. in gerechte und ungerechte K. als klassische Einteilung entzieht sich einer allgemein anerkannten Bestimmung. Neue Kriegsart: → Stellvertreterkrieg.

Kriegsakademie, ehemalige Bezeichnung einer militärischen Hochschule zur Ausbildung von Offizieren für den Generalstabsdienst. In der Bundesrepublik Deutschland ist die K. die → Führungsakademie der Bundeswehr in Hamburg.

Kriegsanleihen, staatliche Anleihen, die von der Bevölkerung eines kriegführenden Staates gezeichnet werden, um die Kriegskosten zu finanzieren, die durch Steuermittel nicht gedeckt werden können.

Kriegsartikel, historischer Begriff, „Pflichtenlehre für Soldaten", entstanden aus den sog. Artikelbriefen, einer Art Dienstverträgen (mit Eidesleistung) zwischen dem Kriegsherrn und den Söldnern (etwa seit 1500). Die K. galten z. B. im Deutschen Reich von 1902 (→ Haager Konvention) bis zum Ende des → Ersten Weltkriegs. Sie wurden fortgesetzt mit den „Pflichten des deutschen Soldaten" der → Reichswehr und → Wehrmacht. In der Bundeswehr sind die Rechte und Pflichten des Soldaten im → Soldatengesetz geregelt.

Kriegsbeute, nach der → Haager Landkriegsordnung das bewegliche, für Kriegszwecke geeignete feindliche Staatseigentum wie z. B. Waffen, Nahrung, Transportmittel. Beschlagnahme von Privateigentum als K. ist nur gegen Entschädigung gestattet. Im → Seekrieg ist jegliches feindliche Eigentum K., auch auf neutralen Schiffen.

Kriegsbild, Vorstellung über Ablauf eines möglichen Krieges, z. B. Auswirkungen eines Einsatzes taktischer Nuklearwaffen.

Kriegsdienstverweigerer (KDV), → Wehrpflichtige, die sich auf das Grundrecht des Art. 4,3 GG berufen, den „Kriegsdienst mit der Waffe" abzulehnen, weil sie ihn nicht mit ihrem Gewissen vereinbaren können. Sie sind verpflichtet, anstelle des → Wehrdienstes → Zivildienst zu leisten; → Kriegsdienstverweigerung. Seit Bestehen der Wehrpflicht in der Bundesrepublik Deutschland (1956) haben bis 1989 fast eine Million wehrpflichtige junge Männer den Wehrdienst verweigert, so daß Zweifel angebracht sein dürfen, ob in jedem Einzelfall die vom Grundgesetz vorgeschriebenen Gewissensgründe vorgelegen haben.

Kriegsdienstverweigerung (KDV), Recht, aus Gewissensgründen den Kriegsdienst mit der Waffe zu verweigern (Art. 4,3 GG). Das Bundesgesetz zur Ausführung dieses in den Verfassungen der Welt einmalig verankerten → Grundrechts schließt das Recht auf → Wehrdienstverweigerung ein. Dieses Individualrecht auf K. steht der Kollektivpflicht der Wehrdienstleistung entgegen, die als Normalfall angesehen werden muß. Die K. ist verfassungsrechtlich der Ausnahmefall und steht nicht gleichrangig und gleichwertig neben der Ableistung der → Wehrpflicht. Der Verweigerer ist zum → Ersatzdienst (→ Zivildienst) verpflichtet.

Kriegsdienstverweigerungs-Neuordnungsgesetz, seit 1. Januar 1984 gültiges Gesetz, das festlegt, daß die Dauer des → Zivildienstes die Dauer des → Grundwehrdienstes um ein Drittel übersteigt. Das Anerkennungsverfahren für ungediente → Wehrpflichtige als → Kriegsdienstverweigerer wurde mit dem K. wesentlich vereinfacht und erleichtert. Das zunächst bis 30. Juni 1986 befristete Gesetz wurde im Frühjahr 1986 bis 31. Dezember 1990 verlängert.

Kriegsentschädigung, alle Geld- oder Sachleistungen einschließlich Gebietsabtretungen, Demontage von Fabrikanlagen oder die Bereitstellung von Arbeitskräften, die einem besiegten Staat vom Sieger auferlegt werden, um dessen Kriegsaufwendungen und die durch den → Krieg entstandenen Schäden zu begleichen. K. werden normalerweise in Friedensverträgen festgelegt, z. B. nach dem → Ersten Weltkrieg im Versailler Vertrag.

Kriegserklärung, nach dem → Völkerrecht vorgeschriebene Erklärung eines Staates an einen anderen, daß er sich ihm gegenüber im Zustand des → Krieges befindet. Eine an eine Bedingung geknüpfte K. ist ein → Ultimatum, wie etwa die K. Großbritanniens an Deutschland am 3. 9. 1939, für den Fall, daß sich dessen Truppen nicht unverzüglich hinter die Reichsgrenzen zurückziehen. Da die Bundesrepublik Deutschland keinen Angriffskrieg führen darf, kann sie auch keine K. abgeben, sondern nur den Eintritt des → Verteidigungsfalls feststellen.

Kriegsfinanzierung, Beschaffung der Finanzmittel zur Führung eines Krieges. Mittel der K. sind: Kriegssteuern, Kriegskredite (Kriegsanleihen) und die sog. „lautlose" K. in Form einer Geldschöpfung (Inflation); → Kriegsschulden.

Kriegsfolgen, alle destruktiven (zerstörerischen) Auswirkungen eines Krieges auf Menschen, Zivilisationsgüter (Fabriken, Gebäude, Wohnhäuser) und Umwelt (z. B. Entlaubung im Vietnamkrieg) zuzügl. Kriegsschulden und weitere finanzielle Kosten wie Invalidenrenten. K. sind auch Veränderungen im internationalen Gefüge der Staaten, z. B. die Herausbildung der beiden Supermächte nach dem WK II.

Kriegsführungsdenken → Kriegsführungsstrategie.

Kriegsführungsfähigkeit, Fähigkeit, einen → Krieg führen und siegreich beenden zu können; → Kriegsführungsstrategie.

Kriegsführungsstrategie, im Unterschied zur Strategie der → Kriegsverhinderung ist die K. eine politische und militärische Konzeption, die davon ausgeht und die Mittel dafür bereit hält, einen Krieg führen und siegreich beenden zu können.

Kriegsgebiet, Bereich, in dem während eines → Krieges Kampfhandlungen stattfinden.

Kriegsgefangener, → Kombattant, der während eines Krieges in die Gewalt der feindlichen Macht gerät. Gem. → Genfer Abkommen hat er Anspruch auf menschenwürdige Behandlung, kann aber – mit gewissen Einschränkungen wie etwa Minenräumen – zu Arbeitsleistungen herangezogen werden.

Kriegsgericht, besonderes, meist von Militärs gebildetes Gericht, das die Rechtsprechung über Straftaten ausübt, die während eines → Krieges von Soldaten begangen wurden.

Kriegshandlung → Kampfhandlung.

Kriegskosten, Summe aller finanziellen Aufwendungen als Folge einer Kriegsführung. Sie bestehen aus den direkten Kosten der → Kriegsfinanzierung und den indirekten K. durch materielle Verluste und Schäden. Die K. für den Zweiten Weltkrieg werden (grob) auf rd. 1500 Mrd. US-$ (Wertstellung 1945) geschätzt.

Kriegspropaganda, psychologische Waffe zur Kriegsführung. Ziel: Ermutigung der eigenen Bevölkerung und Entmutigung des Gegners. Die K. wurde erstmals im Ersten Weltkrieg mit Berichten über angebliche Greueltaten deutscher Soldaten in Belgien 1914 angewandt; → Psychologische Verteidigung.

Kriegsrecht als Teil des → Völkerrechts umfaßt das Recht zum Krieg und im Krieg. Es sind die Regeln für die kriegführenden Parteien und ihrer → Kombattanten, z. B. zur Behandlung von Kriegsgefangenen und die Bestimmungen gegenüber neutralen Staaten sowie Vorschriften zum Schutze der Zivilbevölkerung; → Kriegsvölkerrecht.

Kriegsrisiko, Möglichkeit und Grad der Wahrscheinlichkeit des Ausbruchs eines militärischen Konflikts zwischen Staaten. Das K. ist um so höher, je gewinnbarer und damit führbarer ein Krieg für eine Seite erscheint.

Kriegsschulden, Summe aller Kosten zur Führung eines Krieges, die durch Kreditaufnahme der öffentlichen Hand im In- und Ausland finanziert wurden. B.: Die K. des Deutschen Reiches betrugen Ende 1918 rd. 150 Mrd. Reichsmark, das entsprach dem Dreifachen des deutschen Volkseinkommens aus dem Jahre 1914.

Kriegsschuldfrage, die bis heute umstrittene Frage nach Art und Ausmaß der deutschen Schuld am Ausbruch des Ersten Weltkrieges. Die Behauptung der Siegermächte des ersten Weltkrieges, das Deutsche Reich sei am Ausbruch allein schuld, wird heute nicht mehr aufrecht erhalten. Die neuere historische Forschung benutzt statt des Begriffs K. den wertfreien Begriff der → Kriegsursache.

Kriegsursachen, Komplex von Faktoren, die einen zwischenstaatlichen, bewaffneten Konflikt (→ Krieg) auslösen. Die Theorie der K. unterscheidet drei Kategorien:

1. Individuelle Motive als Folge menschlicher Aggression; → Soziobiologie;
2. Staatliche Gründe, z. B. im Streben des → Imperialismus;
3. Ursachen, die im internationalen System liegen, d. h. da es keine Instanz gibt, die einen Angriffskrieg wirksam zu verbieten mag, bleibt den Einzelstaaten dagegen nur der Aufbau einer militärischen Abwehr.

Kriegsverbrechen sind völkerrechtswidrige Verbrechen im → Krieg. Zu ihnen zählt in der Bundesrepublik Deutschland auch die Vorbereitung eines → Angriffskrieges, der in der Bundesrepublik Deutschland gem. Art. 26,1 GG verboten ist. K. gehören zu den Verbrechen gegen die Menschlichkeit, wie auch Geiselerschießung und Mißhandlung von → Kriegsgefangenen.

Kriegsverhinderung (auch: Kriegsverhütung), sicherheitspolitisches Ziel der Bundesrepublik Deutschland im Rahmen der westlichen Allianz; → Kriegsverhinderungsstrategie.

Kriegsverhinderungsabkommen, → bilaterales Abkommen zur Verhütung eines ungewollten Einsatzes von Nuklearwaffen. Die K. enthalten eine gegenseitige Konsultationspflicht. Das erste K. wurde 1973 zwischen den USA und der UdSSR abgeschlossen; es folgten 1976 die Kriegsverhinderungsvereinbarung zwischen Frankreich und der UdSSR und 1977 das K. zwischen Großbritannien und der UdSSR.

Kriegsverhinderungsstrategie, Inbegriff aller Maßnahmen einschl. einer militärischen → Landesverteidigung, die der Verhinderung eines Krieges dienen sollen. Die K. ist ein Konzept, das dem potentiellen Gegner eine Aggression als unakzeptables politisch-militärisches Risiko signalisiert und damit den Frieden bewahren hilft. Die → Sicherheitspolitik der NATO und die Verteidigungspolitik der Bundesrepublik Deutschland sind Beispiele für eine K.; Ggs.: → Kriegsführungsstrategie.

Kriegsverhütung → Kriegsverhinderung.

Kriegsverhütungsstrategie → Kriegsverhinderungsstrategie.

Kriegsvermeidung → Kriegsverhinderung.

Kriegsvölkerrecht, Regeln für die bewaffnete Auseinandersetzung zwischen verfeindeten Staaten und ihrem Verhältnis zu neutralen Staaten. Ziel des K. ist, auch im Krieg die Anwendung und Folgen von Gewalt zu begrenzen. Das K. beruht auf internationalen Verträgen, z. B. → Genfer Konvention.

Kriegswaffengenehmigungsverfahren, Regelung gem. Art. 26,2 GG, wonach zur Kriegsführung bestimmte Waffen nur mit Genehmigung der Bundesregierung hergestellt und in Verkehr gebracht werden dürfen. Das → Kriegswaffenkontrollgesetz und Außenwirtschaftsgesetz (beide von 1961) sowie die „Politischen Grundsätze der Bundesregierung für den Export von Kriegswaffen und sonstiger Kriegsgüter“ von 1982 sind die Rechtsgrundlage über den Vertrieb von Kriegswaffen.

Kriegswaffenkontrollgesetz, „Gesetz über die Kontrolle von Kriegswaffen“ vom 20.April 1961; → Kriegswaffengenehmigungsverfahren.

Kriegswirtschaft, staatlich gelenkte Volkswirtschaft zur Mobilisierung aller personellen und materiellen Ressourcen (= Kräfte, Reserven) zur Führung eines Krieges. Kennzeichen einer K. ist die starke Beschneidung der Zivilgüterproduktion zu Gunsten der militärischen Bedarfsdeckung.

Kriegswissenschaft, Lehre, die sich mit der Erforschung des → Krieges, z. B. Clausewitz in seinem Buch „Vom Kriege“ beschäftigt.

Kriegsziele, Ziele, die sich eine kriegführende Macht offen oder geheim vor oder nach Kriegsausbruch für das Ende des Krieges setzt. B.: K. der Ägypter im Yom-Kippur-Krieg von 1973 war die Rückgewinnung der von Israel seit 1967 besetzten Sinai-Halbinsel. Die Bundesrepublik Deutschland hat als Ziel im Falle eines Verteidigungskrieges die Erhaltung bzw.

Wiederherstellung der territorialen Unversehrtheit und die Rückgewinnung der vollen politischen Handlungsfreiheit.

Krise, politisch-militärische Lage, die den Zustand der Sicherheit gefährdet, z. B. vorsätzliche militärische Grenzverletzungen durch einen Nachbarstaat oder Herausforderung eines Staates durch schweren Verstoß gegen seine Interessen wie etwa in der Kuba-K. 1962. Das Grundgesetz kennt den Begriff K. im Gegensatz zum → Spannungsfall nicht; → K.-Verhütung; → K.-Management.

Krisenbeherrschung, Ziel und Mittel der Sicherheitspolitik, einen außenpolitischen Konflikt so zu steuern, daß er nicht zur bewaffneten Auseinandersetzung eskaliert, ohne daß auf wesentliche Rechte und Interessen verzichtet werden muß. Ein Beispiel für gelungene K. ist die Meisterung der Kuba-Krise durch den US-Präsidenten J. F. Kennedy im Jahre 1962. Mit der K. hängt die → Konfliktbegrenzung eng zusammen.

Kriseninstabilität, Ggs. zu → Krisenstabilität.

Krisenmanagement, Spielregeln und Verhaltensweisen, die in einer Krise oder im → Spannungsfall darauf abzielen, eine → Eskalation zu verhindern, um – ohne Preisgabe vitaler nationaler Interessen – den → Krieg zu vermeiden; → Krisenbeherrschung.

Krisenstabilität, Begriff der → Sicherheitspolitik, mit dem ausgedrückt werden soll, daß eine politische Krise nicht oder nicht rasch zu einer militärischen Konfrontation eskaliert. Je länger die K. anhält, desto größer sind die Chancen zur → Krisenbeherrschung; B.: → Berliner Blockade.

Krisenverhütung, Ziel und Mittel der → Sicherheitspolitik, einen drohenden außenpolitischen Konflikt bereits im politischen Vorfeld zu verhindern. Gelingt dies nicht, muß → Krisenbeherrschung angestrebt werden.

KRK, Abk. für: → Konferenz über konventionelle Rüstungskontrolle.

KSZE, Abk. für: → Konferenz über Sicherheit und Zusammenarbeit in Europa.

Kulturgut, Sammelbegriff für alle kulturell bedeutenden Objekte, z. B. das Straßburger Münster oder unersetzliche Museumsgüter, die nach geltender völkerrechtlicher Meinung in einem Krieg nicht zerstört oder beschädigt werden dürfen. K. sind durch mehrsprachige Hinweise gekennzeichnet.

KVAE, Abk. für: Konferenz über Vertrauensbildung und Abrüstung in Europa, genauere Bezeichnung: → Konferenz über Vertrauens- und Sicherheitsbildende Maßnahmen in Europa (KAE).

Landesverrat, strafbare Handlung, die gegen die äußere Sicherheit der Bundesrepublik Deutschland gerichtet ist, im Unterschied zum → Hochverrat, der gegen den inneren Bestand zielt. Zum L. zählt insbes. die Auskundschaftung von Staatsgeheimnissen und der Verrat. Der L. wird i. d. R. mit Freiheitsstrafe, die in schweren Fällen lebenslänglich sein kann, geahndet.

Landesverteidigung, bewaffnete, alle Einrichtungen und Maßnahmen zur militärischen Abwehr des Angriffs eines Staates auf das eigene Staatsgebiet. Mit Art. 87a GG wurde 1956 die verfassungsmäßige Grundsatzentscheidung getroffen, daß die Bundesrepublik Deutschland im Falle einer mit Waffengewalt vorgetragenen → Aggression bewaffnet verteidigt werden soll. Die Koordination aller Maßnahmen zur L. obliegt dem → Bundessicherheitsrat; Ggs.: → Soziale Verteidigung.

Landkrieg, im Ggs. zum → Seekrieg und → Luftkrieg eine Form des → Krieges, der überwiegend auf dem Land stattfindet, z. B. Rußlandfeldzug von 1941.

Landstreitkräfte → Heer.

Lastenteilung, „Gerechte" Verteilung der finanziellen Gesamtbelastung der Verteidigungsanstrengungen auf die NATO-Partner. Kriterien der L. sind z. B. Anteil der Verteidigungsausgaben in % des Bruttosozialprodukts (BSP). 1988 wies Griechenland mit 6,6% den höchsten Anteil der Verteidigungslasten am BSP auf, Luxemburg mit 1,3% den niedrigsten. Die Bundesrepublik Deutschland lag mit knapp 3% unter dem Durchschnitt (= 3,1%), die USA mit 5,6% und Großbritannien mit 4,3% darüber.

Laufbahn, → Soldatenlaufbahnverordnung.

Laufbahngruppen, Einteilung der Beamten in die Gruppen des einfachen, mittleren, gehobenen und höheren Dienstes. Die L. der Bundeswehr ähneln der allgemeinen Beamtenlaufbahn. B.: Der Oberleutnant steht in der Besoldung dem Oberinspektor gleich.

Lazarett, Militärkrankenhaus zur direkten Versorgung der kämpfenden Truppe. Lazarettpersonal und in ein L. Eingelieferte haben nach der → Genfer Konvention keinen → Kombattantenstatus. Im Verteidigungsfall ist neben den auch im Frieden arbeitenden 12 → Bundeswehrkrankenhäusern die Einrichtung von 76 L. mit je 200 Betten vorgesehen; → Sanitätswesen.

LDTB, Abk. für: → Long-Term-Defence-Program.

Legalitätsprinzip (lat. legalis = gesetzmäßig), allgemeiner Rechtsgrundsatz, daß die staatliche Gewalt, insbes. der Strafverfolgungsbehörden, nur im Rahmen des Gesetzes ausgeübt werden kann und muß, ohne Rücksicht darauf, ob das Handeln politisch zweckmäßig ist. Gegen das L. wurde z. B. 1988 bei der Straffreiheit für die Hausbesetzer in der Hafenstraße von Hamburg zugunsten des → Opportunitätsprinzips verstoßen.

Legislative, gesetzgebende Gewalt, auch: gesetzgebende Versammlung, d. h. das → Parlament.

Legislaturperiode, Zeitabschnitt, für den eine → Legislative gewählt ist. Die L. beträgt für den deutschen Bundestag 4 Jahre, ebenso für die meisten Landtage (Ausnahmen z. B. Nordrhein-Westfalen 5 Jahre).

Legitimation (lat. legitimus = rechtmäßig), grundlegende Anerkennung zum Recht auf Herrschaftsausübung. In der → Demokratie wird die L. durch Wahlen und Abstimmungen erteilt.

Leitbild, im Unterschied zum konkreten lebenden Vorbild, Bezeichnung für die Vorstellungen über Verhaltensideale von Individuen oder Gruppen. L. des Soldaten in der Bundeswehr ist der → Staatsbürger in Uniform.

Leninismus → Marxismus-Leninismus.

Lesung, Beratung über ein Gesetzesvorhaben im Bundestag. Man unterscheidet im → Gesetzgebungsweg erste, zweite und dritte L.

Liberalismus, Ordnungsvorstellung für das gesellschaftliche Zusammenleben der Menschen. Dazu gehören insbes. die freie Entfaltung des Individuums, die rechtliche Gleichstellung der Menschen und eine freiheitliche Ordnung in Staat und Wirtschaft. Der L. hat seine geistigen Wurzeln im späten 18. Jahrh.; heute haben alle demokratischen Staaten des Westens liberales Gedankengut übernommen; → Konservatismus; → Sozialismus; → Kommunismus.

Linkage (engl. = Verbindung),

1. Prinzip vor allem der US-Außenpolitik, Rüstungskontrollvereinbarungen mit entsprechendem Wohlverhalten zu verknüpfen, z. B. Abzug der sowjetischen Truppen aus Afghanistan 1988;
2. Verbund der → Triade.

Logistik i. w. S. ein Versorgungssystem. Als NATO-Begriff gehören dazu die Bereiche zur Sicherung der materiellen Einsatzbereitschaft durch Versorgung, Vorratshaltung → Infrastruktur u. a. Die L.-Truppen unterliegen nationaler Zuständigkeit und haben z. B. die Aufgabe, die → Kampftruppen mit Munition und Treibstoff zu versorgen.

Lokaler Krieg, räumlich begrenzter Krieg, in den i. d. R. nur zwei Kriegsparteien verwickelt sind, z. B. Krieg zwischen Irak und Iran von 1980 bis 1988.

Lomè-Abkommen, das in Lomè (Hauptstadt des westafrikanischen Staates Togo) 1975 mit der EG geschlossene Abkommen. Aufgrund des L. haben die derzeit 66 → AKP-Staaten freien Zugang zum europäischen Markt, d. h. diese Entwicklungsländer brauchen keine Zölle zu entrichten.

Long-Term-Defence-Program (LTDP), langfristiges Verteidigungsprogramm (der NATO); im Mai 1977 von der Ministertagung des Verteidigungs-Planungsausschusses in Brüssel beschlossenes Programm zur Abstimmung der Nationalen Verteidigungspläne.

Lufthoheit, Hoheitsgewalt eines Staates (→ Souveränität) im Luftraum über seinem Gebiet. Völkerrechtlich ist (noch) nicht eindeutig geregelt, bis zu welcher Höhe der L. reicht, z. B. bis zur üblichen Flughöhe von Flugzeugen. Grundsätzlich hat jeder Staat gem. der Konvention über die zivile Luftfahrt von 1944 – Beitritt der Bundesrepublik Deutschland 1956 – die unbeschränkte L.

Luftkrieg, → Krieg, dessen Kampfhandlungen sich vor allem im → Luftraum abspielen. B.: Luftschlacht über England im Herbst 1940; Ggs.: → Landkrieg; → Seekrieg.

Luftstreitkräfte → Luftwaffe.

Luftwaffe, zweitgrößte Teilstreitkraft der Bundeswehr mit knapp

111 000 Mann Friedensstärke. Im → Verteidigungsfall ist ihr vorrangiger Auftrag: Luftverteidigung im Rahmen des Luftverteidigungssystems der NATO, Abriegelung der angreifenden Truppen in der Tiefe des feindlichen Operationsraumes, Luftaufklärung und Lufttransport.

Macht, Fähigkeit, den eigenen Willen gegen einen anderen durchzusetzen. M.-Mittel können sein: (1) Rechtliche, z. B. die starke verfassungsrechtliche Stellung des Bundeskanzlers; (2) Wirtschaftliche, z. B. die Streikmacht einer Gewerkschaft aufgrund ihrer gefüllten Streikkasse; (3) Psychologische, z. B. das Ansehen einer Autorität wie die des Bundespräsidenten; (4) Militärische, z. B. glaubhafte Androhung oder Anwendung von Gewalt.

Im demokratischen Staat obliegt die M.-Ausübung den verfassungsmäßigen und gesetzlich vorgesehenen Organen. Eine längere, kontinuierliche M.-Ausübung bezeichnet man als → Herrschaft.

Machtgleichgewicht im Sinne der Sicherheitspolitik ist annäherndes militärisches → Kräftegleichgewicht.

Machtpolitik, vorrangiges Streben eines Staates zur Erhaltung und Erweiterung seiner Macht, z. B. Expansionsstreben der UdSSR nach 1945.

MAD, Abk. für:
→ Militärischer Abschirmdienst;
→ Mutual Assured Destruktion.

Mandat (lat. mandatum = Auftrag), gleichzeitig Auftrag und Recht, im Rahmen der gegebenen Zuständigkeiten bestimmte Aufgaben zu erfüllen. Beispiele: die → Folgekonferenz von Wien gab im Jan. 1989 an die 16 NATO-Staaten und 7 Länder des Warschauer Pakts das M., Verhandlungen über die Reduzierung konventioneller Streitkräfte zu beginnen. Die Abgeordneten des Bundestages besitzen ein sog. freies M., denn sie sind als „Vertreter des ganzen Volkes an Aufträge und Weisungen nicht gebunden" (Art. 38,1 GG).

Manöver, gängige Bezeichnung für Großübungen der Streitkräfte im freien Gelände oder auf hoher See, z. B. deutsch-französische Heeresübung „Kecker Spatz" 1987. M. dienen sowohl der operativ-taktischen Schulung der militärischen Führer aller Dienstgrade wie der Überprüfung des Ausbildungsstandes unter wirklichkeitsnahen Verhältnissen. Beim M. stehen sich zwei Parteien gegenüber. Leitungs- und Schiedsrichterorgane regeln den Ablauf.

Marine, Seestreitkräfte der Bundeswehr mit einem Friedensumfang von 39 000 Mann. Im → Verteidigungsfall hat sie gemeinsam mit den Verbündeten folgende Aufgaben zu erfüllen: Schutz der Küsten der Bundesrepublik Deutschland gegen Angriffe von See her, Verteidigung der Ostseezugänge zusammen mit der dänischen Marine, Sicherung des eigenen Seeverkehrs und des Nachschubs zu den Nordseehäfen und den Ostseezugängen.

Marshallplan, nach dem US-Außenminister George Marshall benanntes Hilfsprogramm (Europäisches Wiederaufbauprogramm, ERP) der USA von 1947 bis 1957 zum wirtschaftlichen Wiederaufbau in Europa nach dem Ende des Zweiten Weltkriegs.

Martialismus (lat., abgeleitet von mars = Krieg), Ideologie des betont Streitbaren, Kämpferischen, Kriegerischen. Das Soldatenbild des M. entspricht der Söldnertruppe wie z. B. der Fremdenlegion.

Marxismus-Leninismus, von Karl Marx (1818 bis 1883) und Friedrich Engels (1820 bis 1895) entwickelte und von W. I. Lenin (1870 bis 1924) ausgebaute Lehre einer umfassenden Kritik der kapitali-

stischen Gesellschaft und ihres „zwangsläufigen" Übergangs zum → Sozialismus und späteren → Kommunismus. Nach Marx ist die gesamte Entwicklung der Menschheit von Klassenkämpfen geprägt, in denen sich stets Ausbeuter und Ausgebeutete gegenüberstanden. Erst mit der Beseitigung des Privateigentums an Produktionsmitteln endet die Klassengesellschaft mit ihren gesellschaftlichen Zwängen und der Mensch wird „frei".
Alle wesentlichen Prognosen des M. sind bisher nicht eingetreten; der „klassische" M. ist historisch und theoretisch widerlegt. Alle Versuche, eine am M. ausgerichtete Gesellschaft zu bilden, sind ökonomisch, politisch und menschlich gescheitert. Außer in einigen kleinen Diskussionszirkeln (im Westen) hat der M. weltweit kaum mehr Anhänger.

Massenvernichtungswaffen, Waffen mit großflächiger, unkalkulierbarer Vernichtungskraft, deren Schadenswirkung nach menschlichem Ermessen von ihrer Anwendung abhält; → Wasserstoffbombe.

Massive Retaliation (engl.) → Massive Vergeltung.

Massive Vergeltung, bis Mitte der 60er Jahre gültige → Strategie der → NATO. Die konventionelle Unterlegenheit der NATO wurde ausgeglichen, indem für den Fall einer sowjetischen Aggression auf einen Verbündeten der unverzügliche massive Einsatz nuklearer Waffen durch die USA auf zentrale sowjetische Ziele angedroht wurde. Die Strategie der M. wurde durch die der → Flexible Response abgelöst.

MBFR, Abk. für: → Mutual Balanced Force Reductions.

MC → Military Committee.

MdB, Abk.: Mitglied des → Bundestages.

Meeresbodenvertrag, 1971 abgeschlossener und inzwischen (1989) von insgesamt 74 Staaten, darunter USA, Großbritannien und der UdSSR unterzeichneter Vertrag, der die Stationierung von Atomwaffen und anderen Massenvernichtungswaffen im Meer, auf dem Meeresboden ab der 12-Meilen-Zone und im Meeresuntergrund verbietet. Der M. trat für die Bundesrepublik Deutschland am 18. November 1975 in Kraft.

MFR, Abk. für: → Militärischer Führungsrat.

Memorandum, eine ausführliche schriftliche Stellungnahme zu einem Problem, z. B. die „Himmeroder Denkschrift über die Aufstellung eines deutschen Kontingents im Rahmen einer übernationalen Streitmacht zur Verteidigung Westeuropas" vom Oktober 1950.

Menschenrechte, nach westlichem Verständnis angeborene, unverletzliche und unveräußerbare Rechte eines jeden Individuums; insbes. Recht auf Leben, Freiheit, Rechtsgleichheit. Die M. sind Teil der → Grundrechte.

Menschenwürde, gilt als höchstes, allen anderen Rechten übergeordnetes → Menschenrecht und ist nach Art. 1,1 GG von der gesamten Staatsgewalt zu schützen.

Militär (lat. militaris = soldatisch), Sammelbezeichnung sowohl für die Streitkräfte – Heer, Luftwaffe, Marine – eines Staates wie auch für die Mitglieder dieser Streitkräfte, also die Soldaten und Offiziere.

Militärattaché (Verteidigungsattaché), Offizier, der den diplomatischen Vertretungen seines Landes (→ Botschafter) zugeordnet ist. Aufgabe des M. ist die offizielle Repräsentation der eigenen Streitkräfte und die legale Beschaffung von militärischen Nachrichten. M. gibt es seit dem Wiener Kongreß von 1815 in den europäischen Staaten.

Militärausgaben, alle Kosten zum Aufbau, Modernisierung und Unterhalt der Streitkräfte. Der Begriff M. wird heute meist durch Verteidigungsausgaben ersetzt; → Rüstungsausgaben.

Militärberater, Bezeichnung für Soldaten, in seltenen Fällen auch von Zivilpersonen, die von den Streitkräften des eigenen Staates dienstlich freigestellt werden, um in den Streitkräften eines verbündeten oder befreundeten Staates Berater- und Ausbilderfunktionen wahrzunehmen, z. B. franz. M. im Tschad (1987). Die Rechtsstellung von M. im → Kriegsvölkerrecht ist nicht eindeutig geregelt.

Militärbischof, Leiter der → Militärseelsorge, der vom Rat der Evangelischen Kirche in Deutschland bzw. vom Papst ernannt wird.

Militärbündnis, zwischenstaatliche Vereinbarung zur gegenseitigen Hilfeleistung für den Kriegsfall (Bündnisfall). Die gegenseitigen Rechte und Pflichten werden vertraglich festgelegt. Die heutigen M. haben meist auch noch eine politische Dimension wie z. B. NATO und WP.

Militärdiktatur, → Diktatur, die von Angehörigen der nationalen Streitkräfte ausgeübt wird. M. entstehen besonders leicht in unterentwickelten Staaten, weil dort die Streitmacht oft der einzige funktionierende Ordnungsfaktor ist, wie in einigen Staaten Mittel- und Südamerikas, z. B. Haiti.

Militärdoktrin, Lehre von den Führungsgrundsätzen der Streitkräfte im Falle einer bewaffneten Auseinandersetzung. Sie ist abhängig vom Gesellschaftssystem mit seinen langfristigen militärpolitischen Zielsetzungen. Die M. bestimmt Struktur, Umfang und Ausrüstung der Streitkräfte.

Militärgeistlicher, haupt- oder nebenamtlicher evangelischer oder katholischer Geistlicher, der in der Bundeswehr als Zivilbeamter für die Verkündigung der kirchlichen Lehre und die Seelsorge der Soldaten zuständig ist; → Militärseelsorge.

Militärgericht → Wehrstrafgericht; → Militärgerichtsbarkeit.

Militärgerichtsbarkeit, Teil der → Judikative, der ausschließlich für Angehörige der Streitkräfte zuständig ist. Beim Aufbau der Bundeswehr wurde bewußt auf eine eigene M. verzichtet. Auch der Uniformträger sollte ein gleichberechtigter Staatsbürger bleiben. Straftaten von Soldaten werden von den ordentlichen (zivilen) Strafgerichten abgehandelt. Für Disziplinarvergehen sind die → Wehrdienstgerichte zuständig. Im → Verteidigungsfall können gem. Art. 96,2 GG → Wehrstrafgerichte eingerichtet werden.

Militärgeschichte,

1. Geschichte des Militärwesens von der Antike bis zur Gegenwart;
2. Teildisziplin der Geschichtswissenschaft, die das Militär als Institution untersucht und seine Auswirkungen auf wirtschaftlichem, politischem und gesellschaftlichem Gebiet be-

schreibt, z. B. die Prägung des preußischen Staates unter Friedrich d. Gr. (1712 bis 1786) durch sein Heer; → Militärgeschichtliches Forschungsamt.

Militärgeschichtliches Forschungsamt, Institution der Bundeswehr, die sich mit Fragen der Militärgeschichte beschäftigt. Das M. wurde 1958 in Freiburg errichtet.

Militärgeschichtliches Museum → Armeemuseum.

Militärhilfe → Verteidigungshilfe.

Militärische Beobachtergruppen (der UN), Hilfsorgan des → Sicherheitsrates zur Überwachung des Waffenstillstands in Konfliktherden, z. B. auf den Golan-Höhen seit 1948; → Friedenstruppen.

Militärische Entspannung, von der UdSSR gebrauchter Ausdruck für Vertrauensbildung und Rüstungskontrolle. Mit diesem Begriff soll die militärische → Entspannung von der politischen abgekoppelt werden.

Militärische Macht, Inbegriff für den Umfang und die Qualität der Streitkräfte an Menschen und Material. Im Frieden ist die M. durch ihre bloße Präsenz Teil der politischen Macht und damit der außenpolitischen Stärke eines Staates. Sie kann unabhängig von der Größe eines Staates oder Volkes sein; so hat der kleine Staat Israel z. B. eine große M.

Militärische Objekte, alle Objekte, die nach dem → Kriegsvölkerrecht Ziel militärischer Gewaltanwendung sein können. In erster Linie sind M. feindliche → Streitkräfte, vom Feind besetzte oder verteidigte Städte, Dörfer und Gebäude sowie Verkehrswege und Produktionsanlagen, insbesondere Rüstungsindustrien.

Militärische Ziele → Militärische Objekte.

Militärischer Abschirmdienst (MAD), militärischer Nachrichtendienst der Bundesrepublik Deutschland, dem → BMVg unterstellt. Der M. hat die Aufgabe der Spionage- und Sabotageabwehr zur Sicherung von Einrichtungen und Personal der Bundeswehr.

Militärischer Führungsrat (MFR), Gremium, dem der → Generalinspekteur der Bundeswehr (als Vorsitzender), der Stellvertreter des Generalinspekteurs, die → Inspekteure der → Teilstreitkräfte und der Inspekteur des → Sanitäts- und Gesundheitswesens angehören. Der M. ist für die Entwicklung einer Gesamtkonzeption der militärischen Verteidigung verantwortlich.

Militärisches Gleichgewicht → Kräftegleichgewicht.

Militärisch-industrieller Komplex, ein in den 60er Jahren in den USA entstandener Begriff, mit dem die Verflechtung von militärischen Interessen und denen der Rüstungsindustrie zur Beschaffung neuer Waffensysteme gekennzeichnet werden soll. Der M. ist in allen Staaten in unterschiedlicher Weise wirksam.

Militarisierung → Militarismus.

Militarismus, Denkweise und Struktur in einem gesellschaftlichen System, das durch militärische Kategorien wie Obrigkeitsdenken und Höherschätzung der → Militärs gegenüber den Zivilen u. a. geprägt ist. Der M. hat vor allem die preußische Geschichte mitgeformt, ist aber nicht mit Militärwesen gleichzusetzen.

Militärjustiz → Militärgerichtsbarkeit.

Militärkonvention, bis zum Zweiten Weltkrieg verwendete Bezeichnung für Verträge über die Zusammenarbeit der Streitkräfte verschiedener Staaten; → militärpolitische Abkommen; → Abkommen; → Militärbündnis.

Militärmission, mit diplomatischen Rechten ausgestattete Militärangehörige zur Vertretung ihres Landes in einem anderen. Die in der Bundesrepublik Deutschland akkreditierten Militärmissionen der ehemaligen vier Siegermächte hatten ursprünglich die Aufgabe, die Einhaltung der Vereinbarungen, z. B. Potsdamer Abkommen, zu überwachen. Sie sind heute nur noch als Beobachter tätig.

Militärmüdigkeit, journalistisch gebrauchter Begriff zur Beschreibung der seit Mitte der 80er Jahre stark nachlassenden Bereitschaft junger Männer, den → Wehrdienst zu leisten.

Militärmusik, Bezeichnung für Melodien, die bei den Streitkräften gespielt werden. Bis zum Ersten Weltkrieg bestand die Armee im Wesentlichen aus Infanterie und Kavallerie. Die Militärkapellen paßten sich mit ihren Blasinstrumenten und Trommeln dem Rhythmus der marschierenden und reitenden Kolonnen an, wie z. B. beim Preußischen Präsentiermarsch von 1800. In der vollmotorisierten Bundeswehr hat die M. ihren funktionellen Zweck weitgehend verloren.

Militärpakt, vertragliche, völkerrechtlich verbindliche Vereinbarung zwischen zwei oder mehreren Staaten unter bestimmten Bedingungen, z. B. bei einem Angriff eines anderen Staates auch militärische Hilfe zu leisten. Die → NATO ist als Defensivbündnis auch ein M., obwohl ihre politische Zielsetzung weiter reicht; → Bündnis.

Militärpolitik → Sicherheitspolitik; → Verteidigungspolitik.

Militärpolitische Abkommen (der Bundesrepublik Deutschland), Vereinbarungen über militärische Hilfe im Frieden und/oder im Krieg, z. B. Abkommen über → Verteidigungshilfe mit der Türkei, 1964.

Militärregime → Militärdiktatur.

Militärseelsorge, seelsorgerische Betreuung der Angehörigen von Streitkräften. In der Bundeswehr sind die Träger der M. die → Militärgeistlichen.

Militärsoziologie, Sonderdisziplin der Soziologie, die während des → Zweiten Weltkrieges vor allem in den USA entwickelt und gefördert wurde. Ziel der S. ist, z. B. Erkenntnisse über das Handeln von Menschen in Gruppen unter besonderen Belastungen zu gewinnen.

Militärstrategie, Teil der allgemeinen → Strategie, auf das Militärische beschränkte Lehre über die Durchführung von Kriegen. Größter Militärtheoretiker war der preußische General Carl von Clausewitz (1780 bis 1831). In seinem Buch „Vom Kriege" stellt er die Grundsätze der Kriegführung unter den heute weithin anerkannten Grundsatz vom → Primat der Politik.

Militärverwaltung, administrativer Teil der Streitkräfte, der Ihre Funktionsfähigkeit garantieren soll. Die M. der → Bundeswehr wird von der → Bundeswehrverwaltung durchgeführt und hat die Aufgabe, das Personalwesen und die Deckung des Sachbedarfs (einschließlich Waffen) der Streitkräfte zu organisieren.

Militärwissenschaft, eine Wissenschaft, die sich mit der Entwicklung des Militär- und Kriegswesens, der → Militärgeschichte und der Stellung des Militärs im politischen, wirtschaftlichen und gesellschaftlichen Leben befaßt. Die M. vereint in sich Disziplinen aus dem Bereich der Gesellschafts-, Natur- und technischen Wissenschaften, z. B. der Militärgeographie, Militärmedizin und → Militärsoziologie; → Kriegswissenschaft.

Military Committee (MC), Militärausschuß, höchste militärische Instanz der NATO. Das M. besteht aus den Stabschefs der Mitgliedsländer außer Frankreich und Island. Das MC ist das beratende militärische Organ für den → Nordatlantikrat.

Miliz, → Wehrpflichtarmee ohne → Stehendes Heer mit kurzer Grundausbildung und ständigen → Wehrübungen. Im Kriegsfall werden die Angehörigen der M. aktiviert. B.: Preußischer Landsturm von 1813. Die M. ist das traditionelle Wehrsystem der Schweiz.

Minderheitsregierung, Regierung, die nur von 50% oder weniger der Parlamentsabgeordneten gestützt wird. Ein vom Bundestag nur mit einfacher Mehrheit gewählter Bundeskanzler (Art. 63,4) ist ein Minderheitskanzler, seine Regierung wäre eine M. Dem Bundespräsidenten steht es frei, den Kanzler einer solchen Regierung zu ernennen oder den Bundestag zwecks Neuwahlen aufzulösen. Die Geschichte der Bundesrepublik Deutschland kennt bisher keine M.

Minimalabschreckung, Prinzip der → Abschreckung, bei dem die militärische Fähigkeit gerade noch ausreicht, dem Gegner einen solchen Schaden zuzufügen, daß er von einem Angriff abgehalten wird. Die M. wird bildlich beschrieben als die „Fähigkeit, nicht den Kopf, aber den Arm abzuschlagen".

Minister, oberster Leiter eines Ministeriums in Bund und Ländern, z. B. Finanz-M.; in den Stadtstaaten Bremen, Hamburg und Westberlin heißen die M. Senatoren. M. sind i. d. R. auch Parlamentsmitglieder.

Ministerium, oberste staatliche Verwaltungsbehörde in Bund und Ländern mit der Aufgabe, die Durchführung der Gesetze aus ihrem Arbeitsbereich (Ressort) zu überwachen sowie → Gesetzesentwürfe auszuarbeiten und vorzuschlagen; → Gesetzesinitiative.

Ministerpräsident, Amtsbezeichnung für den Leiter einer Landesregierung. In den Stadtstaaten Bremen, Hamburg und Westberlin heißen die M. Regierender Bürgermeister bzw. Senatspräsident.

Mißhandlung, im Sinne des → Wehrstrafgesetzes ist jede vorsätzliche oder grob fahrlässige körperliche Verletzung oder gesundheitliche Schädigung eines Untergebenen durch einen Vorgesetzten. Die M. wird je nach Schwere des Falles mit einer Freiheitsstrafe zwischen 3 Monaten und 5 Jahren bestraft.

MOB → Mobilmachung.

Mobile Eingreiftruppe → Allied Command Europe Mobile Force (AMF); Multinationaler NATO-Kampfverband in Brigadestärke (ca. 4500 Mann).

Mobilmachung, der vorbereitete Übergang vom Friedens- in den Kriegs- bzw. Verteidigungszustand; Maßnahmen zur Herstellung der Kriegsbereitschaft eines Staates, in dessen Verlauf bereits Aufmarsch und grenznahe Einsatzbereitschaft erfolgen. Wirtschaftliche M. bedeutet die Umstellung von der Friedenswirtschaft auf die → Kriegswirtschaft.

Mobilmachungs-Alarmübung, eine → Wehrübung, die im Gegensatz zur → Mobilmachungs-Wehrübung ohne Vorankündigung stattfindet und der Erprobung der → Mobilmachung dient. Eine M. dauert bis zu drei Tagen.

Mobilmachungs-Wehrübung, eine → Wehrübung mit dem Ziel, die rasche und reibungslose → Mobilmachung größerer Einheiten oder Verbände zu üben. Mit einer Dauer bis zu 12 Tagen sind M. in erster Linie zur Ausbildung der Truppenteile vorgesehen, die im Frieden nur als → Geräteeinheit ohne Personal bzw. als → Kaderverbände bestehen. Zu den M. werden regelmäßig Reservisten einberufen.

Modernisierung, im militärischen Bereich insbesonders die Erneuerung von Waffen und Gerät. B.: Einführung des Kampfpanzers „Leopard 2" mit Verbesserungen gegenüber dem „Leopard 1".

Modus vivendi (lat. = Art des Zusammenlebens) Form einer erträglichen Zusammenarbeit trotz unterschiedlicher politischer und wirtschaftlicher Systeme. B.: → Grundlagenvertrag.

Monarchie, → Staatsform als Einzelherrschaft eines Kaisers, Königs oder Fürsten. Im 18.Jahrh. in Europa in Form des Absolutismus. Im 20. Jahrh. ist die Zahl der M. ständig zurückgegangen und sie besteht heute nur noch als parlamentarische M., in der das Staatsoberhaupt (König/Königin) lediglich repräsentative Aufgaben erfüllt, z. B. Staatsbesuche; Ggs.: → Republik.

Montebello-Signal (benannt nach dem Namen eines kanadischen Hotels), Beschluß der → Nuklearen Planungsgruppe der NATO von 1983, einseitig die Zahl der nuklearen Gefechtsköpfe in Europa um 1400 zu reduzieren. Das M. sollte die UdSSR ermuntern, ihrerseits einen ähnlichen Schritt zu vollziehen.

Moratorium, im Sinne der Sicherheitspolitik ist eine einseitige Erklärung oder eine Vereinbarung, den Vollzug einer beschlossenen Maßnahme für einen fest umrissenen Zeitraum oder bis zu einem bestimmten Ereignis hinauszuschieben; B.: → NATO-Doppelbeschluß.

Moskauer Vertrag v. 12. August 1970 ist die Vereinbarung zwischen der Bundesrepublik Deutschland und der UdSSR, alle Streitfragen friedlich zu lösen, auf die Androhung oder Anwendung von Gewalt zu verzichten und die in Europa bestehenden Grenzen einschl. der Oder-Neiße-Grenze anzuerkennen, → Warschauer Vertrag.

Multilaterale Abkommen zur Rüstungskontrolle, Verträge und Absprachen von mehr als zwei Staaten über sicherheitspolitisch bedeutsame Probleme, z. B. → Meeresbodenvertrag; Ggs.: → Bilaterale Abkommen.

Multilateralismus (i. S. der Sicherheitspolitik), ausgewogene und annähernd gleichgewichtige, zeitlich parallel laufende Abrüstung mehrerer Staaten gem. vertraglicher Vereinbarungen, wie sie z. B. im Rahmen der → Genfer Abrüstungskonferenz geplant sind; Ggs.: → Unilateralismus.

Musterung, Feststellung beim → Kreiswehrersatzamt, ob ein ungedienter → Wehrpflichtiger für den → Wehrdienst zur Verfügung steht. Zur M. gehört eine ärztliche Untersuchung zur Ermittlung der körperlichen und geistigen Tauglichkeit; → Tauglichkeitsgrad.

Mutual Assured Destruction (MAD) (engl. = gegenseitig gesicherte Vernichtung), Teil der Strategie der → Abschreckung, nach der ein Aggressor zwar den Angegriffenen vernichten kann, dieser aber aufgrund der → Zweitschlagsfähigkeit ihn ebenso vernichtend treffen kann („Wer zuerst schießt, stirbt als zweiter"). Die M. soll garantieren, daß keine Seite eine solche Aggression wagt.

Mutual Balanced Force Reduction (MBFR) (engl. = beiderseitig ausgewogene Truppenverminderung), seit 1973 in Wien laufende Verhandlungen der NATO und des WP über beiderseitige und annähernd gleichgewichtige Verminderung konventioneller Landstreitkräfte in Mitteleuropa. Konkrete Auswirkungen haben die MBFR-Verhandlungen wegen der großen Schwierigkeiten beim Kräftevergleich, der Berücksichtigung der unterschiedlichen → Dislozierung und → Verifikation u. a. nicht gehabt. Sie wurden im Februar 1989 beendet. Der Verhandlungsgegenstand gehört seit März 1989 zur → Konferenz über konventionelle Rüstungskontrolle.

Nachrichtendienste, staatliche, sind Dienststellen zur Beschaffung und Auswertung von Informationen aus offenen und geheimen Quellen. Die Bundesrepublik Deutschland besitzt drei N.: → Bundesamt für Verfassungsschutz (BfV), → Bundesnachrichtendienst (BND), → Militärischer Abschirmdienst (MAD).

Nachrichtenwesen der Bundeswehr, Teil der Zentralen Militärischen Dienststellen. Das N. hat die Aufgabe, Informationen über die Sicherheitslage und Erkenntnisse über das Wehrpotential anderer Staaten und deren Absichten zu sammeln und auszuwerten. Zum N. gehört auch der → MAD.

Nachrüstung, Teil einer → Rüstungsspirale, d. h. eine Rüstung aufgrund vorangegangener Vorrüstung; B.: → Doppelbeschluß.

Nachrüstungsbeschluß, ist Teil des NATO- → Doppelbeschlusses von 1979. Danach sollten ab 1983 in Europa insgesamt 108 Pershing-II-Raketen und 464 Marschflugkörper stationiert werden, wenn es bis dahin nicht zu einer Rüstungskontrollvereinbarung mit der UdSSR gekommen wäre. Der Beschluß wurde teilweise durchgeführt, vor allem in der Bundesrepublik Deutschland, aber die Stationierung wurde wieder rückgängig gemacht, nachdem im Dezember 1987 das → INF-Abkommen zwischen den USA und der UdSSR geschlossen werden konnte.

Nahostkonflikt, umfassende Bezeichnung für die seit 1948 anhaltenden Auseinandersetzungen zwischen Israel und seinen arabischen Nachbarn. Der N. hat mehrmals zu Kriegen und bewaffneten Konflikten geführt:

— 1948 nach Proklamation des Staates Israel Angriff der Arabischen Liga;
— 1956 Angriff Israels zusammen mit Frankreich und Großbritannien gegen Ägypten (Suezkrieg);
— 1967 Sechstagekrieg (→ Präventivkrieg) Israels gegen Ägypten und seine Verbündeten;
— 1973 Angriff Ägyptens gegen Israel zur Rückgewinnung der Sinai-Halbinsel, Jom-Kippur-Krieg.

Zum N. gehören auch die Terroranschläge der Palästinenser gegen Israelis in den von Israel besetzten Gebieten.

Nation (lat. natio = Volksstamm, Volk), Menschengroßgruppe, die durch Geschichte, Kultur, Sprache u. a. verbunden ist und den Willen hat, in einem gemeinsamen → Staat zu leben. Nach der Rechtsauffassung der Bundesrepublik Deutschland gibt es nur eine deutsche N., die aber z. Zt. in zwei Staaten geteilt ist. Vergl. Art. 146 und Präambel des GG.

Nationaler Unabhängigkeitskrieg → Unabhängigkeitskrieg.

Nationale Volksarmee (NVA), Streitkräfte der DDR, die 1956 aus der Kasernierten Volkspolizei hervorgingen. Sie umfaßt einschließlich Grenztruppen über 200 000 Soldaten, darunter dienen etwa 120 000 Mann im Heer, knapp 40 000 bei der Luftwaffe und ca. 15 000 in der sog. Volksmarine (Stand 1987).

Nationalfarben, die zur symbolischen Kennzeichnung eines Staates und seiner → Hoheit verwendeten Farben. Die N. der Bundesrepublik Deutschland sind gem.

Art. 22 GG schwarz-rot-gold. In der neueren Geschichte haben sie ihren Ursprung in den Verbindungsfarben der 1815 gegründeten Jenaer Burschenschaft. An dieser Gründung waren einige Angehörige des Freikorps Lützow beteiligt, das im Befreiungskrieg von 1813 Uniformen mit den Farben schwarz-rot-gold trug. Die Farben wurden damit zum Symbol für die Hoffnung auf deutsche Einheit und so auch für die Revolution von 1848.

Nationalfeiertag, gesetzlicher Feiertag einer Nation zur Erinnerung an ein besonderes politisches Ereignis ihrer Geschichte, z. B. französischer N. am 14. Juli 1789 (Sturm auf die Bastille). Der Aufstand in der DDR am 17. Juni 1953 ist als „Tag der deutschen Einheit", ein dem N. ähnlicher Gedenktag.

Nationalflagge, offizielle Flagge eines Staates in den → Nationalfarben. Die Dienstflaggen der Bundesrepublik Deutschland, z. B. des BMVg, sind zusätzlich mit dem Bundesadler gekennzeichnet.

Nationalhymne, bei offiziellen Anlässen, z. B. bei Vereidigung/Gelöbnis von Bundeswehrsoldaten gesungenes bzw. gespieltes Lied. Die N. der Bundesrepublik Deutschland ist das von Hoffmann von Fallersleben 1849 verfaßte Deutschlandlied (Lied der Deutschen), von dem jedoch bei staatlichen Veranstaltungen nur die 3. Strophe gesungen wird („Einigkeit und Recht und Freiheit...").

Nationalismus, auf übersteigertem Nationalgefühl beruhende Ideen und Einstellungen, die in der eigenen → Nation den höchsten politischen Wert sehen.

Nationalstaat, Staat, dessen Angehörige zum weit überwiegenden Teil zu demselben → Volk und derselben → Nation gehören wie z. B. Spanien; Ggs.: → Vielvölkerstaat.

NATO, Abk. für: North Atlantic Treaty Organization (engl. = Nordatlantik-Vertragsorganisation), auch Nordatlantikpakt, Atlantische Allianz, Nordatlantisches Verteidigungsbündnis genannt oder einfach „Westliches Bündnis". Diese Verteidigungsgemeinschaft wurde auf Initiative der Staaten des → Brüsseler Vertrages (Belgien, Frankreich, Großbritannien, Luxemburg, Niederlande) gegründet und am 4. April 1949 von ihnen und Dänemark, Island (ohne eigene Truppen), Italien, Norwegen, Portugal sowie den USA und Kanada als NATO-Vertrag unterzeichnet. 1952 wurden Griechenland und die Türkei Mitglied; die Bundesrepublik Deutschland trat 1955 bei. Unter Staatspräsident de Gaulle löste Frankreich 1966 seine Streitkräfte aus der militärischen Integration der NATO heraus, blieb aber in den politischen NATO-Gremien Mitglied und unterhält seitdem Verbindungsstäbe zur NATO. Durch den Beitritt Spaniens (1982), das aber seine Truppen 1989 (noch) nicht in die NATO integriert hat, erhöhte sich die Mitgliederzahl auf 16. Der Vertrag wurde auf 20 Jahre abgeschlossen und verlängert sich unbegrenzt, sofern er nicht von einem Mitgliedsstaat mit einjähriger Frist gekündigt wird. Das Bündnis basiert auf dem Prinzip der kollektiven Verteidigung, kennt aber keine automatische Beistandspflicht (Art. 5 des Vertrages); → kollektive Selbstverteidigung.

NATO-Doppelbeschluß → Doppelbeschluß.

NATO-Klausel (sog.), Grundgesetzbestimmung (Art. 80a,3), nach der im → Spannungsfall die Zustimmung des Bundestages zur Anwendung von Teilen des → Notstandsrechts entgegen der Regelung des Art. 80a,1 nicht erforderlich ist, wenn diese Anwendung von einem internationalen Organ, z. B. der → NATO, mit Zustimmung der Bundesregierung beschlossen worden ist. Sinn der N. ist, die Streitkräfte rasch alarmieren zu können und damit eine erhöhte Verteidigungsbereitschaft herzustellen.

NATO-Rat, höchstes politisches Entscheidungsgremium der NATO. Der N. tagt unter dem Vorsitz des NATO-Generalsekretärs i. d. R. zweimal jährlich. Vertreter der Mitgliedsstaaten der NATO sind normalerweise die Außenminister.

Negativer Frieden, Begriff der → Friedensforschung, bezeichnet einen Zustand der Abwesenheit von Krieg und gleicht damit der Definition des → Friedens nach dem Völkerrecht; Ggs.: → Positiver Frieden.

Negotiabilität (von lat. negotium = Handel, Gesellschaft), Verhandlungsfähigkeit eines Kompromißvorschlages. Sein Inhalt darf für die Gegenseite nicht von vornherein als völlig unannehmbar und unzumutbar (nicht negotiabel) gelten. B.: Ein Abrüstungsvorschlag auf völlige Beseitigung aller Atomwaffen ist wegen der Überlegenheit der WP-Staaten bei den konventionellen Streitkräften für die NATO nicht negotiabel.

NEST, Abk. für: → Nuclear Emergency Search Team.

Neutralität, Nichtbeteiligung eines Staates an einem bewaffneten Konflikt anderer Staaten. Die N. kann für den Einzelfall erklärt werden, wie z. B. die Neutralität der Bundesrepublik Deutschland im Krieg Irak-Iran während der 80er Jahre. Ständig neutral sind z. B. die Schweiz, Schweden und Österreich.

Nichtangriffsfähigkeit, Unmöglichkeit für die → Streitkräfte eines Staates, einen → Angriff oder Gegenangriff auf feindliches Territorium durchzuführen, da Struktur, Bewaffnung und eigene Stärke dies nicht erfolgversprechend zulassen; → Strukturelle Nichtangriffsfähigkeit.

Nichtangriffsvertrag, zwischen zwei oder mehreren Staaten geschlossener Vertrag, in dem sich die Unterzeichner gegenseitig zusichern, Konflikte auf friedlichem Wege zu lösen und auf die Anwendung von Gewalt zu verzichten. Im Falle eines Krieges mit anderen Staaten sichern sich die Vertragspartner gegenseitig neutrales Verhalten zu. Beispiel eines (nicht eingehaltenen) N. ist der Hitler-Stalin-Pakt von 1939.

Nichteinmischung, völkerrechtlicher Grundsatz, der verbietet, daß sich Staaten in die inneren Angelegenheiten eines anderen einmischen. Auf das Prinzip der N. berufen sich häufig Ostblockstaaten, wenn ihnen die Verletzung der → Menschenrechte vorgeworfen wird.

Nicht-Ersteinsatz → No(n)-First-Use.

Nichtverbreitungsvertrag → Atomwaffensperrvertrag.

Non-Alignement (engl. = Nicht-Zugehörigkeit), politischer Zusammenschluß von etwa 80 blockfreien Staaten, die sich aber für den Fall eines bewaffneten Konflikts zwischen Staaten der NATO und des WP alle → Optionen offenhalten, also nicht von vornherein ihre → Neutralität erklären.

No(n)-First-Use (engl. = Nicht-Ersteinsatz), Verzicht bei einer bewaffneten Auseinandersetzung, Atomwaffen als erster anzuwenden. Die UdSSR hat den N. 1982 erklärt; die NATO behält sich wegen ihrer Unterlegenheit bei konventionellen Kräften den Atomwaffeneinsatz vor, wenn sie angegriffen wird; Ggs.: → Ersteinsatz.

Non-Proliferation (engl. = „Nicht-Fortpflanzung") → Nichtverbreitungsvertrag.

Nordatlantikpakt → NATO.

Nordatlantikrat → NATO-Rat.

Nordatlantische Versammlung, ein- bis zweimal jährlich tagende Versammlung von Abgeordneten der Parlamente aus den 16 Mitgliedstaaten der → NATO. Die N. besteht (1989) aus 188 Mitgliedern. Aufgabe der N. ist die Erörterung sicherheitspolitischer Fragen und die Stärkung des Zusammenhalts im Bündnis.

Nordflanke (der NATO), Gebiet Norwegens, Dänemarks, Schleswig-Holsteins, sowie der Ost- und Nordsee mit angrenzendem Atlantik. Im → Verteidigungsfall ist es die Hauptaufgabe der Marineverbände der NATO, die Ostseeausgänge zum Atlantik zu sperren und die Seeverbindungen in der Nordsee offenzuhalten; Ggs.: → Südflanke.

Nord-Süd-Konflikt, ungenauer Sammelbegriff für die wachsende Kluft und der daraus resultierenden Konfrontation zwischen den reichen Industrieländern und den armen → Entwicklungsländern. Mit → Entwicklungshilfe wird versucht, den N. zu entschärfen.

Note, diplomatische, förmliche schriftliche Mitteilung der Regierung eines Staates an einen anderen. Anlaß kann z. B. die Behinderung der freien Berichterstattung durch Polizeiorgane sein.

Notparlament, Bezeichnung für den → Gemeinsamen Ausschuß, der im → Verteidigungsfall die Befugnisse des Bundestages und Bundesrates übernimmt, wenn dieser nicht rechtzeitig zusammentreten kann (Art. 115e,1 GG). Das N. hat aber gem. 115e,2 z. B. nicht das Recht, das Grundgesetz zu ändern.

Notstand (auch Staatsnotstand), existentielle Gefährdung des Staates. Diese können sein:

1. Äußerer N.; → Spannungsfall, → Verteidigungsfall;
2. Innerer N. gem. Art. 91 GG, z. B. durch Revolution;
3. Katastrophen-N. gem. Art. 35,2 u. 35,3 GG, z. B. durch ein schweres Unglück oder Naturereignis. Wenn Polizeikräfte und Bundesgrenzschutz nicht ausreichen, können auch Streitkräfte der Bundeswehr eingesetzt werden (Art. 87a,4 GG). Auf Verlangen des Bundestags oder Bundesrats ist der Einsatz einzustellen; → Notstandsrecht.

Notstandsgesetze, vorbereitete und gültig beschlossene, sog. Schubladengesetze, die erst im Fall eines ausgerufenen Notstandes, z. B. dem → Verteidigungsfall, in Kraft gesetzt werden.

Notstandsgesetzgebung → Notstandsgesetze.

Notstandsrecht, Inbegriff aller rechtlichen Regelungen zur Bekämpfung eines → Notstandes. Das N. umfaßt die sog. → Notstandsverfassung und die → Notstandsgesetze.

Notstandsverfassung, grundgesetzliche Regelung für den Fall eines → Notstandes. Die N. tritt in Kraft:

1. im Verteidigungsfall (Art. 115a GG),
2. im Spannungsfall (Art. 80a,1 u. 87a,3 GG),
3. im → Katastrophennotstand (Art. 35,2 u. 35,3 GG).

NPD, Abk. für: Nationaldemokratische Partei Deutschlands; rechtsextremistische Partei, deren aktive Mitgliedschaft als Indiz gewertet werden kann, daß die betreffende Person nicht vorbehaltlos die freiheitlich-demokratische Grundordnung bejaht.

NPG, Abk. für: → Nukleare Planungsgruppe.

Nuclear Emergency Search Team (NEST), (engl.) = Einsatzgruppe für nukleare Notfälle. US-amerikanische Spezialeinheit, deren Gründung auf ein streng geheimes Abkommen zwischen der Bundesrepublik Deutschland und den USA von 1976 zurückgeht und die z. B. bei Diebstahl von Atomsprengköpfen eingesetzt werden soll.

Nukleardoktrin → Kriegsverhinderungsstrategie; → Nuklearstrategie.

Nukleare Planungsgruppe (NPG), seit 1967 höchstes Beratungsgremium der NATO für nukleare Verteidigungsfragen. Die N. tagt auf der Ebene der Verteidigungsminister. Ständige Mitglieder sind die USA, Großbritannien, Bundesrepublik Deutschland und Italien. Die übrigen der 14 Mitglieder (ohne Frankreich und Island) rotieren jährlich zu dritt in der Mitgliedschaft.

Nukleares Gleichgewicht → Atomares Patt.

Nuklearkrieg → Atomkrieg.

Nuklearmächte, Staaten, die im Besitz von → Atomwaffen sind. Diese sind (1989): China, Frankreich, Großbritannien, Indien, UdSSR und USA (vermutlich auch Israel, Pakistan und Südafrika).

Nuklearmonopol, alleiniger Besitz von Atomwaffen in der Hand eines Staates und die Fähigkeit, diese über dem gegnerischen Gebiet durch Langstreckenbomber oder Raketen einzusetzen. Bis etwa 1953 besaßen die USA ein N.

Nuklearschwelle, Stufe einer bewaffneten Auseinandersetzung, bei deren Erreichen Atomwaffen eingesetzt werden sollen; → Flexible Response. Erklärtes Ziel der NATO ist es, durch Stärkung der konventionellen Verteidigungskräfte die N. zu heben; → Atomschwelle.

Nuklearstrategie, eine sich auf Atomwaffen stützende Strategie der Abschreckung zur Verhinderung eines großen allgemeinen Krieges. Die N. ist im Ggs. zur → Kriegsführungsstrategie eine reine Strategie der „Kriegsverhinderung".

Nuklearwaffen, atomare Waffen; politischer Zweck der N.: Kriegsverhinderung durch → Abschreckung; Ggs.: → konventionelle Waffen; → ABC-Waffen.

Null-Lösung, Abkommen von 1987 zwischen USA und der UdSSR, alle ihre in Europa stationierten landgestützten Mittelstreckenraketen kürzerer und längerer Reichweite abzuziehen und zu vernichten; → Doppelnullösung.

NVA, Abk. für: → Nationale Volksarmee (in der DDR).

OAS, Abk. für: Organization of American States (Sitz: Washington), 1948 gegründete interamerikanische Gruppe mittel- und südamerikanischer Staaten zuzüglich der USA, mit dem Ziel der Zusammenarbeit, z. B. zur Abwehr revolutionärer Bestrebungen. Kuba wurde nach seiner Revolution (1962) aus der OAS ausgeschlossen.

OAU, Abk. für: Organization of African Unity, 1963 von allen (heute 50) unabhängigen afrikanischen Staaten (mit Ausnahme Südafrikas) gegründete Organisation zur Förderung der Einheit und Solidarität afrikanischer Staaten.

Oberbefehl, Bezeichnung für die höchste militärische → Kommandogewalt über die gesamte bewaffnete Macht eines Staates bzw. eines Militärbündnisses oder großer Teile desselben; → Oberbefehlshaber.

Oberbefehlshaber, Inhaber des Oberbefehls. O. nationaler Streitkräfte ist in der Regel das Staatsoberhaupt. In der Bundesrepublik Deutschland liegt die Befehls- und Kommandogewalt beim → Bundesminister der Verteidigung; sie geht mit der Verkündung des Verteidigungsfalles auf den Bundeskanzler über (Art. 115b GG). Auch die Führer militärischer Großverbände werden als O. bezeichnet, in der NATO z. B. der → Supreme Allied Commander.

Oberkommando, frühere Bezeichnung für einen höheren militärischen Führungsstab, z. B. → O. der Wehrmacht.

Oberkommando der Wehrmacht (OKW), oberste Kommandobehörde der Streitkräfte während des „Dritten Reiches“.

Oberste Heeresleitung (OHL), oberste Kommandobehörde des deutschen Heeres während des Ersten Weltkrieges und in der Reichswehr.

Oder-Neiße-Linie (-Grenze), östlicher Grenzverlauf zwischen der DDR und der Volksrepublik Polen entlang der Oder von Swinemünde (Ostsee) bis zur Einmündung in die Lausitzer (westliche) Neiße und an ihr entlang bis zur ČSSR. Diese Grenze wurde im → Potsdamer Abkommen als vorläufige festgelegt, von der DDR 1950 als „Friedensgrenze“ und von der Bundesrepublik Deutschland 1970 mit den → Ostverträgen anerkannt.

Offene Stadt, von militärischen Einrichtungen freie, unverteidigte Ortschaft, die nach der → Haager Landkriegsordnung weder angegriffen noch beschossen werden darf.

Offensive → Angriff.

Öffentliche Aufgaben sind solche, die nicht von Privaten sondern vom Staat (Bund und Ländern) und den Gemeinden wahrgenommen werden. Dazu gehören vor allem die Sicherung des inneren und äußeren Friedens. Der Umfang der Ö. ist strittig, so ist z. B. beabsichtigt (1988), Teile der Bundespost zu privatisieren, was von den Arbeitnehmerorganisationen kritisiert wird.

Öffentliche Gewalt (auch Staatsgewalt), Recht und Pflicht der staatlichen Organe zur Durchsetzung der Gesetze und zur Wahrung der Rechtsordnung innerhalb des Staatsgebietes notfalls auch körperliche Gewalt anzuwenden, z. B. Verhaftung eines einer Straftat Verdächtigen; → Gewaltmonopol.

Öffentliche Hand (auch: Fiskus), Bezeichnung für den Staat in seiner Eigenschaft als Eigentümer von Vermögen und Verwalter staatlicher Einnahmen und Ausgaben.

Öffentliche Meinung, die in der Öffentlichkeit vorherrschende Meinung. Die Ö. muß nicht identisch mit der von den Massenmedien veröffentlichten Meinung sein und kann sich gleichfalls von der Meinung der politischen Entscheidungsträger unterscheiden. Ein solches Abweichen der Ö. von der „Amtsmeinung" ist z. B. seit Jahren in der Asylfrage zu beobachten.

Öffentlicher Dienst, Gesamtheit aller in Bund, Länder und Gemeinden beschäftigten Arbeitnehmer (Beamte, Angestellte und Arbeiter). Zum Ö. gehören i. w. S. auch die Angehörigen der Streitkräfte.

Öffentliche Sicherheit und Ordnung, Inbegriff für alle als schutzwürdig anerkannten Werte zur Sicherung eines geordneten Gemeinschaftslebens. Zur Ö. gehören der Gesundheitsschutz, z. B. Lebensmittelkontrollen ebenso wie der Schutz des Eigentums. Die Wahrung der Ö. ist Hauptaufgabe der Polizei. Die Streitkräfte der Bundeswehr können – außer im Verteidigungs- und Spannungsfall – nur bei der Katastrophenhilfe unter besonderen Umständen (Art. 35,1 u. 2 GG) zur Wiederherstellung der Ö. herangezogen werden; → Notstand.

Öffentliches Recht, gesetzliche Regelungen, welche die Rechtsbeziehungen zwischen dem einzelnen Bürger und dem Staat regeln, z. B. das Strafrecht; Ggs.: → Privatrecht.

Offizier, alle Soldaten der Bundeswehr vom Leutnant bis zum General. Die Gesamtheit aller O. der Streitkräfte wird als Offizierskorps bezeichnet.

Okkupation (lat. occupare = „besetzen"), zumeist militärische Inbesitznahme fremden Staatsgebietes, z. B. Einmarsch syrischer Truppen in Beirut (Libanon) 1970.

Ökologie, 1866 von dem Philosophen Haeckel eingeführter Wissenschaftsbegriff, mit dem die organischen Beziehungen zwischen den Lebewesen einschl. Menschen und ihrer Umwelt bezeichnet werden sollen. Das Streben, im Einklang mit der Natur zu leben, mündet in die Forderung nach → Umweltschutz.

OKW, Abk. für: → Oberkommando der Wehrmacht.

Ombudsmann, der aus dem Schwedischen stammende Begriff (O. = Schiedsmann) bezeichnet einen vom Parlament bestellten und nur ihm verantwortlichen hohen Beamten, der die Interessen der Bürger gegenüber der Staatsverwaltung wahren soll. Die Institution des → Wehrbeauftragten wurde aus dem Vorbild des schwedischen O. entwickelt.

OPEC, Abk. für: Organization of Petrol Exporting Countries, gegr. 1960, kartellähnlicher Zusammenschluß von 13 erdölproduzierenden Staaten (OPEC-Staaten; Sitz in Wien; Stand 1989) mit dem Ziel, die Weltmarktpreise für Erdöl zu bestimmen. Die Beschlüsse der OPEC erwiesen sich bisher häufig als wirkungslos, weil sich die Mitgliedstaaten nur teilweise daran gehalten haben.

Operationen, im militärischen Bereich zeitlich und räumlich zusammenhängende Gefechtshandlungen von Streitkräften einer kriegführenden Partei. Die Leitung von O. liegt bei der oberen militärischen Führung; B.: Landung angloamerikanischer Streitkräfte in der Normandie, 1944.

Operative Führung, → Oberkommandos und Korpskommandos, die die → Führung in der → Schlacht und die Leitung von → Operationen übernehmen. In einer Krise, spätestens aber nach Verkündung des → Verteidigungsfalles, überträgt die Bundesrepublik Deutschland die O. der zur NATO-Unterstellung vorgesehenen deutschen Streitkräfte an die Alliierten Befehlshaber.

Option, eine (von zumeist mehreren) Handlungs- und Reaktionsmöglichkeiten, z. B. in der Sicherheitspolitik das für den Aggressor unkalkulierbare Risiko einer vorbedachten → Eskalation.

Orden → Auszeichnungen.

Organisationsplan, Plan zur Festlegung von Zuständigkeiten und Befugnissen innerhalb einer Institution, z. B. der O. des → BMVg.

Ostblock, unscharfe Bezeichnung für alle im → WP zusammengeschlossenen sozialistischen Staaten. Jugoslawien und Albanien gehören nicht dazu. Auch China wird nicht zum O. gezählt.

Ostblockländer → Ostblock.

Ostermarsch-Bewegung, von England zu Beginn der 60er Jahre ausgehende, zumeist von Jugendlichen getragene Demonstration in Form eines mehrtägigen Marsches während der Ostertage. Sie richtete sich vor allem gegen die Stationierung von Atomwaffen. Die O. erreichte in der Bundesrepublik Deutschland ihren Höhepunkt um 1965 und erfuhr mit der → Friedensbewegung zu Anfang der 80er Jahre eine Wiederbelebung.

Ostgebiete, östlich der → Oder-Neiße-Linie gelegene Gebiete, die innerhalb der Grenzen des Deutschen Reiches vom 31. 12. 1937 lagen (Ostpreußen, Pommern, Schlesien). Die endgültige Festlegung der deutschen Grenzen gem. → Potsdamer Abkommen soll erst in einem → Friedensvertrag erfolgen. Die Bundesrepublik Deutschland hat die (→ de-facto)-Abtrennung dieser Gebiete in den → Ostverträgen anerkannt.

Ostpolitik, umfassender Begriff für die Außenpolitik der Bundesrepublik Deutschland gegenüber den östlichen Ländern, insbesondere gegenüber der UdSSR; → Ostverträge.

Ostverträge i. e. S. sind die zwischen der Bundesrepublik Deutschland und der UdSSR sowie mit Polen 1970 geschlossenen Verträge, die vor allem die Anerkennung der Oder-Neiße-Linie und den Gewaltverzicht enthalten. I. w. S. werden zu den O. auch der → Grundlagenvertrag mit der DDR von 1972 und der Vertrag über die Beziehungen zwischen der Bundesrepublik Deutschland und der ČSSR v. 1973 gezählt.

Ost-West-Konflikt, Bezeichnung für den latenten und offenen Dauerkonflikt zwischen den westlichen Demokratien und den sozialistischen Staaten seit Ende des 2. Weltkrieges. I. e. S. werden unter O. die permanenten Spannungen zwischen den USA und der UdSSR verstanden. Ziel der Sicherheitspolitik der Bundesrepublik Deutschland ist es, den O. durch Entspannung und vertrauensbildende Maßnahmen zu entschärfen.

OTAN, Abk. (frz.) für: Organisation du traité de l'Atlantique Nord (→ NATO).

Overkill-Kapazität (deutsch: Übertötungsfähigkeit), nukleares Waffenpotential, das mehrfach größer ist als zur völligen Vernichtung des Gegners erforderlich. Beide → Supermächte besitzen eine O.

Pacta sunt servanda (lat. = Verträge müssen gehalten werden), seit dem alten Rom bestehender Grundsatz, heute gültiges Völkerrecht, nach dem internationale Verträge auch dann einzuhalten sind, wenn sich die innenpolitischen Umstände etwa durch einen Regierungswechsel geändert haben. B.: Die von der CDU-Regierung 1957 geschlossenen Verträge über die Gründung der EWG wurden während der Zeit der sozialliberalen Koalition (1969 bis 1983) respektiert, obwohl die SPD als damalige Oppositionspartei sie bekämpft hatte.

Pakt, Vertrag zwischen Staaten, in dem gegenseitige Bündnispflichten festgelegt werden, z. B. der → Brüsseler Pakt von 1948.

Palme-Kommission, auf Vorschlag des schwedischen Ministerpräsidenten Sven Olov Palme (1927 bis 1986) 1980 einberufene Politikergruppe aus Ost und West zur Schaffung einer → Atomwaffenfreien Zone von 300 km Breite beiderseits der innerdeutschen Grenze. Der SPD-Abrüstungsexperte Egon Bahr war das deutsche Mitglied der P.

Palme-Plan → Palme-Kommission.

Paramilitärische Organisation, halbmilitärische, dem Militär ähnliche Vereinigung, die durch Uniform, Bewaffnung und gegliederte Organisation gekennzeichnet sind. P. werden z. B. bei innenpolitischen Auseinandersetzungen oder im Falle eines inneren Notstandes eingesetzt; B.: „Kampfgruppen der Arbeiterklasse“ in der DDR.

Paraphierung, bei außenpolitischen Verträgen verwendeter Begriff für die „Abzeichnung“ eines internationalen Vertrages, jedoch nicht mit dem Namenszug, sondern nur mit dem Namenszeichen („Paraphe“), d. h. mit den Anfangsbuchstaben des betreffenden Namens. P. bedeutet jedoch (noch) nicht, daß der Vertrag gültig ist oder wird.

Pariser Verträge, 1955 beschlossenes Vertragswerk, das aus 25 Einzelverträgen, Protokollen und Erklärungen besteht. Wichtigster Teil der P. ist die Gewinnung der → Souveränität der Bundesrepublik Deutschland durch ihren Beitritt zur → Westeuropäischen Union und → NATO; → Deutschlandvertrag.

Parität i.S. der → Rüstungskontrolle ist ein aus dem → SALT-II-Abkommen ungenau übersetzter Begriff der „Gleichheit und gleichwertiger Sicherheit“ (equality and equal security).

Parlament, gewählte Vertretung des Volkes, dessen Hauptaufgabe die Gesetzgebung, Bestellung und Kontrolle der Regierung bzw. des Regierungschefs ist. In der Bundesrepublik Deutschland ist das P. der Deutsche Bundestag (Art. 38 GG). Der Begriff P. wird vielfach auch für Gemeindevertretungen und Repräsentativkörperschaften verwendet, z. B. Studentenparlament.

Parlamentär, bevollmächtigter, zumeist durch eine weiße Flagge gekennzeichneter Unterhändler eines kriegführenden Staates. Ein P. hat völkerrechtlichen Anspruch auf Unverletzbarkeit.

Parlamentarische Demokratie, Bezeichnung für einen Staat, in dem die entscheidende politische Macht verfassungsmäßig beim → Parlament liegt. Die Bundesrepublik Deutschland ist eine P.; Ggs.: → Präsidialdemokratie.

Parlamentarische Kontrolle, in der Bundesrepublik Deutschland grundgesetzlich verankertes Recht, die → Exekutive zu kontrollieren. Für die Kontrolle der Bundeswehr stehen dem Bundestag folgende verfassungsrechtliche Instrumente zur Verfügung:

- — → Verteidigungsausschuß (Art. 45a GG),
- — → Wehrbeauftragter (Art. 45b),
- — Beschlußfassung über den Verteidigungsetat (Art. 87a,1 GG) und
- — das alleinige Recht zur Feststellung des → Spannungs- und → Verteidigungsfalls (Art. 80a,1 und 115a,1) und über die Wahl und Abberufung des Bundeskanzlers Einflußnahme auf den Oberbefehl (Art. 65a u. 115b); → Politikprimat.

Parlamentarische Republik, Staat, in dem die verfassungsmäßige Ordnung einer republikanischen (also nicht monarchischen) → parlamentarischen Demokratie besteht; B.: Bundesrepublik Deutschland; Ggs.: → Räterepublik.

Parlamentarisches Regierungssystem, staatliche Ordnung, in dem die Regierung bzw. der Regierungschef vom Vertrauen des → Parlaments abhängig ist. Vielfach wird der Begriff P. deckungsgleich mit → Parlamentarischer Demokratie gebraucht; Ggs.: → Präsidialsystem.

Partei im Sinne des Parteiengesetzes der Bundesrepublik Deutschland von 1967 sind „Vereinigungen von Bürgern, die dauernd oder für längere Zeit für den Bereich des Bundes oder eines Landes auf die politische Willensbildung Einfluß nehmen und an der Vertretung des Volkes ... mitwirken wollen ... und nach ihrem Hervortreten in der Öffentlichkeit eine ausreichende Gewähr für die Ernsthaftigkeit dieser Zielsetzung bieten."

Parteiendemokratie, charakteristische Form der Demokratie in diesem Jahrhundert. Kennzeichnend für eine P. ist die Durchdringung des gesamten öffentlichen politischen Lebens durch → Parteien. Für das Funktionieren einer kontrollierten Staatsgewalt gelten Parteien als unverzichtbar. Durch den Art. 21 GG sind die Parteien verfassungsrechtlich besonders geschützt, sog. Parteienprivileg; B.: Parteienfinanzierung.

Parteienstaat → Parteiendemokratie.

Partisanen (auch → Freischärler), Einwohner eines vom Feind besetzten Staatsgebietes, die – ohne Mitglied der regulären Streitkräfte zu sein – an bewaffneten Kampfhandlungen teilnehmen. P. haben den Status der → Kombattanten und damit Schutz des Kriegsvölkerrechts, wenn sie Waffen und Uniform offen tragen, militärisch organisiert sind und die Regeln der Kriegführung beachten; B.: Die jugoslawische P.-Armee unter Tito im 2. Weltkrieg.

Passiver Widerstand (gewaltloser Widerstand), i. d. R. illegaler, aber gewaltfreier Widerstand gegen staatliche Maßnahmen durch Einzelpersonen oder Gruppen etwa in Form von Sitzblockaden, „go ins" u. ä.; B.: Blockierung der Zufahrt zum Raketendepot der US-Armee in Mutlangen (1986 bis 87). Die strafrechtliche Würdigung des P. ist umstritten und z. Zt. (1989) Gegenstand der Gesetzgebungsberatung.

Patriotismus (von lat. patria = Vaterland) Vaterlandsliebe, Nationalbewußtsein. Seine Anhänger (Patrioten) sind bereit, für ihren Staat Opfer zu bringen. Die Kampfmoral der Streitkräfte ist nicht zuletzt von ihrer Einstellung zum P. abhängig. Von P. ist der andere Völker verachtende → Nationalismus zu unterscheiden.

Patt, im militärpolitischen Sinne eine Situation, in der das Nuklearpotential zweier Staaten nach Stärke und Vernichtungskraft annähernd gleich groß ist und damit sein Einsatz für beide Seiten zu unakzeptablen Schäden führen würde.

Pattsituation,

1. → Patt;
2. Die Zahl der die Regierung stützenden Parlamentarier ist genau so groß wie die der Opposition. Eine solche – annähernde – P. gab es 1972 im Deutschen Bundestag zwischen der SPD/FDP-Regierungskoalition und der CDU/CSU-Opposition.

Pazifik-Pakt (auch: → ANZUS-Pakt), 1951 von Australien, Neuseeland und den USA geschlossenes Verteidigungsbündnis. Neuseeland wurde 1986 aus dem P. ausgeschlossen, weil es US-Kriegsschiffen das Anlaufen seiner Häfen verweigerte.

Pazifischer Sicherheitspakt → Pazifik-Pakt.

Pazifismus, radikale gesinnungsethische Anschauung, nach der jede Form der militärischen Gewaltanwendung oder -androhung – auch die Herstellung der Verteidigungsbereitschaft – als moralisch verwerflich abgelehnt wird. In der Bundesrepublik Deutschland haben Anhänger des P. das Recht auf → Kriegsdienstverweigerung.

Pentagon, Bezeichnung für das US-Verteidigungsministerium, fünfeckiger Bau in der Nähe von Washington.

Personalumfang der Bundeswehr, zusammenfassende Bezeichnung für die zahlenmäßige Sollstärke der Bundeswehr. Sie beträgt im Frieden (→ Friedensumfang) 495 000 Soldaten, davon 489 000 aktive, der Rest sind Wehrübende (Reservisten) zuzügl. 176 000 zivile Mitarbeiter, z. B. in der → Bundeswehrverwaltung. Im → Verteidigungsfall wächst der P. auf rd. 1,3 Millionen Soldaten; → Verteidigungsumfang.

Persona non grata, (lat. = unerwünschte Person). Zur P. werden von einem Staat Angehörige des diplomatischen Korps eines anderen Staates erklärt, deren Anwesenheit in dem betreffenden Land nicht mehr erwünscht ist. Zur P. werden z. B. Personen erklärt, die sich der Spionage verdächtig gemacht haben.

Persönliche Ausrüstung, die gesamte Ausstattung des einzelnen Soldaten mit Kleidung, Gerät, Waffen und Notverpflegung.

Petition, in den Grundrechten verankertes Jedermannsrecht (Art 17 GG), sich mit Wünschen, Bitten und Beschwerden an die Behörden und die Parlamente zu wenden. Für Soldaten gilt das P.-Recht eingeschränkt; ihr P.-Adressat ist der → Wehrbeauftragte.

Pflichten des Soldaten, die im → Eid (→ Gelöbnis) festgelegten Grundpflichten und die Einzelpflichten gem. → Soldatengesetz: Treues Dienen und Tapferkeit, Eintreten für die freiheitlich-demokratische Grundordnung, Kameradschaft, Wahrheit, Verschwiegenheit, Disziplin, Gesunderhaltung und gemeinsames Wohnen.

Pleven-Plan, nach dem franz. Politiker René Pleven benannter und von ihm 1950 entwickelter Plan über die Aufstellung einer gemeinsamen europäischen Armee, in die auch Kontingente der Bundesrepublik Deutschland eingegliedert werden sollten; → EVG.

Polemologie (von griech. polemos = Krieg), Lehre von Kriegen und Konflikten.

Politbüro, Abk. für: "Politisches Büro". Höchstes kollektives Beschluß- und Leitungsorgan in allen kommunistischen Parteien. Aufgrund seiner Verzahnung mit den obersten Staatsorganen ist das P. zugleich Inhaber der obersten staatlichen Macht. Leiter des P. ist der Generalsekretär, dem damit die wichtigste Position in Staat und Gesellschaft zukommt.

Politik (griech. polis = Gemeinwesen, Staat), i. e. S. Gestaltung des Zusammenlebens der Gesellschaft (innenpolitisch) und die Regelung der Beziehungen zu anderen Staaten (außenpolitisch). I.w.S. umfaßt P. alles, was darauf abzielt, innerhalb und außerhalb einer Gesellschaft zur Durchsetzung von Interessen, Einfluß und Macht zu gewinnen, diese zu vergrößern oder zu erhalten; B.: → Sicherheits-P., Sozial-P., Verbands-P., Hochschul-P., Gesundheits-P.

Politikprimat → Primat der Politik.

Politische Gefangene (politische Häftlinge), Personen, die wegen tatsächlicher oder angeblicher Opposition gegen das politische System ihres Staates von ihm inhaftiert wurden. In der Bundesrepublik Deutschland kann es systembedingt keine P. geben, weil nicht der Widerstand an sich oder eine bestimmte Ansicht strafbar ist, sondern nur eine kriminelle Handlung wie z. B. Mord. Dieser kann jedoch einen politischen Beweggrund haben.

Politisches System, umfassender Sammelbegriff für alle politischen Institutionen, verfassungsmäßige Grundsätze und Verfahrensweisen in einem Staat; B.: → Parlamentarische Demokratie (wie die der Bundesrepublik Deutschland).

Polizeistaat, abfällige Bezeichnung für eine Diktatur; Ggs.: → Rechtsstaat.

Populismus (abgeleitet von lat. populus = Volk), (journalistische) Bezeichnung für eine Politik, die sich — ungeachtet langfristiger Interessen — den jeweiligen Stimmungen und kurzfristigen Meinungstrends im Wählervolk anpaßt, z. B. Forderung nach Verkürzung der Wehrdienstzeit.

Positiver Frieden, Zustand allgemeiner gesellschaftlicher Harmonie, vollkommener Gerechtigkeit und Abwesenheit von Spannungen und Konflikten; Ggs.: → Negativer Frieden.

Potsdamer Abkommen von 1945 (eigentlich Protokoll, Mitteilung über die Drei-Mächte-Konferenz von Berlin), enthält die Grundsätze der Siegermächte USA, UdSSR und Großbritannien zur Behandlung Deutschlands nach dem 2. Weltkrieg. Frankreich trat noch im selben Jahr dem P. bei. Das P. hat heute noch Gültigkeit, auch wenn viele seiner Bestimmungen von der politischen Entwicklung inzwischen überholt wurden.

Potsdamer Konferenz (vom 17. Juli bis 2. August 1945), Konferenz der „Großen Drei“ in Berlin: Premierminister Winston Churchill (später Attlee) für Großbritannien, US-Präsident Harry S. Truman und Generalissimus Josef Stalin für die UdSSR. Das Ergebnis dieser letzten Kriegskonferenz war das → Potsdamer Abkommen.

Präambel (lat. prae ambulare = vorangehen), Vorspruch zu einer Urkunde. Die P. des → Grundgesetzes hat gem. Urteil des → BVG auch einen rechtlichen Gehalt, d. h. sie gibt Normen an, die von den Staatsorganen zu beachten sind. Dazu gehört das Wiedervereinigungsgebot.

Präliminarfrieden → Vorfrieden.

Präsente Verbände, Truppenteile mit ständiger hoher Einsatzbereitschaft, z. B. die Fla (= Flugabwehr)-Raketen-Einheiten der Luftwaffe; Ggs.: → Kaderverbände.

Präsidialdemokratie, Demokratieform, in der die Verfassung dem vom Volk gewählten Präsidenten besondere Machtfülle verleiht; B.: Frankreich, USA; Ggs.: → parlamentarische Demokratie.

Präsidialsystem → Präsidialdemokratie.

Prävention (lat. praevenire = zuvorkommen), vorbeugende Maßnahme zur Verhinderung eines erwarteten Nachteils, z. B. Polizeischutz für gefährdete Personen; → Präventivkrieg.

Präventivkrieg (→ Prävention), Angriffskrieg, um einem tatsächlichen oder vermeintlich geplanten gegnerischen Angriff zuvorzukommen. Als Beispiel eines „klassischen“ P. gilt der israelische Sechstagekrieg von 1967 gegen Ägypten und seine Verbündeten. Der Art. 26,1 GG verbietet der Bundesrepublik Deutschland auch bereits die Planung eines P.

Primat der Politik, oberster Führungsgrundsatz der Bundeswehr, nach dem die höchste Befehls- und Kommandogewalt stets bei der politischen Leitung liegt. Sie liegt im Frieden beim Bundesminister der Verteidigung (Art. 65a GG), und im → Verteidigungsfall nimmt sie der Bundeskanzler (Art. 115b GG) wahr. Der P. soll garantieren, daß sich die Streitkräfte niemals – wie in der Weimarer Republik – als „Staat im Staate“ verstehen. Der P. war bisher innerhalb der Bundeswehr zu keinem Zeitpunkt umstritten.

Prisenrecht, Recht eines kriegführenden Staates aufgrund der Prisenordnung des Kriegsvölkerrechts, in einem Seekrieg feindliche Handelsschiffe und deren Waren zu beschlagnahmen und in sein Eigentum zu überführen. Auch neutrale Schiffe unterliegen dem P., wenn die Ware → Konterbande darstellt oder wenn Bruch einer → Blockade vorliegt.

Proliferation (Wucherung, Weiterverbreitung), Begriff der →Nuklearstrategie, der die Weitergabe von Produktionsgeheimnissen und Rohmaterialien zur Herstellung von Atomwaffen bezeichnet. Zur Verhinderung der Ausbreitung von Kernwaffen haben die USA, Großbritannien und die UdSSR 1968 das (→ Nonproliferations-)-Abkommen geschlossen.

PSV-Truppe, Abk. für: Truppe zur → Psychologischen Verteidigung.

Psychologische Kriegführung → Psychologische Verteidigung.

Psychologische Verteidigung, Teilgebiet des Verteidigungsauftrages der Bundeswehr. Ziel der P. ist es, die gegen die eigenen Streitkräfte und deren Verteidigungswillen gerichtete psychologischen Angriffe des Feindes abzuwehren und in der Bevölkerung das Verständnis für die Notwendigkeit der Verteidigungsanstrengungen zu stärken. Die P. muß die Soldaten bereits im Frieden geistig-seelisch auf die möglichen Belastungen im Krieg vorbereiten.

Putsch, Aufstand einer kleinen Gruppe, zumeist aus Offizieren bestehend, gegen die legalen Inhaber der Staatsgewalt. Im Ggs. zur → Revolution wird der P. nur von einer (kleinen) Minderheit getragen; B.: Militärputsch gegen den 35 Jahre herrschenden Diktator Strößner durch General Rodriguez 1989 in Paraquay.

Qualitative Rüstungsbegrenzung, Form der → Rüstungssteuerung, bei der zwischen den Gegnern vereinbart wird, die Einsatzfähigkeit und die Zerstörungskraft der vorhandenen Waffensysteme auf einem bestimmten Niveau festzuschreiben. Beispiel: → SALT II durch Höchstgrenzen der Startgewichte und Verbot der Weiterentwicklung von → Interkontinentalraketen; Ggs.: → Quantitative Rüstungsbegrenzung.

Quantitative Rüstungsbegrenzung, Form der → Rüstungssteuerung, bei der vereinbart wird, daß die Anzahl bestimmter vorhandener Waffen ein festgesetztes Höchstmaß nicht überschreiten darf. Beispiel: Abkommen zu → SALT I und → SALT II mit Begrenzung der Zahl der Gefechtsköpfe je Trägerrakete; Ggs.: → Qualitative Rüstungsbegrenzung.

Radiologische Waffen, Massenvernichtungswaffen, deren Wirkung auf dem Einsatz radioaktiver Substanzen beruht.

Rahmenübung, taktisch-operative Schulung militärischer Führungskräfte mit ihren Stäben ohne vollen Truppeneinsatz. Zur Überprüfung realistischer Bedingungen nehmen daran nur die unbedingt erforderlichen Einheiten teil, z. B. Fernmeldeverbände.

Raketenlücke, nach Start des Sputniks 1957 in den USA entstandenes Bedrohungsgefühl über die vermeintliche Fähigkeit der UdSSR, die USA durch → Interkontinentalraketen zu vernichten, ohne daß die USA gleichwertig zurückschlagen können. Die – objektiv nicht vorhandene – R. war Auslöser für ein umfangreiches amerikanisches Programm zur Aufrüstung mit Raketen.

Randlage, geographische Situation eines Staates innerhalb einer Staatengruppe, z. B. die R. Norwegens als nördlichster Staat der NATO-Nordflanke; Ggs.: → Zentrallage.

Rapacki-Plan, ein nach dem polnischen Außenminister Adam Rapacki benannter Vorschlag, den dieser 1957 vor der Vollversammlung der UN machte. Nach dem R. sollte die Stationierung von Atomwaffen in Polen, der DDR und der Bundesrepublik Deutschland verboten, also eine → atomwaffenfreie Zone geschaffen werden. Der R. wurde von der NATO abgelehnt, da das militärische → Gleichgewicht zugunsten des Warschauer Pakts aufgrund seiner Überlegenheit im konventionellen Bereich verschoben worden wäre.

Rapid Deployment Joint Task Forces (RDJTF, auch RDF) (engl. = gemischte schnelle Eingreiftruppe), Eingreifverband der USA, der schnell verlegt werden kann und die Aufgabe hat, die sowjetische Führung vor dem Einsatz militärischer Kräfte in Südwest-Asien sowie in anderen Regionen der Dritten Welt abzuschrecken. Die R. verfügen (1985) über drei Divisonen, einen amphibischen Großverband, ca. 1000 Kampfflugzeuge und drei Flugzeugträger-Gruppen.

Rapid Reinforcement Concept (RRC) (engl. = Konzept zur schnellen Kräfteverstärkung), Planung der NATO zur raschen Heranführung von US-Streitkräften aus Übersee, um im Spannungsfall die Abschreckung zu sichern und im Kriegsfall die Vorneverteidigung zu stärken.

Rat für gegenseitige Wirtschaftshilfe → COMECON.

Ratifikation (Ratifizierung), Genehmigung eines Vertrages mit einem anderen Staat durch die nationale gesetzgebende Körperschaft, in der Bundesrepublik Deutschland durch den Bundestag und Bundesrat gem. Art. 77 GG.

Raumdeckende Verteidigung, konventionelle → Verteidigungsalternative, bestehend aus infanteristischen Sperrverbänden mit hoher Feuerkraft und gepanzerten Verbänden von großer Beweglichkeit. Die R. schließt auch den Gegenangriff zur Wiedergewinnung verlorengegangener Gebiete ein; → Raumverteidigung.

Raumverteidigung, eine alternative Konzeption der konventionellen Verteidigung, in den 70er Jahren ds. Jahrh. entwickelt vom Österreicher E. Spannocchi und dem Franzosen G. Brossolet. Die R. ist Bestandteil der → Defensiven Verteidigung und bedeutet, daß ein Großteil bzw. das gesamte Territorium des Angegriffenen als Verteidigungsraum vorgesehen ist. Unter Vermeidung einer großen Schlacht soll der Aggressor mit einer Taktik der „Tausend Nadelstiche" geschwächt und aufgerieben werden. Kleine selbständig operierende Kampftruppen, sog. Techno-Kommandos, mit leichter Bewaffnung vorwiegend zur Panzerabwehr anstelle schwerer beweglicher Verbände sind bei der R. die Träger des Kampfes; → Raumdeckende Verteidigung.

RDJTF, Abk. für: → Rapid Deployment Joint Task Forces.

Reaktionsart, eine der drei strategischen Möglichkeiten der → Flexible Response für den Fall eines Angriffs, bestehend aus → Direktverteidigung, Vorbedachter → Eskalation und → Allgemeiner nuklearer Reaktion.

Reaktionsfähigkeit, Möglichkeit zur Beantwortung eines → Angriffs im Rahmen der NATO-Strategie. Die R. ist wesentlicher Bestandteil der → Verteidigungsfähigkeit.

Realer Sozialismus, von europäischen sozialistischen Staaten, insbes. der DDR, selbst gewählte Benennung ihres gegenwärtigen Systems, mit dem sie ausdrücken wollen, daß sie in ihrer gesellschaftlichen Entwicklung noch nicht das Ziel des vollendeten → Sozialismus oder gar die Höchststufe des → Kommunismus erreicht haben.

Rebellion (lat. rebellio = Aufstand), bewaffneter Widerstand gegen die Regierung mit dem Ziel der Ablösung oder Änderung ihrer Politik. B.: R. von Che Guevara 1967 in Bolivien; ähnlich → Revolte; → Revolution.

Rechte des Soldaten sind grundsätzlich die allgemeinen staatsbürgerlichen Rechte, die gem. § 6 des → Soldatengesetzes auch für den Soldaten gelten. Einige von ihnen sind aber infolge der besonderen Pflichten (des Soldaten) eingeschränkt, z. B. das Recht auf Freizügigkeit (Art. 11 GG). Zu den uneingeschränkten R. gehören die im Grundgesetz verankerten Grundrechte und sonstigen Rechte der Art. 1; 3; 4; 9; 14; 19,4; 33; 101; 103 und 104.

Rechtshilfe, eine Form der → Amtshilfe, die sich Gerichte gem. der Bestimmung des Art. 35,1 GG gegenseitig leisten, z. B. Vernehmung eines Zeugen nicht am Prozeßort sondern an dessen Wohnort.

Rechtsprechung → Judikative.

Rechtsstaat, Staat, in dem alle Bereiche der staatlichen Machtausübung auf Verfassung und Gesetz beruhen. Die Bundesrepublik Deutschland bezeichnet sich als R. (Art. 28,1 GG). Zu den Elementen eines R. gehören insbes. die → Grundrechte, die Bindung der Legislative an die Verfassung (Art. 20,3 GG), die richterliche Unabhängigkeit (Art. 97,1 GG) und der Anspruch auf rechtliches Gehör (Art. 103,1 GG).

Rechtsstellung (des Wehrpflichtigen), rechtliche Regelung gem. § 58 des → Soldatengesetzes, insbes. die Rechte und Pflichten aufgrund der → Wehrpflicht.

Rechtswidriger Befehl, Weisung, bei deren Ausführung gegen das Gesetz verstoßen wird. Ein solcher R. muß befolgt werden, wenn der Rechtsmangel gering ist, z. B. „Klettern Sie über den Zaun des (privaten) Garten". Er braucht nicht befolgt zu werden, wenn er gegen die Menschenwürde verstößt oder keinen dienstlichen Zweck verfolgt, z. B.: „Mähen Sie heute abend meinen Rasen!“ Er muß verweigert werden, wenn er auf eine Straftat zielt, z. B.: „Stehlen Sie einen PKW!“

Redeployment (auch: Return) of Forces to Germany (engl. = Rückverlegung von Streitkräften nach Deutschland) → REFORGER.

Reduzierungsraum, Gebiet, auf das sich die → Rüstungskontrollverhandlungen erstrecken. Der R. soll gem. Gorbatschow-Plan vom Atlantik bis zum Ural reichen.

REFORGER, Abk. für: → Redeployment (Return) of Forces to Germany (engl. = Rückkehr von Streitkräften nach Deutschland). US-Streitkräfte für die → Vorneverteidigung, mit denen die USA ihre Entschlossenheit und Fähigkeit demonstrieren, im Krisen- oder Verteidigungsfall Verstärkungen über den Atlantik zu schicken. Seit 1967 werden jährlich einmal in einem großen → Manöver gleichen Namens (R.), an dem knapp 100 000 Soldaten der NATO teilnehmen, rd. 17 000 Mann über eine Luftbrücke nach Europa geschickt, wo Material und Gerät für diese Verstärkungstruppen lagern; → Wartime Host Nation Support. Das R.-Manöver wurde 1989 erstmals ausgesetzt.

Regierung → Exekutive; → Bundesregierung.

Regierungssystem, Form, in der in einem Staat die Herrschaftsgewalt legitimiert und ausgeübt wird. Die wichtigste Unterscheidung der verschiedenen R. ist die in → Demokratie und → Diktatur. Das R. der → Parlamentarischen Demokratie kann in der → Staatsform der → Monarchie oder der → Republik auftreten.

Regime (franz. = Regierung), abwertende Bezeichnung für ein undemokratisches Herrschaftssystem, z. B. in Südafrika.

Reichswehr, seit 1921 amtliche Bezeichnung für die Streitkräfte des damaligen Deutschen Reiches. Gemäß den Bestimmungen des Versailler Vertrags umfaßte das Reichsheer 100 000 und die Reichsmarine 15 000 Soldaten. Am 15.März 1935 wurde die R. in → Wehrmacht umbenannt.

Remilitarisierung, Wiederbewaffung nach vorangegangener → Entmilitarisierung, z. B. in der Bundesrepublik Deutschland nach 1954.

Reparationen (lat. reparare = wiederherstellen), alle Leistungen in Geld (insbes. Gold), Sachwerten und Diensten, die der Sieger nach einem Krieg dem Besiegten auferlegt. Erstmals wurden R. im Versailler Vertrag von 1919 festgelegt; bis dahin waren → Kriegsentschädigungen üblich. Umfangreiche R. sah auch das → Potsdamer Abkommen vor.

Repolitisierung, Begriff zur Kennzeichnung einer Sicherheitspolitik, die den Akzent stärker auf → Entspannung als auf (militärische) → Abschreckung setzt. Seit Mitte der 80er Jahre ist ein solcher Prozeß der R. in den Beziehungen zwischen den USA und der UdSSR zu beobachten.

Repräsentative Demokratie, → Demokratie, in der zwar alle Staatsgewalt vom Volke ausgeht, aber diese nur durch die verfassungsmäßig dazu bestimmten Organe ausgeübt wird (Art. 20,2 GG). Die Bundesrepublik Deutschland ist eine reine R., weil das Grundgesetz Volksbegehren und Volksabstimmung nicht vorsieht (Ausnahme: Art. 29 GG); Ggs.: → Direkte Demokratie.

Repressalie (von lat. pressus = Druck), Druckmittel gegen einen anderen zur Vergeltung für dessen tatsächliche oder vermeintliche Unrechthandlung. Im Frieden sind militärische R. (auch deren Androhung) völkerrechtswidrig, dagegen ist z. B. ein → Embargo (wie das gegen Südafrika 1988) erlaubt.

Republik, Staatsform, dessen Oberhaupt ein gewählter Präsident ist, wie z. B. die Bundesrepublik Deutschland. Die R. kann sowohl das Regierungssystem einer → Demokratie (z. B. USA) wie das einer → Diktatur (z. B. UdSSR) haben. Bei der demokratischen R. wird unterschieden zwischen Präsidialrepublik (→ Präsidialdemokratie) und der parlamentarischen Republik (→ Parlamentarische Demokratie); Ggs.: → Monarchie.

Republikaner, neue, rechtsgerichtete, in Bayern gegründete Partei, die erstmals 1989 bei den Wahlen zum Berliner Abgeordnetenhaus und den hessischen Kommunalwahlen die 5%-Hürde überwand. Die R. wenden sich insbes. gegen die Masseneinwanderung von Ausländern und den Mißbrauch des Asylrechts.

Requirierung → Requisition.

Requisition (Requirierung), Beschlagnahme von Sachgütern, z. B. Lebensmitteln, und Inanspruchnahme von Dienstleistungen, z. B. Arbeitskräften für Straßenausbesserungen, durch die Besatzungsmacht in einem fremden Gebiet. R. ist nach der → Haager Landkriegsordnung nur für den Bedarf der Streitkräfte und gegen Entschädigung zulässig. Eine R. muß auch die Bedürfnisse der Bevölkerung berücksichtigen.

Reserve, Bezeichnung für

1. zurückgehaltene Truppen, die einem militärischen Führer zur Verfügung stehen, um z. B. Teile der Front zu verstärken oder Lücken zu schließen;
2. die Gesamtheit der → Reservisten.

Reserveoffizier, → Reservist mit dem Dienstgrad eines Offiziers.

Reservist, → Wehrpflichtiger, der seinen → Grundwehrdienst abgeleistet hat und der → Wehrüberwachung unterliegt. R. werden im Frieden zu → Wehrübungen einberufen und dienen im Verteidigungsfall zur Verstärkung der Streitkräfte. Sie stellen dann rd. zwei Drittel der Soldaten.

Reservistenkonzept, Plan zur Regelung der Verwendung von Reservisten im → Frieden und → Verteidigungsfall. Da die Sicherung des Personalbestandes der Bundeswehr infolge geburtenschwacher Jahrgänge schwieriger wird, werden Reservisten vermehrt zu → Wehrübungen herangezogen.

Reservistenverband → Verband der Reservisten der deutschen Bundeswehr.

Résistance (franz. = Widerstand), französische Widerstandsbewegung gegen die deutsche Besetzung während des → Zweiten Weltkriegs. R.-Gruppen unterstützten gegen Ende des Krieges die Befreiung Frankreichs.

Resolution (lat. resolutio = Entschließung), rechtlich unverbindliche Absichts- und Willenserklärung eines Gremiums, z. B. Verabschiedung eines Regierungsprogramms, das im Fall eines Wahlsieges verwirklicht werden soll.

Ressourcen (franz. source = Quelle), Rohstoffe, Produktionsverfahren einschl. Arbeitskräfte und Finanzmittel, die einer Volkswirtschaft oder einer Branche zur Verfügung stehen.

Return of Forces to Germany, (REFORGER) (engl. = Rückkehr von Streitkräften nach Deutschland) → REFORGER.

Revanchismus (franz. revanche = Rache), seit 1871 übliche Bezeichnung für eine Politik, die das Ergebnis eines verlorenen Krieges notfalls durch Waffengewalt revidieren will. Der Bundesrepublik Deutschland wurde in den Jahren von 1950 bis 1970 von Seiten der UdSSR und der DDR wiederholt R. unterstellt.

Revolte, ähnlich → Putsch, → Rebellion. Der Begriff R. ist vor allem durch die zahlreichen Militär-R. in Mittel- und Südamerika, z. B. Argentinien, Haiti 1989, und Afrika bekannt. Im Gegensatz zur → Revolution wird die R. nur von einer kleinen Gruppe getragen.

Revolution (lat. revolutio = Umwälzung), umfassende und anhaltende und sich zumeist in relativ kurzer Zeit vollziehende Veränderung der gesamten gesellschaftlichen, wirtschaftlichen und politischen Zustände in einem Lande. Die bekannteste R. ist die französische Juli-R. (1789), die größte im 20. Jahrh. die russische Oktober-R. (1917).

RGW, Abk. für: Rat für gegenseitige Wirtschaftshilfe.

Richtlinienentscheidung → Richtlinienkompetenz.

Richtlinienkompetenz, gem. Art. 65 GG das Recht des Bundeskanzlers, die Richtlinien der Politik zu bestimmen. Innerhalb dieser Richtlinien leitet jeder Bundesminister seinen Geschäftsbereich selbständig. Die R. gibt dem Kanzler innerhalb des Kabinetts eine starke Rechtsposition.

Risiko, allgemein Wagnis, im militärischen Sinn das Ausmaß einer Gefahr, das durch Vorausberechnung, Übung und Simulation nur annähernd bestimmt werden kann, z. B. R. der → Eskalation.

Risikoteilung, Strategie der NATO nach der die Gefahren bei einer militärischen Auseinandersetzung, insbes. das nukleare Risiko, grundsätzlich auf alle Mitgliedstaaten verteilt werden. Die R. soll verhindern, daß ein Land den Schutz der NATO in Anspruch nimmt, sich aber vom möglichen Nachteil dieser Verteidigungsstrategie distanziert.

Risikoverbund, Gemeinsamkeit innerhalb des Bündnisses, nach der alle Mitgliedstaaten der → NATO gleichermaßen am → Risiko der NATO-Strategie beteiligt sind. Der R. ist Voraussetzung für eine funktionierende Verteidigungs- und Abschreckungsstrategie.

Rohstoffsicherung, Vorsorge, daß Rohstoffe, d. h. Naturprodukte mineralischer oder pflanzlicher Herkunft vor der Bearbeitung, z. B. Eisen- oder Kupfererze, Holz, Erdöl in ausreichender Menge zur Verfügung stehen. Das Problem der Sicherung bzw. Bedrohung ausreichender Rohstoffzufuhr kann Ursache eines Konfliktes sein, z. B. beim Schutz der Rohöltanker im Persischen Golf durch US-Kriegsschiffe in den Jahren 1986/87.

Roll back (engl. = Zurückrollen), Bezeichnung für die von J. F. Dulles (1888 bis 1959) bereits 1950 initiierte und als Außenminister von 1953 bis 1959 betriebene Politik, die kommunistische Machtübernahme in den osteuropäischen Ländern rückgängig zu machen. Das R. war eine offensive Verschärfung des → Containments. Im militärischen Bereich entsprach ihr die Strategie der → Massiven Vergeltung.

Römische Verträge, Bezeichnung für die am 25. März 1957 in Rom von der Bundesrepublik Deutschland, Frankreich, Italien und den Benelux-Staaten unterzeichneten Verträge zur Gründung der → EWG und der → EURATOM, aus denen die → Europäische Gemeinschaft hervorging.

Rotes Kreuz, vom Schweizer Henry Dunant 1863 gegründete internationale Vereinigung von zunächst 16 Staaten (→ Genfer Konvention) zur Hilfe für Verwundete und Kriegsgefangene. Anlaß dazu waren die schweren Verluste in der Schlacht bei Solferino 1859 zwischen den verbündeten Franzosen und Italienern gegen die Österreicher.

RRC, Abk. für: → Rapid Reinforcement Concept.

Rückwärtige Dienste, Bezeichnung für Truppenteile und Organisationen, die im Verteidigungsfall nicht in der vorderen Kampfzone eingesetzt sind, sondern die Aufgabe haben, die kämpfende Truppe aus dem Hinterland zu versorgen und zu betreuen, z. B. Nachschub, Ersatzteil-Depots.

Rückzug, im militärischen Sinne das Zurückweichen von Truppen entweder nach einem erfolglosen Angriff oder nach der Einsicht in die Aussichtslosigkeit der Verteidigung.

Rüstung, materielle Ausrüstung und Bewaffnung der Streitkräfte. Ihre Qualität und Quantität bestimmen wesentlich die militärische Kampfkraft der Truppe und damit die → Verteidigungsfähigkeit; → Rüstungsaufträge.

Rüstungsaufträge, Beschaffung von Rüstungsgütern zur Ausrüstung und Modernisierung der Streitkräfte. R. werden der → Rüstungsindustrie durch die zuständigen Stellen des → BMVg erteilt. Dabei sind die Vorschriften über die Vergabe öffentlicher Aufträge zur Beachtung des Wettbewerbsprinzips einzuhalten.

Rüstungsausgaben, alle Kosten für Aufbau, Unterhalt und Modernisierung der Streitkräfte. Weltweit betrugen die R. 1987 rd. 1700 Mrd. DM. International wird die Höhe der R. als Anteil am → Bruttosozialprodukt verglichen; → Verteidigungshaushalt.

Rüstungsautarkie, politische, wirtschaftliche und technische Selbständigkeit eines Staates, seine → Rüstung ausschließlich aus seinen eigenen → Ressourcen zu bestreiten und nicht auf Zulieferungen anderer angewiesen zu sein. Eine solche R. besitzen z. B. die USA und UdSSR.

Rüstungsbegrenzung, Form der → Rüstungssteuerung, bei der zwischen den Gegnern vereinbart wird, Anzahl (→ qualitative R.) und Wirksamkeit (→ quantitative R.) vorhandener Waffen über ein festgesetzes Maß nicht zu steigern. Im Ggs. zur Abrüstung handelt es sich bei der R. nur um einen Stop zu weiterer Aufrüstung; Beispiel: → SALT-Abkommen

Rüstungsdynamik, militärpolitische Konkurrenzsituation der Rüstungsentwicklung zur qualitativen und quantitativen Steigerung des Militärpotentials. Die R. kann in eine kostspielige und gefährliche → Rüstungsspirale einmünden. Mit Hilfe von → Rüstungskontrolle und → Rüstungssteuerung wird versucht, die R. zu verlangsamen.

Rüstungsexport, Ausfuhr von Wehrmaterialien. Hauptexporteure sind die USA und die UdSSR. Ihr Anteil am Gesamtrüstungsexport der Welt von rd. 35 Mrd. US-$ (1987) betrug je 30%. Die Bundesrepublik Deutschland steht mit etwa 3% nach Frankreich, Großbritannien und Italien an sechster Stelle. Für ihren R. gelten auf der Grundlage des Art. 26,2 GG vergleichsweise enge Bestimmungen, gegen die allerdings in der Vergangenheit mehrfach verstoßen wurde, z. B. Lieferung von Anlagen, mit denen auch chemische Kampfstoffe hergestellt werden können. Hauptabnehmerländer des weltweiten R. sind die Entwicklungsländer.

Rüstungsgüter, alle Güter, die militärisch genutzt werden können. Eine scharfe Abgrenzung zu Zivilgütern ist oft nicht möglich, weil viele Produkte sowohl zivilen wie militärischen Zwecken dienen können.

Rüstungsindustrie, Industrieanlagen und -betriebe, die Güter für den militärischen Bedarf eines oder mehrerer Staaten herstellen; → Rüstungskonzern.

Rüstungskontrolle, Rüstungskontrollverhandlungen, Vereinbarungen über quantitative und qualitative Rüstungsbegrenzung, Produktionsstop oder Verminderung der Rüstung. Soweit die Zahl der Streitkräfte vermindert oder bestimmte Waffensysteme tatsächlich ersatzlos gestrichen werden, liegt eine → Abrüstung vor; B. für R.: → MBFR-Verhandlungen.

Rüstungskontrollverhandlungen (bei konventionellen Streitkräften), in März 1989 in Wien begonnene Konferenz zwischen den Staaten der NATO und des → WP zur Verringerung der konventionellen Waffensysteme; → KRK.

Rüstungskonversion, Umstellung der Produktion von Rüstungsgüter auf zivile Güter, z. B. Herstellung von Kochtöpfen anstelle von Stahlhelmen.

Rüstungskonzern, Zusammenschluß rechtlich selbständiger Unternehmen, die unter einheitlicher Leitung → Rüstungsgüter produzieren, z. B. Messerschmitt-Bölkow-Blohm (MBB).

Rüstungskooperation, von mehreren Staaten gemeinsam entwickelte und hergestellte Waffensysteme, z. B. Jäger 90; → Rüstungskontrolle.

Rüstungspotential, wirtschaftliche und technische Leistungsfähigkeit eines Staates bzw. einer Staatengruppe zur materiellen Ausrüstung der Streitkräfte.

Rüstungssektor, Anteil der Produktion von → Rüstungsgütern am gesamtwirtschaftlichen Produktionswert. Dieser Anteil kann nur ungefähr geschätzt werden und liegt in der Bundesrepublik Deutschland (1987) etwa bei 2%, das entspricht einem rüstungsabhängigen Beschäftigungsgrad von ca. 0,7%.

Rüstungsspirale, Folge einer → Rüstungsdynamik, bei der beide Seiten militärische Überlegenheit anstreben, was zu einer unaufhörlichen Kette von Vorrüstung, → Nachrüstung und Nach-Nachrüstung führt. Nennenswert wurde die R. erstmals durch die → SALT-Abkommen unterbrochen.

Rüstungssteuerung, technisch-militärischer Teil einer umfassenden → Rüstungkontrolle in Form von Vereinbarungen über Zahl und Qualität von Waffensystemen.

Rüstungstechnik, Wissen, insbes. der → High-Tech und Verfahrensweisen zur Herstellung von → Rüstungsgütern, z. B. „intelligente", das Ziel suchende Munition.

Rüstungswettlauf, sich gegenseitig aufschaukelnde Aufrüstung mit dem Ziel, ein Rüstungsübergewicht zu erhalten. Ein R. steht im Widerspruch zur → Rüstungskontrolle und des → Kräftegleichgewichts.

Rüstungswirtschaft, Teil der Volkswirtschaft, der → Rüstungsgüter im weitesten Sinne, z. B. auch militärisch verwendbare Lastkraftwagen, herstellt oder Dienstleistungen für den militärischen Bedarf bereitstellt, z. B. Dienstleistung der Zivilangestellten der → Wehrbereichsverwaltungen. In der Bundesrepublik Deutschland ist die R. Teil der Marktwirtschaft; → Rüstungsaufträge; → Rüstungsindustrie.

Sabotage, vorsätzliche und planmäßige Zerstörung von Sachen sowie Behinderung von Transporten und Nachrichten aus Gründen politischer Gegnerschaft. Militärische S. kann z. B. auch darin bestehen, Munition oder Waffen bereits bei der Herstellung unbrauchbar zu machen (Fehlzünder); → Spionage.

SACEUR, Abk. für: Supreme Allied Commander in Europe (engl. = Oberster alliierter NATO-Befehlshaber in Europa). Diese Stelle wird wegen der Verfügungsgewalt über Atomwaffen stets mit einem amerikanischen Vier-Sterne-General besetzt. Amtsinhaber 1989: General John K. Calvin.

SALT, Abk. für: Strategic Arms Limitation Talks (= „Gespräche über die Begrenzung strategischer Waffen"); → SALT I, II; → START.

SALT I (→ SALT), 1972 geschlossenes Abkommen der USA und der UdSSR über die Begrenzung der strategischen Rüstung. Als der Vertrag nach der vereinbarten Laufzeit von fünf Jahren endete, einigten sich die Vertragspartner darauf, seine Bestimmungen weiter zu beachten, bis → SALT II abgeschlossen ist.

SALT II (→ SALT), 1979 zwischen den USA und der UdSSR geschlossener Vertrag, der für beide Seiten Höchstgrenzen der strategischen Raketen und der Fernbomber vorsah. Die USA haben wegen des Einmarsches der UdSSR in Afghanistan (Dez. 1979) S. nicht ratifiziert, gleichwohl seine Bestimmungen bisher respektiert.

SALT III → START.

Sanitätstruppe, Truppengattung der Bundeswehr in allen → Teilstreitkräften. Ein Großteil der S. ist nur „gekadert" (→ Kader), d. h. diese werden erst im Verteidigungsfall auf volle Einsatzstärke gebracht. Aufgabe der S. ist es, die Gesundheit der Soldaten zu erhalten bzw. wiederherzustellen. Die S. genießt den Schutz der → Genfer Konventionen von 1949.

Sanitäts- und Gesundheitswesen, in nationaler Zuständigkeit liegende Heilfürsorge für die gesamte Bundeswehr in Zusammenarbeit mit dem zivilen Gesundheitsdienst.

Sanktionen, wirtschaftliche oder politische Maßnahmen (Strafmaßnahmen) gegenüber einem anderen Staat, um ihn zu einem bestimmten Verhalten zu bewegen; B.: Boykott Südafrikas wegen dessen Rassenpolitik.

Sanktuarium (lat. = „Heiligtum"), im militärischen Bereich die Unverletzlichkeit eines bestimmten Territoriums, z. B. völkerrechtlicher Schutz von Kulturgut gegen kriegerische Zerstörung.

Satellit, unbemannter Raumflugkörper auf elliptischer Bahn um die Erde zur Gewinnung von Informationen für wissenschaftliche, politische oder militärische Zwekke.

Satellitenstaaten, Staaten, die zwar formal unabhängig sind, in Wirklichkeit jedoch unter dem beherrschenden Einfluß einer Großmacht stehen, insbesondere in außen- und sicherheitspolitischen Fragen, z. B. die WP-Staaten gegenüber der UdSSR.

Schadensbegrenzung, Versuch, nach Ausbruch eines politischen Konfliktes, die nachteiligen Folgen so weit wie möglich zu verhindern.

Schutzbaugesetz, → Zivilschutzgesetz von 1965, das den privaten

Bauherren bei Neubauten die Errichtung von Schutzräumen vorschrieb. Das S. wurde 1967 ausgesetzt; bei freiwilligem Einbau von Schutzräumen kann der Bund Zuschüsse gewähren.

Schwellenländer, nicht eindeutiger Begriff für → Entwicklungsländer, die bereits halbindustrialisiert sind, wie z. B. die Länder Tunesien, Brasilien.

Schwellenmacht, Land, das technologisch und wirtschaftlich in der Lage wäre, → Nuklearwaffen zu produzieren, z. B. Israel.

SDI, Abk. für: Strategic Defence Initiative (engl. = strategische Verteidigungsinitiative), ein 1983 vom damaligen US-Präsidenten Reagan ins Leben gerufenes Forschungsprogramm, um zu prüfen, ob es möglich ist, im Weltraum ein Raketenabwehrsystem zu installieren, das anfliegende feindliche Raketen bereits vor ihrer Detonation zerstören kann.

SEATO, Abk. für: South-East Asia Treaty Organization (engl. = Südostasiatische Vertragsorganisation), 1954 in Manila von USA, Großbritannien, Frankreich, Australien, Neuseeland, Pakistan, den Philippinen und Thailand unterzeichnetes Militärbündnis zur Eindämmung des sowjetischen Einflusses in diesem Raum. Das Bündnis wurde 1977 aufgelöst.

Second Strike Capability, (engl. = Zweitschlagsfähigkeit), Fähigkeit eines nuklear angegriffenen Staates, mit den dann noch intakten Nuklearsystemen dem Aggressor einen unakzeptablen Schaden zufügen zu können. Die S. ist die entscheidende Grundlage der Doktrin der → MAD.

SED, Abk. für: Sozialistische Einheitspartei Deutschlands, entstanden 1946 aus der von der sowjetischen Besatzungsmacht in ihrer Zone erzwungenen Vereinigung von KPD und SPD. Die SED besitzt in der DDR Führungsanspruch und ist der Typ einer → Einheits- und Staatspartei.

Seekrieg, im Unterschied zum → Landkrieg und → Luftkrieg eine Form des Krieges, bei dem sich die Kampfhandlungen auf die Meere und Gewässer beschränken. Beispiel: Atlantikschlacht 1942.

Seelsorge → Militärseelsorge.

Seestreitkräfte → Marine.

Selbstabschreckung, Erkenntnis, daß der Einsatz von Massenvernichtungsmitteln durch die gegnerische → Zweitschlagsfähigkeit auch im eigenen Land zu unakzeptablen Schäden führt.

Selbstbestimmungsrecht, Recht eines Volkes, seine Zugehörigkeit zu einem Staat und dessen Organisationen selbst zu bestimmen. Die UN hat das S. in Art. 1 u. 55 ihrer Charta ausdrücklich anerkannt; es ist deshalb auch Rechtsgrundlage für den Anspruch der Deutschen auf → Wiedervereinigung; → Präambel des Grundgesetzes.

Selbstbild, positive Vorstellung vom Ich, der eigenen Gruppe oder des eigenen Volkes. Ohne ausgeprägtes S. ist ein (Ggs.) → Feindbild nicht möglich.

Selbstschutz → Zivilschutz.

Selbstverteidigung, völkerrechtlich anerkannter Grundsatz, sich gegen einen bewaffneten Angriff militärisch zu wehren. Das Recht auf S. ist in Art. 51 der → UN-Charta verankert.

Separatfrieden (von lat. separare = abtrennen, absondern) → Sonderfrieden.

Sicherheit,

1. Objektiver Zustand der Abwesenheit von Gefahr, z. B. in einem vom TÜV geprüften Fahrstuhl;
2. Überzeugung von Menschen oder Gruppen, gegen Gefahren hinreichend geschützt zu sein, z. B. Deichbau gegen Überflutung;
3. Politisch das subjektive Empfinden, keiner äußeren Bedrohung ausgesetzt zu sein, bzw. ihr hinlänglich begegnen zu können; → Bedrohungsanalyse; → Sicherheitspolitik.

Sicherheitsfaktoren, alle Abkommen, z. B. Rüstungsbegrenzungen, militärische Verteidigungsstärke und die Sicherheitsstrategie, wie das Bündnis der NATO, die vor der Androhung oder Anwendung von Gewalt zwischen Staaten schützen.

Sicherheitspartnerschaft, Bezeichnung für die Bündnispartnerschaft in der → NATO. Ab Mitte der 70er Jahre wurde der Begriff auch auf das Ost-West-Verhältnis übertragen. Damit soll ausgedrückt werden, daß sich im Nuklearzeitalter Sicherheit nur durch partnerschaftliches Verhalten auch der politischen Gegner erreichen läßt.

Sicherheitspolitik, Gesamtheit der politischen Ziele und Maßnahmen in allen staatlichen Bereichen, die eine äußere Bedrohung abwenden und die innere Stabilität festigen sollen, um den „Frieden in Freiheit" zu erhalten. Oberstes Ziel der S. ist die Wahrung des „Rechts auf Eigenentfaltung" des Volkes.

Sicherheitsrat der Vereinten Nationen, auch Weltsicherheitsrat genannt, Gremium, das gem. → UN-Charta für den internationalen Frieden und die friedliche Beilegung von Konflikten sorgen soll. Der S. besteht aus 5 ständigen Mitgliedern, die mit einem → Vetorecht ausgestattet sind (China, Frankreich, Großbritannien, UdSSR, USA) und 10 weiteren, die auf zwei Jahre von der → Vollversammlung gewählt werden. Für einen Beschluß des S. ist die Zustimmung von 9 Mitgliedern erforderlich, darunter die Stimmen der 5 ständigen Mitglieder.

Sicherstellungsgesetze, Gesetzesbündel, das die Bundesregierung ermächtigt, auf dem Verordnungswege alle Maßnahmen zu ergreifen, die im Verteidigungsfall für notwendig erachtet werden. Zu den S. gehören das → Arbeitssicherstellungsgesetz, → Bundesgrenzschutzgesetz, → Bundesleistungsgesetz, → Ernährungssicherstellungsgesetz, → Verkehrssicherstellungsgesetz, Wassersicherstellungsgesetz, → Wirtschaftssicherstellungsgesetz und das → Zivilschutzkorpsgesetz.

Siebener-Gruppe, → Fünfergruppe (Bundesrepublik Deutschland, Großbritannien, Frankreich, Japan, USA) zuzüglich Kanada und Italien.

Signal von Reykjavik, 1968 von der Außenministertagung in Reykjavik (Island) abgegebene Aufforderung an die UdSSR zu einer beiderseitigen ausgewogenen Truppenverminderung. Die Folge des S. war die → MBFR.

Signatarstaat, Staat, der eine internationale Vereinbarung oder einen Vertrag unterzeichnet hat, z. B. → Meeresbodenvertrag.

SIPRI, Abk. für: → Stockholm International Peace Research Institute.

Sold, Entgelt, Entlohnung für geleistete Dienste, vor allem Entgelt für Wehrdienst. In der Bundeswehr erhalten Wehrpflichtige → Wehrsold. Berufssoldaten und Soldaten auf Zeit erhalten Dienstbezüge.

Soldat, Angehöriger der regulären Streitkräfte eines Staates. S. haben im Krieg → Kombattantenstatus. Nach § 81 des Soldatengesetzes kann der S. in der Bundeswehr die rechtliche Stellung eines → Wehrpflichtigen, → Soldaten auf Zeit und → Berufssoldaten haben.

Soldat auf Zeit, Soldat, der aufgrund freiwilliger Verpflichtung für begrenzte Zeit → Wehrdienst leistet. Die Mindestverpflichtung beträgt 2 Jahre, die längst mögliche Zeitverpflichtung 15 Jahre. Die Dienstbezüge des S. gleichen denen der → Berufssoldaten.

Soldatenbild, Leitvorstellung über Werte und Selbstverständnis des Soldaten. Das S. in der Bundeswehr ist von den Grundsätzen der → Inneren Führung geprägt, des → Staatsbürgers in Uniform.

Soldatengesetz von 1956 regelt die Rechtsstellung aller Soldaten der Bundeswehr. Es unterscheidet → Berufssoldaten, → Soldaten auf Zeit und → Wehrpflichtige. Das S. bestimmt Rechte und Pflichten, auch zwischen Vorgesetzten und Untergebenen und legt die durch den Verteidigungsauftrag notwendigen Einschränkungen der → Grundrechte fest. Nach dem S. sind Staat und Soldaten in gegenseitiger Treue verbunden.

Soldatenlaufbahnverordnung, Verordnung von 1977, in der für die Laufbahngruppen der Mannschaften, Unteroffiziere und Offiziere Dienstgrad, Ernennung und Beförderungen geregelt sind. Die Laufbahnen umfassen den Truppendienst, Sanitätsdienst, Militärmusikdienst und den militärgeographischen Dienst.

Söldner, geworbener, für Sold dienender Soldat. Seit dem Verfall des Lehenswesens im Mittelalter bis zu den → stehenden Heeren des Absolutismus erlebte das S.-Wesen mehrfach eine Blütezeit. Mit der Einführung der allgemeinen Wehrpflicht ging das S.-wesen stark zurück und ist heute nur noch selten anzutreffen, wie z. B. in der französ. Fremdenlegion.

Sonderfrieden (Separatfrieden), → Friedensvertrag, den der Mitgliedstaat einer Kriegskoalition gesondert mit dem Feind abschließt, um aus dem Krieg auszuscheiden, z. B. der deutsch-russische Friedensvertrag von Brest-Litowsk im Febr. 1918.

Souveränität (franz. souverain = höchste Herrschaftsgewalt), völkerrechtlicher Begriff zur Bezeichnung der → Hoheitsrechte eines Staates, z. B. Unabhängigkeit bei außenpolitischen Entscheidungen wie Bündnisein- und -austritt.

Sowjet (russ.), Rat; formell ein Beschlußorgan. Nach der Verfassung der UdSSR hat der Oberste S. die alleinige gesetzgebende Gewalt.

Sowjetarmee, heutige Bezeichnung für die Streitkräfte der UdSSR, die 1918 als Rote Arbeiter- und Bauernarmee gegründet und später Rote Armee genannt wurde.

Sozialdemokratische Partei Deutschlands (SPD), älteste → Partei Deutschlands, die ihren Ursprung auf die Gründung des Allgemeinen Deutschen Arbeitervereins 1863 zurückführt. Die SPD gehört neben der CDU und CSU zu den großen Volksparteien. Sie bekennt sich grundsätzlich zur bewaffneten Landesverteidigung und zum Verbleib im westlichen Bündnis.

Soziale Verteidigung, ein Konzept des gewaltlosen Widerstandes durch Verweigerung jeder Zusammenarbeit mit einer das Land besetzenden Aggressionsmacht. Das eigene Gebiet wird nicht bewaffnet verteidigt, sondern dem Feind nur die Besetzung und Verwaltung erschwert und den Besatzungstruppen der Aufenthalt psychologisch verleidet, was letztendlich ihren Rückzug bewirken soll. Das Konzept der S. gilt allein schon wegen seiner fehlenden → Akzeptanz und → Bündnisfähigkeit als unrealistisch; Ggs.: bewaffnete → Landesverteidigung.

Sozialismus, politische Idee mit ihrem Ursprung im 19. Jahrhundert (Marx/Engels), die „kapitalistische Klassengesellschaft" durch eine klassenlose Gesellschaft abzulösen, in der es keine tiefgreifenden Widersprüche mehr gibt und der Staat allmählich „abstirbt". Während alle westlichen sozialistischen Parteien die Utopie einer konfliktfreien, absolut gerechten Gesellschaftsordnung aufgegeben haben und stattdessen den Weg der Sozialreform beschreiten, halten die kommunistischen Parteien der Staaten des → „realen Sozialismus" und die → KPdSU bisher an diesem Endziel fest. Der Begriff S. ist in den letzten Jahrzehnten so vieldeutig verwendet worden, daß seine Auslegungen praktisch unvereinbar sind; Ggs.: → Liberalismus; → Konservatismus.

Sozialstaat, Gemeinwesen, das alle staatlichen Zielsetzungen und Maßnahmen auch unter den Blickpunkt sozialer Verpflichtung stellt; → Sozialstaatsklausel.

Sozialstaatsklausel, Bestimmung des Grundgesetzes in Art. 20,1, nach der die Bundesrepublik Deutschland ein „demokratischer und sozialer Bundesstaat" ist. Ein Recht, etwa auf eine bestimmte Mindestrente, ist damit im Gegensatz zu den → Grundrechten, die einklagbare Ansprüche gewähren, nicht gegeben.

Soziobiologie, moderne (wissenschaftlich umstrittene) Variante des Darwinismus, nach der Kriege aus einem angeborenen Aggressionstrieb der Menschen entstehen. Nach der S. kann dieser Trieb nicht beseitigt, sondern günstigenfalls abgelenkt werden, z. B. durch Förderung kampfbetonter Sportarten (nach Konrad Lorenz).

Spannungsfall, internationale Krisenverschärfung, die eine Verstärkung der → Verteidigungsbereitschaft erfordern. Der S. ist anders als der – juristisch eindeutig definierte – → Verteidigungsfall, eine politische Ermessensfrage und wird vom Bundestag mit Zweidrittelmehrheit festgestellt (Art. 80a,1 GG); Ausnahme: sog. → NATO-Klausel.

SPD, Abk. für: → Sozialdemokratische Partei Deutschlands.

Sperrgebiet,

1. Teil eines Meeres, der in einem → Seekrieg von einer kriegführenden Macht zum Kriegsgebiet erklärt worden ist und in dem alle Schiffe anderer Staaten einschließlich neutraler ohne Warnung angegriffen werden können. B.: Nach Erklärung des uneingeschränkten U-Bootkrieges durch Deutschland am 1. Febr. 1917 war die gesamte Nordsee S.;
2. Fläche, Gebäude, Geländeteile, deren Betreten durch Unbefug-

te aus Sicherheitsgründen untersagt ist, z. B. das militärische S. der Truppenübungsplätze.

Spionage, Auskundschaften geheimgehaltener Informationen und Tatsachen in einem Staat im Auftrag und zu Gunsten eines anderen. Die S. erstreckt sich vor allem auf militärische Bereiche, z. B. die Funktionsweise von Feuerleitsystemen bei Panzern, aber auch auf wirtschaftliche und politische Bereiche. S. gilt als erlaubte Kriegshandlung, ist auch im Frieden völkerrechtlich zulässig, wird allerdings in allen Staaten hart bestraft.

Staat, → Staatsgebiet, in dem ein → Staatsvolk in einer dauerhaften, von der → Staatsgewalt garantierten Rechtsordnung lebt. Als Träger von Rechten und Pflichten ist der S. eine → Juristische Person des öffentlichen Rechts; → Staatsform.

Staatenbund, Vereinigung von Staaten, die sich zur Wahrung ihrer gemeinsamen politischen, wirtschaftlichen und militärischen Interessen zusammenschließen und einen Teil ihrer Hoheitsrechte auf supranationale Institutionen übertragen, wie z. B. die → EG. Die für den Beginn des nächsten Jahrtausends geplante „Europa-Union" wird ein S.

Staatenverband (Staatenbündnis), lockerer Zusammenschluß von zwei oder mehr Staaten als Vorläufer eines geplanten späteren → Staatenbundes. B.: Die im Febr. 1989 von Algerien, Lybien, Marokko, Mauretanien und Tunesien in Marrakesch gegründete „Union der arabischen Maghreb-Staaten".

Staatliches Gewaltmonopol → Gewaltmonopol.

Staatsangehörigkeit (Staatsbürgerschaft), rechtliche Zugehörigkeit einer Person zu einem → Staatsvolk. Der Staatsbürger genießt über die allgemeinen Menschen- und Grundrechte hinaus, die auch Ausländern zustehen, weitergehende Rechte, z. B. das der Freizügigkeit (Art. 11,1 GG) oder das Wahlrecht nach den Wahlgesetzbestimmungen (Volljährigkeit).

Staatsbürger in Uniform, verbindliches Leitbild der Bundeswehr nach den Grundsätzen der → Inneren Führung. Der Begriff besagt, daß auch der Uniformträger trotz der durch den Verteidigungsauftrag notwendigen Einschränkungen seiner persönlichen Freiheiten gem. → Soldatengesetz, im Prinzip seine Rechte als Staatsbürger nicht verliert, z. B. Ausübung des aktiven und passiven Wahlrechts.

Staatsbürgerliche Rechte, Bezeichnung für demokratische Mitbestimmungsrechte deutscher Staatsangehöriger, z. B. die Fähigkeit, öffentliche Ämter zu bekleiden, zu wählen und gewählt zu werden.

Staatsbürgerlicher Unterricht, Teil der politischen Bildung in der Bundeswehr. Vorgesetzte unterweisen im S. die Soldaten gem. § 33 des → Soldatengesetzes über ihre staatsbürgerlichen und völkerrechtlichen Rechte und Pflichten in Frieden und Krieg. Beim Unterricht ist darauf zu achten, daß die Soldaten nicht für oder gegen eine politische Richtung beeinflußt werden wie z. B. gegen eine im Bundestag opponierende Partei.

Staatsbürgerschaft → Staatsangehörigkeit.

Staatsflagge → Nationalflagge.

Staatsform, die i. d. R. in der Verfassung (→ Grundgesetz) festgeschriebene Form der staatlichen Herrschaftsausübung. Die Grundtypen der S. sind zumeist die → Republik, in wenigen Staaten die → Monarchie.

Staatsgebiet (Hoheitsgebiet), das durch Staatsgrenzen markierte Territorium eines Staates, zu dem auch der darüber liegende Luftraum und das vor der Küste liegende Seegebiet bis zu einer Ausdehnung von 12 Seemeilen gehört. Innerhalb des S. hat der Staat das alleinige Recht, die → Staatsgewalt auszuüben.

Staatsgefährdung, Delikte, die, ohne → Hoch- oder → Landesverrat zu sein, die freiheitlich-demokratische Grundordnung, die innere Sicherheit und Ordnung sowie den Bestand der Bundesrepublik Deutschland in Gefahr bringen können. Zur S. zählen z. B. Sabotageakte gegen die Bundeswehr.

Staatsgeheimnis, „Tatsachen, Gegenstände oder Erkenntnisse, die nur einem begrenzten Personenkreis zugänglich sind und vor einer fremden Macht geheimgehalten werden müssen, um die Gefahr eines schweren Nachteils für die äußere → Sicherheit des Staates abzuwenden" (§ 93 StGB).

Staatsgewalt, umfassender Begriff für alle Rechte des Staates gegenüber dem → Staatsvolk und den auf seinem → Staatsgebiet lebenden Ausländern. Nach Montesquieu (1689 bis 1755) wird die S. in Legislative, Exekutive und Judikative unterteilt, ein Prinzip, das alle westlichen Demokratien zur innerstaatlichen Machtkontrolle und zur Verhinderung von Machtmißbrauch (auf unterschiedliche Weise) realisiert haben.

Staatsgrenze, Linie, die das Territorium des eigenen Staates vom fremden → Staatsgebiet trennt. S. können „natürliche" Grenzen sein, z. B. ein Fluß oder Gebirge wie die Pyrenäen zwischen Frankreich und Spanien, oder künstliche, wie der 38. Breitengrad zwischen Nord- und Südkorea. Die Grenze zwischen der Bundesrepublik Deutschland und der DDR ist offiziell keine S. sondern nur eine „innerdeutsche Grenze".

Staatsnotstand → Notstandsgesetze; → Notstand.

Staatsschutz, Institutionen und Handlungen eines Staates zum Schutz seiner verfassungsmäßigen Grundordnung; → Verfassungsschutz. Neben dem → BfV sind für den S. auch der → Militärische Abschirmdienst und der → Bundesnachrichtendienst zuständig.

Staatsstreich, gewaltsamer Sturz der verfassungsmäßigen Regierung, zumeist durch Personen oder Gruppen, die bereits Teilhaber an der Staatsgewalt waren, so z. B. der S. gegen Staatspräsident Allende in Chile 1973 durch General Pinochet; ähnlich → Revolte; → Putsch.

Staatssymbol, Farben, Zeichen, Figur, Tier oder Wappen, zumeist stilisiert, das optisch sichtbar stellvertretend für den Staat steht; → Nationalflagge; → Staatswappen.

Staatsverrat → Landesverrat; → Hochverrat.

Staatsvertrag, im Sinne des Völkerrechts eine schriftliche Vereinbarung zwischen zwei oder mehreren Staaten mit der Festlegung der gegenseitigen Rechte und Pflichten, z. B. → INF-Abkommen. Der S. kann (rechtlich unerheblich) auch die Bezeichnung Abkommen, Pakt, Konvention, Protokoll u. ä. erhalten. Auch Internationale

Organisationen können S. abschließen, z. B. das → Lomé-Abkommen zwischen der EG und den → AKP-Staaten.

Staatsvolk, Sammelbegriff für alle Personen derselben → Staatsangehörigkeit, auch wenn sie ihren ständigen Wohnsitz im Ausland haben. Nicht zum S. gehören dagegen die im Inland lebenden Ausländer. S. ist also begrifflich und zahlenmäßig nicht identisch mit der Bevölkerung eines Landes. S. ist einer der drei wesentlichen Teile eines → Staates.

Staatswappen, ein → Staatssymbol. Das S. der Bundesrepublik Deutschland, der Bundesadler, besteht aus einem nach rechts blikkenden einköpfigen schwarzen Adler mit rotem Schnabel und roten Fängen auf goldgelbem Grund; → Nationalflagge; → Nationalfarben.

Staatszielbestimmung, in der Verfassung verankerte Zielsetzung des Staates. Ihr praktischer Zweck ist umstritten, weil aus ihr kein konkreter Rechtsanspruch abgeleitet werden kann. Sie kann aber als Absichtserklärung in der politischen Auseinandersetzung, z. B. über den Umweltschutz, Bedeutung erlangen.

Stabilität, im sicherheitspolitischen Sinne eine Lage mit einem annähernden → Kräftegleichgewicht.

Ständiger Militärausschuß (der UN), Hilfsorgan des → Sicherheitsrates, das ihn in allen militärischen Fragen berät, z. B. über Maßnahmen zur Einhaltung des Waffenstillstandes durch den Einsatz von UN-Friedenstruppen im Libanon.

START, Abk. für: Strategic Arms Reduction Talks (engl. = Gespräche/Verhandlungen über die Verminderung nuklear-strategischer Waffen). Die seit 1982 in Genf laufenden Verhandlungen sind aus → SALT hervorgegangen und haben zum Ziel, die Zahl der interkontinentalen Atomraketen (mehr als 5500 km Reichweite) und der Langstreckenbomber zu reduzieren. Die USA haben im Mai 1987 einen Vertragsvorschlag zur 50%igen Verminderung unterbreitet, der eine Laufzeit von 8 Jahren vorsieht. Die UdSSR schlägt eine noch höhere Reduzierung vor, verlangt aber dafür Verzicht auf → SDI, was die USA bisher (Stand: Mitte 1989) ablehnen.

State Department (engl.), Bezeichnung für das Auswärtige Amt der USA.

Status quo (lat. = gegenwärtiger Zustand), Bezeichnung für einen tatsächlich bestehenden Zustand unabhängig von seiner rechtlichen Zulässigkeit oder Wünschbarkeit. B.: Die Teilung Deutschlands wird von der Bundesrepublik Deutschland als tatsächlich gegeben anerkannt, jedoch bleibt der Rechtsanspruch auf Wiedervereinigung aufrechterhalten.

Status quo ante (lat. = vorher bestehender Zustand), Bezeichnung für eine Politik, die auf eine Wiederherstellung eines früher bereits bestandenen Zustandes zielt. B.: Das → Viermächteabkommen über Berlin von 1971 bestätigte die Regelung des → Potsdamer Abkommens.

Stehendes Heer, seit dem 17. Jahrh. Bezeichnung für die Teile der Streitkräfte, die bereits im Frieden unter Waffen stehen und im Mobilmachungsfall durch Einberufung von Reservisten ergänzt und verstärkt werden.

Stellvertreterkrieg, regionaler, begrenzter Krieg, bei dem die Großmächte eine direkte militärische Konfrontation vermeiden, aber durch Unterstützung, insbes. durch Waffenhilfe für eine der kriegführenden Gruppen, ihre Interessen wahrnehmen. B.: Während des Bürgerkrieges in Angola in den 80er Jahren unterstützte die UdSSR (mit Kuba) die Regierung der Marxistischen Einheitspartei MPLA, während die USA (mit Südafrika) der Befreiungsbewegung UNITA Waffen lieferte.

Stockholm International Peace Research Institute (SIPRI) (engl. = Stockholmer Internationales Institut für Friedensforschung); → Internationales Friedensforschungsinstitut.

Straftat, jedes vom Strafgesetz mit Strafe bedrohte Tun oder Unterlassen, z. B. Aneignung fremden Eigentums. Grundsätzlich unterliegen auch Soldaten dem allgemeinen Strafrecht. Für militärische S., z. B. Gehorsamsverweigerung, gilt das → Wehrstrafgesetz.

Strategie, i. w. S. Inbegriff aller Planungen, Maßnahmen und der Nutzung vorhandener → Ressourcen und Machtmittel, um ein Ziel zu erreichen, z. B. die NATO-S. zur Friedenssicherung; → Militär S. der NATO.

Strategische Reserven, hochmobile, kampfkräftige Reserven, die bereit gehalten werden, um im Kriegsfall kritische Lagen zu stabilisieren, das Kräftegleichgewicht wiederherzustellen und verlorene Gebiete zurückzuerobern; → RDJTF.

Strategische Stabilität, Bezeichnung für die Gesamtheit einer aus militärischen, politischen, wirtschaftlichen und technologischen Elementen bestehenden Kräftelage zwischen zwei oder mehreren Seiten. S. liegt dann vor, wenn keine Seite versuchen kann, einen Konflikt durch Einsatz militärischer Mittel zu lösen, ohne dabei nicht ein kalkulierbar untragbares Risiko einzugehen; → Strukturelle Nichtangriffsfähigkeit.

Strategisches Ungleichgewicht, Sammelbezeichnung für Unterschiede der Streitkräfte in Struktur, Umfang und Art der Bewaffnung, → Dislozierung u. a. zwischen den NATO-Staaten und denen des Warschauer Pakts. Ein solches S. kann zur → Invasionsfähigkeit führen.

Strategische Waffen, allgemeine Bezeichnung für → Nuklearwaffen mit einer Reichweite von über 5500 km; Ggs.: → taktische Waffen.

Streitbare Demokratie (auch wehrhafte Demokratie), Selbstverständnis einer Demokratie wie die der Bundesrepublik Deutschland, gegen Verfassungsfeinde nicht „grenzenlos tolerant“ zu sein. Nach Art. 18 GG „verwirkt“ die Grundrechte, wer diese zum Kampf gegen die „freiheitliche demokratische Grundordnung mißbraucht“. Dieser ursprüngliche Sinn des Begriffs wird vielfach erweitert, so daß der Begriff S. auch die verfassungsmäßige Grundentscheidung zur bewaffneten Landesverteidigung einschließt.

Streitkräfte (Militär), reguläre für einen Krieg oder bewaffneten Konflikt ausgebildete Verbände eines Staates. Ihre Mitglieder haben den → Kombattantenstatus. Die S. der Bundesrepublik Deutschland tragen seit 1955 den Namen Bundeswehr und sind in drei → Teilstreitkräfte gegliedert.

Sie dürfen – außer in bestimmten, fest umrissenen Fällen, wie z. B. im Katastrophenfall (Art. 35 GG) – nur zu Verteidigungszwekken eingesetzt werden (Art. 87a,2 GG).

Streitkräfteamt, Kommandobehörde für nachgeordnete → zentrale militärische Dienststellen der Bundeswehr mit Sitz in Bonn.

Strike (engl. = Schlag), NATO-übliche Bezeichnung für den Einsatz von → Nuklearwaffen; → Erstschlag; → Ersteinsatz.

Strukturelle Gewalt, weitgefaßter, umstrittener, von der sog. kritischen → Friedensforschung eingeführter Begriff, nach dem auch rechtliche und wirtschaftliche Abhängigkeiten, z. B. des Arbeitnehmers vom Arbeitgeber, Teil einer Gewaltausübung sein können.

Strukturelle Nichtangriffsfähigkeit, Zustand von Streitkräften, die nach Strategie, Ausrüstung und Art der Bewaffnung zwar verteidigungsfähig sind, aber nicht für raumgreifende Angriffsoperationen eingesetzt werden können. Als Fernziel strebt die → KRK eine beiderseitige S. an, um die gegenseitige Bedrohung zu vermindern.

Subversion (lat. = Umsturz), alle Handlungen mit dem Ziel, die politische, wirtschaftliche und militärische Sicherheitslage eines Staates zu untergraben, z. B. durch → Sabotage, → Spionage und Psychologische Kriegführung (→ Psychologische Verteidigung); → Staatsstreich; → Putsch.

Südflanke (der NATO), der gesamte Mittelmeerraum einschl. der NATO-Staaten Griechenland, Italien, Türkei, Portugal und Spanien; Ggs.: → Nordflanke.

Supermächte, umgangssprachliche Bezeichnung für die USA und UdSSR, mit der die militärische Überlegenheit dieser Staaten seit dem Zweiten Weltkrieg charakterisiert werden soll.

Supranational (lat. supra = über), Zustand oder Vereinbarung mehrerer Staaten, die dabei auf einen Teil ihrer → Hoheitsrechte verzichtet haben. B.: Die Luftwaffe der Bundeswehr untersteht bereits im Frieden mit wesentlichen Teilen als „Armee im Bündnis“ der supranationalen Organisation der NATO. Das Grundgesetz sieht die Möglichkeit, Hoheitsbefugnisse auf „zwischenstaatliche Einrichtungen“ wie z. B. die EG zu übertragen, ausdrücklich vor (Art. 24,1).

Supreme Allied Commander Europe → SACEUR.

Taktik, Maßnahmen, die an einer Zielsetzung orientiert sind, z. B. Partei-T. zur Gewinnung einer Wahl. Im militärischen Sinne ist T. die Lehre von der Führung und dem Einsatz der Truppe im Gefecht zur Erfüllung eines vorgegebenen Auftrags, z. B. Flußüberquerung; → Auftragstaktik.

Taktische Nuklearwaffen, Atomwaffen mit Reichweiten bis zu 1000 km, die – im Unterschied zu den → strategischen Nuklearwaffen – im Rahmen der operativen Kriegsführung eingesetzt werden können und gleichzeitig die politische Funktion der → Abschreckung haben.

Tapferkeit, eine der → Grundpflichten des Soldaten.

Technologietransfer, Weitergabe von Kenntnissen über Produktionsverfahren und Güter der → High-Tech an Außenhandelspartner, z. B. Lieferung von Pumpstationen an die UdSSR zum Bau der sibirischen Erdgasleitungen in den 80er Jahren. T. in die WP-Staaten zur militärischen Nutzung ist den Mitgliedsstaaten der NATO nicht erlaubt.

Teilstreitkräfte, funktionale Gliederung der Streitkräfte eines Landes in Land-, Luft- und Seestreitkräfte (→ Heer, → Luftwaffe und → Marine).

Territorialheer, innerhalb der Bundeswehr der Teil der → Landstreitkräfte, der im Gegensatz zum → Feldheer im Verteidigungsfall nicht der operativen Führung der NATO unterstellt wird. Das T. besteht im Frieden nur zu einem geringen Teil aus aktiven Truppen, die erst bei einer → Mobilmachung durch Einberufung von → Reservisten auf volle Stärke gebracht werden.

Territorialkommando (TK), obere militärische Kommandobehörde des → Territorialheeres, unmittelbar dem → Inspekteur des Heeres unterstellt. Es gibt drei TKs: TK Schleswig-Holstein, das zugleich → WBK I ist, TK Nord mit den WBK II und III sowie das TK Süd mit den WBK IV, V und VI. Im → Verteidigungsfall verbleiben die TKS unter nationaler Führung.

Territorialprinzip, Rechtsgrundsatz, nach dem alle Einwohner einschließlich Ausländer eines Gebietes der uneingeschränkten Gewalt des Staates unterliegen, in dessen Herrschaftsbereich sie sich befinden; Ausnahme: Personen mit diplomatischer Immunität.

Terrorismus, bewaffnete, gewalttätige und damit kriminelle Form des politischen Kampfes. Der T. versucht durch Drohung und Erpressung, z. B. durch Geiselnahme, die Entscheidungen hoher Funktionsträger in Staat und Wirtschaft zu beeinflussen. Der T. hat sich in den letzten Jahrzehnten international stark verbreitet, wozu nicht zuletzt auch beigetragen hat, daß Regierungen zum Schutz der bedrohten Menschen den Forderungen der Terroristen nachgegeben haben. Lediglich Israel verweigert prinzipiell und ausnahmslos jedes Verhandeln mit Terroristen.

Tiefflüge, Übungsflüge der NATO-Luftwaffen im Höhenbereich von ca. 150 bis 450 m, in bestimmten Gebieten bis zu 75 m, um im Verteidigungsfall fähig zu sein, das gegnerische Radar zu unterfliegen.

Tlatelolco-Vertrag, nach einem Platz in Mexico City benannter, bisher einziger Vertrag, durch den ein bewohntes Gebiet der Erde zur

→ atomwaffenfreien Zone erklärt wurde. Der T. wurde 1967 für Lateinamerika abgeschlossen und außer von Argentinien, Brasilien, Chile, Guyana und Kuba von allen mittelamerikanischen Staaten unterzeichnet. Der T. trat 1969 völkerrechtlich in Kraft.

Totaler Krieg, der vom deutschen General von Ludendorff 1935 geprägte Begriff bezeichnet einen Krieg, in dem in einem nationalen Existenzkampf rücksichtslos alle Mittel eingesetzt werden. Proklamiert wurde der T. erstmals im Februar 1943 von NS-Progaganda-minister Goebbels.

Totalitarismus, Herrschaftssystem, bei dem der Staat in alle Lebensbereiche eindringt und nach seinen Vorstellungen formt. Kennzeichen des T. ist eine zum Dogma erhobene → Ideologie und seine Verknüpfung mit einer → Diktatur; B.: Fundamentalismus im Iran.

Toxine, Gifte, die von Pflanzen oder Tieren freigesetzt werden bzw. aus ihnen gewonnen werden; → Biologische Waffen, → chemische Waffen.

Toxinwaffen → chemische Waffen; → Toxine.

Toxinwaffen-Abkommen, Teil der → B-Waffen-Konvention von 1972, das ein Verbot der Entwicklung, Herstellung und Lagerung von → Toxinwaffen vorsieht. Dem T. sind bis 1989 rd. 100 Staaten beigetreten, darunter die Bundesrepublik Deutschland 1983.

Tradition, Überlieferung, Weitergabe und Pflege von Werten und Normen, sowie von Gepflogenheiten, Bräuchen und Symbolen früherer Generationen wie der seit mehreren hundert Jahren in einigen deutschen Städten durchgeführte Weihnachtsmarkt.; → Traditionspflege.

Traditionspflege (in der Bundeswehr), Pflege bewährter soldatischer Tugenden und Leistungen der militärischen Vergangenheit Deutschlands, sofern sie mit der Wertordnung des Grundgesetzes übereinstimmen wie Treue, Kameradschaft, Tapferkeit und Pflichterfüllung. Das Bundeswehrsymbol des Eisernen Kreuzes – gestiftet vom Preußenkönig Friedrich Wilhelm III. am 10. März 1813 – knüpft an die Befreiungskriege von 1813 bis 1815 an.

Triade (von griech.: trias = Dreiheit), Bezeichnung für die drei verschiedenen Waffenpotentiale der NATO, die ihr zur Erfüllung der Strategie der → Flexible Response zur Verfügung stehen. Die T. besteht aus den → konventionellen Waffen, den → taktischen Nuklearwaffen und → strategischen Nuklearwaffen. Sie stehen in einem → Eskalationsverbund. Art, Umfang und Zeitpunkt des Waffeneinsatzes werden bewußt offengelassen.

Tri-Zone → Besatzungszonen.

Truman-Doktrin, von US-Präsident Harry S. Truman (1884 bis 1972) im März 1947 verkündete außenpolitische Leitlinie der USA. Danach versprachen die USA jedem Land materielle Hilfe und notfalls militärische Unterstützung, das sich gegen die Unterdrückung durch fremde Mächte wehrt. Die T. war Vorläufer der → Vandenberg-Resolution und ebnete damit den Weg zur → NATO.

Truppe, zusammenfassende Bezeichnung für die Soldaten in den Streitkräften im Gegensatz zu den oberen militärischen Kommandobehörden und → Stäben.

Truppengattung, die nach militärischem Auftrag, Ausrüstung und Bewaffnung unterschiedlichen Truppen, früher als → Waffengattung bezeichnet. Im Heer der Bundeswehr unterscheidet man folgende T.: → Kampftruppen, → Führungstruppen, → Kampfunterstützungstruppen, → Logistiktruppen und → Sanitätstruppen.

Truppenübung → Übung.

Truppenvertrag, Bestandteil der → Pariser Verträge von 1954 mit dem offiziellen Titel „Vertrag über die Rechte und Pflichten ausländischer Streitkräfte und ihrer Mitglieder in der Bundesrepublik Deutschland". Der T. gilt für die in der Bundesrepublik Deutschland stationierten amerikanischen, britischen und französischen Truppen.

Überlebensfähigkeit, Begriff der Strategie der → Abschreckung, mit dem Ausbau und Schutz der → Zweitschlagsfähigkeit eines Staates gegen einen vernichtenden nuklearen → Erstschlag bezeichnet wird, z. B. durch nicht auszuschaltende U-Boote, die mit strategischen Atomraketen bestückt sind. Die gesicherte Zweitschlagsfähigkeit beider Supermächte macht beiden einen Erstschlag unmöglich und ist damit Grundlage für die Ü.

Überraschungsangriff, unerwarteter → Angriff ohne Warnzeit, auf den die Verteidigungskräfte nicht vorbereitet sind, z. B. der Ü. der japanischen Luftwaffe auf die US-Pazifikflotte in Pearl Harbour/Hawai am 8. Dezember 1941. Es gilt als ausgeschlossen, daß der → WP einen Ü. in voller Stärke führen kann, wohl aber könnte er ohne erkennbare Vorbereitung aus einem Manöver heraus eine Offensive mit begrenzten Mitteln beginnen. Die objektive Fähigkeit dazu gilt unbeschadet der Frage, ob die WP-Staaten einen Ü. beabsichtigen; → Präventivkrieg.

Übung, weitgespannter, militärischer Begriff für alle Arten der Truppen- und Führerausbildung von der Kompagnie-Ü. bis zur Heeres-Ü., auch unter Beteiligung der NATO-Partner. Ü. können auf Truppenübungsplätzen wie auch im freien Gelände durchgeführt werden; → Rahmenübung.

Ultima ratio (lat. = „letzter Grund“), eine nur im äußersten Gefahrenfall vorzunehmende Handlung, nachdem alle anderen Möglichkeiten ausgeschöpft wurden; z. B. gilt der Verteidigungskrieg als U.

Ultimatum, Aufforderung, unter Androhung von Konsequenzen ein bestimmtes Tun, z. B. einen Angriff, zu unterlassen bzw. eine fest umrissene Handlung vorzunehmen, wie Truppenabzug aus einem Gebiet. Ein U. ist i. d. R. an eine (kurze) Frist gebunden; B.: U. Englands am 3. Sept. 1939 an Hitler nach dem Angriff auf Polen.

Umweltkriegsführung, Einsatz von umweltverändernden Kriegstechniken mit langfristigen Auswirkungen, z. B. mit Klimaveränderungen. In einem 1977 von 35 Staaten, darunter der Bundesrepublik Deutschland, den USA, der UdSSR und Großbritannien unterzeichneten Abkommen (UNO-Konvention), das 1978 völkerrechtlich gültig wurde, wird die U. auf dem Gebiet der Vertragsstaaten untersagt.

Umweltkriegsverbot → Umweltkriegsführung.

Umweltschutz, Inbegriff aller Zielvorstellungen, Maßnahmen und Methoden zur Bewahrung bzw. Wiederherstellung natürlicher Lebensgrundlagen. Rechtlich gilt für den U. das sog. Verursacherprinzip, nach dem der Urheber einer Umweltschädigung bzw. -belastung für die Folgen und Kosten der Beseitigung haftet. Das theoretisch weithin unbestrittene Prinzip ist in der Praxis häufig schwer durchsetzbar; B.: Der Anteil der Stickoxidbelastung der Luft, den der einzelne Autofahrer verursacht, ist nicht mehr meßbar.

UN, Abk. für: United Nations (engl. = Vereinte Nationen); auch: UNO (UN-Organization = Organisation); Weltorganisation, die nach Kriegsende 1945 von 51 Staaten gegründet wurde (1989:

160 Mitgliedsstaaten). Hauptziel der UN ist die Friedenssicherung und Förderung der internationalen Zusammenarbeit. Die wichtigsten Organe der UN sind: → Vollversammlung, → Sicherheitsrat, → Internationaler Gerichtshof und das Generalsekretariat (Leitung 1989: Perez de Cuellar, Peru).
Die UN hat keine eigene Exekutivgewalt und nicht die Möglichkeit, in die Souveränität der Mitgliedsstaaten einzugreifen, ist also nicht „supranational"; → UN-Friedenstruppe.

Unabhängigkeit → Souveränität.

Unabhängigkeitskampf → Befreiungskampf.

Unabhängigkeitskrieg, militärisch ausgetragener Kampf zur Gewinnung der staatlichen → Souveränität. Der Begriff U. wird vor allem für den Krieg der 13 britischen Kolonien in Nordamerika (1776 bis 1783) um ihre Loslösung vom Mutterland gebraucht; → Befreiungskampf.

Unabkömmlichkeitsstellung eines Wehrpflichtigen ist gem. → Wehrpflichtgesetz aus zwingenden persönlichen, wie Tod der Ehefrau, oder aus betrieblichen Gründen, wie Gefahr des Konkurses, bei Einberufung für → Grundwehrdienst und → Wehrübungen möglich.

UN-Charta, 1945 in San Francisco von den 51 Gründerstaaten der UN unterzeichneter Vertrag, der u. a. den Grundsatz des Verzichts auf Gewaltandrohung und -anwendung enthält. Das Recht zur Verteidigung bleibt als naturgegebenes Recht zur individuellen und kollektiven Selbstverteidigung unberührt (Art. 51 der U.).

UNDC, Abk. für: United Nations Disarmament Commission (engl. = Abrüstungskommission der Vereinten Nationen), Hilfsorgan der → Generalversammlung für ihre → Abrüstungsdebatten.

Unfreundlicher Akt, gewaltfreie, rechtlich zulässige Maßnahme eines Staates, einen anderen Staat oder dessen Bürger zu schädigen, z. B. durch Einreiseverbot.

UN-Friedenstruppe, eine aus Soldaten verschiedener Staaten gebildeter Verband der → UN, eingesetzt zur Überwachung von Frieden und Waffenstillstand zwischen ehemaligen Feindstaaten, z. B. an der Grenze zwischen Iran-Irak 1988. Die Soldaten der U. müssen sich streng neutral verhalten und dürfen nur kämpfen, wenn sie selbst unmittelbar angegriffen werden.

Unilateralismus (i. S. der Sicherheitspolitik), einseitige Abrüstung ohne Rücksicht darauf, ob und in welchem Umfang die andere Seite bereit ist, gleichfalls abzurüsten; Ggs.: → Bilateralismus; → Multilateralismus.

United Nations (engl. = Vereinte Nationen); → UN.

United Nations Disarmament Commission → UNDC.

Universitäten der Bundeswehr → Bundeswehruniversitäten.

Unteroffizier,

1. Nächster Dienstgrad über den Mannschaften;
2. Laufbahngruppe der U., zu der alle Dienstgrade vom U. bis zum Oberstabsfeldwebel (bei der Marine vom Maat bis zum Oberstabsbootsmann) gehören.

Untersuchungsausschuß, ein als Kontrollorgan gegenüber der → Exekutive eingesetzter Parlamentsausschuß. Gem. Art. 44 GG muß er auf Antrag von einem Viertel der Mitglieder des Deutschen Bundestages gebildet werden. Der → Verteidigungsausschuß hat die Rechte eines U. und auf Antrag von einem Viertel seiner Mitglieder die Pflicht, eine Angelegenheit zum Gegenstand seiner Untersuchung zu machen (Art. 45a,2 GG), wie z. B. U. zur Untersuchung der Flugkatastrophe von Ramstein (1988).

Unvereinbarkeit → Inkompatibilität.

Usurpation (lat. usurpare = in Besitz nehmen), rechtswidrige, gewaltsame Aneignung der staatlichen Herrschaft, zumeist in Form eines → Staatsstreichs oder → Putsches, z. B. U. durch General Rodriguez 1989 in Paraquay.

Utopie (griech.) „Nirgendwo", „Nirgendland", abstrakte Vorstellung einer absolut vollkommenen, konfliktfreien und gerechten Welt. Mit dem Begriff soll ausgedrückt werden, daß eine bestimmte Idee oder Zielvorstellung unrealistisch und unrealisierbar ist.

Vakuum-Theorie, sicherheitspolitische Vorstellung, nach der ein vermeintliches oder tatsächliches Kräfteungleichgewicht ein Machtvakuum entstehen lassen kann, das einen Aggressor veranlaßt, seine Interessen durch militärische Bedrohung oder tatsächlichen Angriff durchzusetzen. Beispiel: Vorübergehende Eroberung der brit. Falklandinseln durch Argentinien 1982.

Vandenberg-Resolution, auf Vorschlag von US-Senator Arthur H. Vandenberg am 19. 5. 1948 verabschiedete Entschließung des amerikanischen Kongreß. Sie empfahl der US-Regierung, kollektive Sicherheitsverträge abzuschließen und öffnete damit den Weg zur → NATO.

Vasallenstaat, (lat. vasallus = Gefolgsmann) Staat, der von einem andern abhängig und vor allem außenpolitisch unselbständig ist. Als V. galt die Slowakei gegenüber dem „3. Reich" von 1939 bis 1944.

Vaterland → Patriotismus.

VBK, Abk. für: → Verteidigungsbezirkskommando.

VBM, Abk. für: → Vertrauensbildende Maßnahmen.

VdRBw, Abk. für: → Verband der Reservisten der Deutschen Bundeswehr; auch kurz „Reservistenverband".

Verantwortungsethik, Sittenlehre, die sich nicht an einer abstrakten Norm orientiert, sondern nach den (schädlichen) Folgen einer Handlung fragt. B.: Das moralische Tötungsverbot führt – absolut gesetzt – zur Wehrlosigkeit, welche „die Wölfe auf den Plan ruft" (v. Weizsäcker, 1985); Ggs.: → Gesinnungsethik.

Verband der Reservisten der Deutschen Bundeswehr e.V. (VdRBw) (auch: Reservistenverband), freiwilliger Zusammenschluß der Reservisten. Seine Aufgaben sind Betreuung, Information und Erhaltung der Motivation zur Verteidigungsbereitschaft. Dazu erhält er Mittel aus dem Bundeshaushalt. Auf der unteren Organisationsebene ist der R. in 2000 Reservistenkameradschaften mit insgesamt rd. 100 000 Mitgliedern gegliedert.

Verbrechen gegen die Menschlichkeit, bei den Nürnberger Prozessen 1945 bis 1949 zur Ahndung von NS-Straftaten definierte Straftatbestände wie Völkermord, Versklavung, Deportation und andere unmenschliche Handlungen, die an der Zivilbevölkerung begangen wurden, sowie Verfolgung aus politischen, religiösen und rassischen Gründen.

Vereidigung, i. d. R. in feierlicher Form abgelegter → Eid der Berufs- und Zeitsoldaten, „der Bundesrepublik Deutschland treu zu dienen und das Recht und die Freiheit des deutschen Volkes tapfer zu verteidigen". Für Wehrpflichtige tritt anstelle der V. das → Gelöbnis.

Vereinte Nationen → UN.

Verfassung, grundlegende rechtliche Ordnung eines Staates und seiner obersten Organe. Die V. der USA von 1787 ist die älteste geschriebene V. der Welt. Die V. der Bundesrepublik Deutschland von 1949 heißt → Grundgesetz.

Verfassungsänderung, Aufhebung, Ergänzung oder Änderung von Bestimmungen einer → Verfassung. Das → Grundgesetz ist bisher (Stand: 1989) 35mal geändert worden, vor allem auch durch die → Wehrverfassung. Eine Grundgesetzänderung bedarf der Zustimmung von zwei Dritteln der Mitglieder des Bundestages und Bundesrates (Art. 79,2 GG). Gem. Art. 79,3 GG darf das Grundgesetz nicht so geändert werden, daß die Gliederung des Bundes in Länder und deren prinzipielle Mitwirkung bei der Gesetzgebung berührt wird. Auch ist eine Änderung der „in den Art. 1 bis 20 GG niedergelegten Grundsätzen" unzulässig. Bei gesetzlichen Beschränkungen von → Grundrechten, wie sie z. B. im Rahmen der → Wehrverfassung erforderlich sind, „darf ein Grundrecht in seinem Wesensgehalt nicht angetastet werden." (Art. 19,2 GG).

Verfassungsbeschwerde, Beschwerde, die jedermann beim → BVG (wegen Verletzung seiner Grundrechte) erheben kann. Sie ist jedoch i. d. R. erst zulässig, wenn der normale Rechtsweg ausgeschöpft wurde.

Verfassungsfeindlichkeit, alle Bestrebungen, die auf eine Zerstörung der grundlegenden inneren Ordnung und der äußeren Sicherheit zielen. Verfassungsfeindliche Organisationen können verboten werden. Das GG kennt den Begriff V. nicht und spricht stattdessen von → Verfassungswidrigkeit.

Verfassungsnorm (Verfassungsregel), rechtliche Bestimmungen einer Verfassung, die sagen, was sein soll; Ggs.: → Verfassungswirklichkeit.

Verfassungsordnung → Verfassung.

Verfassungsorgane, durch Verfassung bestimmte oberste staatliche Organe. Nach dem Grundgesetz sind dies: → Bundespräsident, → Bundestag, → Bundesrat, → Bundesversammlung, → Bundesregierung, die → Bundesgerichte, → Bundesverfassungsgericht und → Bundesrechnungshof.

Verfassungsschutz, Dienststelle des Bundes bzw. der Länder zum Schutz der verfassungsmäßigen Ordnung, insbesondere der → freiheitlich-demokratischen Grundordnung der Bundesrepublik Deutschland und der verfassungsmäßigen Organe. Das Bundesamt für V. untersteht dem Bundesminister des Innern.

Verfassungsstaat, Staat, dessen Grundordnung auf einer geschriebene Verfassung beruht und der die allgemeinen Menschenrechte anerkennt, wie z. B. die Bundesrepublik Deutschland.

Verfassungstreue, Grundpflicht für jeden, der sich im Geltungsbereich des Grundgesetzes befindet. Die sog. passive V. gilt für jedermann im Bundesgebiet, sie wird abgeleitet aus Art. 2,1 GG, nach dem die freie Entfaltung der Persönlichkeit nicht „gegen die verfassungsmäßige Ordnung" verstoßen darf. Ausdrücklich genannt wird die V. im Grundgesetz nur in Art. 5,3, der die Lehrfreiheit nicht von der V. entbindet. Eine besondere, die sog. aktive V., wird von Beamten und Soldaten verlangt; → Eid.

Verfassungswidrigkeit, Begriff des Grundgesetzes (Art. 21,2), mit dem Ziele und Verhalten politischer Parteien bezeichnet werden, welche die „freiheitliche demokratische Grundordnung" beeinträchtigen oder beseitigen oder den Bestand der Bundesrepublik Deutschland gefährden wollen.

Verfassungswirklichkeit, gesellschaftliche Realität, abweichend von der → Verfassungsnorm, z. B. die immer noch vorkommende Benachteiligung der Frauen.

Verfügungsbereitschaft, Art des Wehrdienstes gem. § 5a des → Wehrpflichtgesetzes im Anschluß an den → Grundwehrdienst bzw. für Zeitsoldaten nach Ablauf ihrer Dienstzeit. Für 12 Monate muß sich der Betroffene solange für einen Wehrdienst bereit halten, wie der Bundesminister der Verteidigung dies anordnet. Die Pflichten der V. sind weitergehend als die der → Wehrüberwachung, z. B. ist bereits eine bevorstehende Änderung der ständigen Anschrift der zuständigen Wehrersatzbehörde zu melden.

Verifikation, i. w. S. Beweis einer These; Ggs.: Falsifikation. I. e. S. gegenseitige Überprüfung und Vereinbarung im Rahmen der → Kooperativen Rüstungssteuerung. Ohne ausreichende V. sind Abkommen zur → Rüstungskontrolle und -steuerung wertlos und werden deshalb auch nicht abgeschlossen.

Verkehrssicherstellungsgesetz, ein → Sicherstellungsgesetz, das im Verteidigungsfall oder beim → Notstand den Verkehrsablauf regeln soll, z. B. Vorrang des militärischen Gütertransports vor dem zivilen.

Vermittlungsausschuß, Ausschuß im Gesetzgebungsverfahren zur Überbrückung von Meinungsverschiedenheiten in der Gesetzgebungsarbeit zwischen Bundestag und Bundesrat durch je 11 Mitglieder (Art. 77,2 GG). Vorschläge des V. müssen, wenn sie Gesetzeskraft erhalten sollen, von beiden gesetzgebenden Körperschaften gebilligt werden.

Verpflichtungsermächtigung, im → Haushaltsplan von Bund und Ländern verankerte Vollmacht für die Regierung, in künftigen Haushaltsjahren rechtlich wirksame Finanzverpflichtungen einzugehen. Solche V. sind regelmäßig im Verteidigungshaushalt bei langfristigen Beschaffungsaufträgen für Rüstungsgüter, z. B. für „Jäger 90" erforderlich.

Versailler Vertrag, Friedensvertrag – nach dem Schloß Versailles bei Paris benannt – den die europäischen Siegermächte des 1. Weltkriegs 1919 Deutschland auferlegten. Wegen seiner harten Bestimmungen und weil Deutschland an den Verhandlungen nicht teilnehmen durfte, wurde der Vertrag auch als Friedensdiktat bezeichnet; → Entmilitarisierung; → Reparationen.

Versammlungsfreiheit, Recht aller Deutschen (nach Art. 8,1 GG), sich ohne Anmeldung oder Erlaubnis „friedlich und ohne Waffen" zu versammeln. Einschränkungen gelten für „Versammlungen unter freiem Himmel" sowie für Demonstrationen (Art. 8,2 GG). Sie müssen innerhalb einer angemessenen Frist (48 Stunden) der zuständigen Polizeibehörde angemeldet werden.

Verschuldung (im Rahmen der Sicherheitspolitik) ist der Umfang der Kreditvergabe westlicher Staaten an Länder des → WP. Diesen wird dadurch möglich, wenigstens vorübergehend vom Zwang enthoben zu sein, die knappen → Ressourcen zur Produktion von Zivilgütern anstelle von Rüstungsgütern zuzuteilen.

Verteidigung, im politischen und strategischen Sinn Abwehr einer Aggression einschließlich aller Gegenmaßnahmen zur Wiederherstellung des → status quo ante. Das NATO-Bündnis und die Bundeswehr (Art. 87a, 1 GG) haben einen reinen Verteidigungsauftrag. Im militärtaktischen Sinne ist V. eine Gefechtsart mit dem Zweck, den feindlichen Angriff in einem bestimmten Verteidigungsraum aufzufangen und dem Feind den Durchbruch zu verwehren.

Verteidigungsalternativen, alle von der gültigen → Verteidigungsstrategie der NATO abweichenden Modelle zur Verhinderung bzw. Abwehr einer Aggression. Sie teilen sich grundsätzlich in zwei Arten:

1. Militärische V., dazu gehören die alternativen → Defensivkonzepte, z. B. der → Gradualismus;
2. Nichtmilitärische V. sind die einseitige → Abrüstung und die → Soziale Verteidigung

Verteidigungsausschuß, ein 29 Mitglieder (1989) umfassender, ständiger, im Grundgesetz ausdrücklich genannter Ausschuß des Bundestages, der auch zwischen den Wahlperioden tätig bleibt. Er tagt stets geheim und hat gem. Art. 45a,2 GG das Recht und auf Verlangen eines Viertels der Mitglieder die Pflicht, auch als → Untersuchungsausschuß tätig zu werden, z. B. um den Verdacht auf Korruption bei der Vergabe von Rüstungsaufträgen zu prüfen.

Verteidigungsbereitschaft, Einsatzbereitschaft zur Abwehr eines Angriffs. Die V. hängt von der objektiven → Verteidigungsfähigkeit und dem subjektiven → Verteidigungswillen ab.

Verteidigungsbündnis, ein von zwei oder mehreren Staaten geschlossener Vertrag zum Zweck der gemeinsamen Abwehr eines Angriffs; → NATO.

Verteidigungsdoktrin → Abschreckung; → Doktrin.

Verteidigungsfähigkeit, aufgrund der Truppenstärke, der vorhandenen Waffensysteme und der → Logistik, z. B. der Munitionsbevorratung objektiv gegebene Möglichkeit, einen potentiellen Aggressor glaubhaft abzuschrecken bzw einen Angriff erfolgreich abzuwehren; → Verteidigungswille.

Verteidigungsfall (V-Fall), im Grundgesetz (Art. 115a) genau bestimmtes Ereignis, das eintritt, wenn „das Bundesgebiet mit Waffengewalt angegriffen wird oder ein solcher Angriff unmittelbar bevorsteht“. Die Feststellung darüber trifft der Bundestag mit Zustimmung des Bundesrates im Falle seiner Verhinderung der → Gemeinsame Ausschuß; im Dringlichkeitsfall, wenn der Angriff z. B. bereits erfolgt ist, gilt der Angriffszeitpunkt als Beginn des V.

Verteidigungsgebot, das verfassungsrechtliche Gebot (Art. 87a GG), Streitkräfte zur bewaffneten Landesverteidigung aufzustellen. Aus dem V. folgt, daß die Stärke der Bundeswehr so bemessen sein muß, daß sie ihren Auftrag im Frieden, → Spannungs- und → Verteidigungsfall erfüllen kann.

Verteidigungshaushalt, Einzelplan 14 des Bundeshaushalts, der sämtliche für die militärische Landesverteidigung geplanten bzw. erwarteten Einnahmen und Ausgaben einschl. → Verpflichtungsermächtigungen enthält. Im Jahr 1989 betrug das (geplante) Ausgabenvolumen des V. 53,3 Mrd. DM (= 18,5% des Gesamthaushalts) und war damit nach den Ausgaben für die soziale Sicherung zweitgrößter Etatposten.

Verteidigungshilfe, kostenlose oder kostengünstige Leistungen eines Staates an andere Staaten, z. B.

durch → Militärberater, Ausbildung oder die Lieferung von Waffen usw. Man bezeichnet V. auch als Militärhilfe.

Verteidigungskrieg, gem. Art. 51 der → Charta der UN nach dem Naturrecht zulässiger Krieg, sich gegen einen bewaffneten Angriff militärisch zur Wehr zu setzen; Ggs.: → Angriffskrieg. Die Bundeswehr darf nach Art. 115a,1 GG nur einen V. nach Feststellung des Verteidigungsfalls führen.

Verteidigungsministerium → Bundesminister der Verteidigung.

Verteidigungsplanungsausschuß, Gremium der Verteidigungsminister der Mitgliedstaaten der → NATO.

Verteidigungspolitik → Sicherheitspolitik.

Verteidigungsrat,

1. → Bundessicherheitsrat;
2. 1988 zwischen der Bundesrepublik Deutschland und Frankreich eingerichtetes Beratungsgremium, dessen Aufgabe in der Stärkung der deutsch-französischen Zusammenarbeit im Bereich der Sicherheitspolitik liegt, z. B. Erarbeitung von gemeinsamen Ausbildungsprogrammen und Truppenübungen.

Verteidigungsraum, Gebiet, das militärischen Verbänden zur Abwehr eines bewaffneten Angriffs zugewiesen ist bzw. in das sie im Spannungs- oder Verteidigungsfall verlegt werden.

Verteidigungsstrategie (der NATO), langfristige, umfassende Planung und Vorbereitung gegen einen militärischen Angriff. Die V. beruht auf den drei Elementen der → Direktverteidigung, → vorbedachte Eskalation und → allg. nukleare Reaktion; → Flexible Response.

Verteidigungstechnik → Rüstungstechnik.

Verteidigungsumfang, Personalstärke der Bundeswehr im Verteidigungsfall durch Einberufung der Reservisten (Sollstärke). Der V. beträgt rd. 1,3 Mio. Soldaten, davon über 1 Mio. im Heer, etwa 215 000 bei der Luftwaffe und etwa 66 000 Mann in der Bundesmarine; Ggs.: → Friedensumfang.

Verteidigungsverbund, gemeinsam mit den verbündeten Streitkräften durchgeführte grenznahe → Vorneverteidigung der Bundesrepublik Deutschland, so daß ein gegnerischer Angriff nicht isoliert nur gegen deutsche Truppen geführt werden kann; → Risikoverbund.

Verteidigungsvertrag, Vertrag zwischen den USA und der Bundesrepublik Deutschland v. Dezember 1955.

Verteidigungswille, als Teil der → Verteidigungsbereitschaft die subjektive Entschlossenheit (auch Kampfmoral), eine militärische Aggression unter Anwendung von Waffengewalt abzuwehren. Nur in Verbindung mit dem für den Gegner erkennbaren V. ist die → Verteidigungsfähigkeit gegeben, einen potentiellen Aggressor wirksam abzuschrecken bzw. den Angriff erfolgreich abzuwehren.

Verteidigungswirtschaft → Rüstungswirtschaft.

Vertikale Eskalation, Reaktionsart der Strategie der → Flexible Response, mit der eine Kampfsteigerung auf eine qualitativ höhere Stufe des Waffeneinsatzes bezeichnet wird, z. B. von der rein konventionellen Abwehr zur taktisch-nuklearen; Ggs.: → Horizontale Eskalation.

Vertrag → Staatsvertrag.

Vertrag über die deutsch-französische Zusammenarbeit → Elysee-Vertrag.

Vertrauensbildende Maßnahmen, Teil der → Entspannungspolitik mit dem Ziel, das gegenseitige Mißtrauen abzubauen. Dazu gehört z. B. die gegenseitige Einladung von Beobachtern bei Manövern der NATO und des WP ab einer bestimmten Größenordnung. Dabei sollen der jeweiligen Gegenseite die eigenen nicht-offensiven Absichten deutlich gemacht werden.

Vertrauensmann, ein von Mannschaften, Unteroffizieren und Offizieren jeweils getrennt gewählter Vertreter, der innerhalb einer militärischen Einheit eines Verbandes, z. B. eines Bataillons, gegenüber dem Disziplinarvorgesetzten Anhörungs- und Vorschlagsrecht besitzt, wie etwa für die Öffnungszeiten der Kantine.

Veto (auch: Vetorecht), (von lat. veto = ich verbiete), Einspruch, mit dem der Beschluß eines Gremiums aufgeschoben (suspensives V.) oder aufgehoben wird (absolutes V.), z. B. durch den → Bundesrat bei → Zustimmungsgesetzen.

V-Fall, Abk. für → Verteidigungsfall.

Vielvölkerstaat, → Staat, in dem Völker unterschiedlicher Nationalität innerhalb gemeinsamer politischer Grenzen leben, wie z. B. die UdSSR.

Vier Freiheiten → Atlantik-Charta.

Viermächte-Abkommen, 1971 von den ehemaligen Siegermächten getroffene Bestätigung des → Potsdamer Abkommens von 1945, das den Sonderstatus Berlins festlegt und den drei Westalliierten das Recht einräumt, in Berlin auch militärisch präsent zu sein; → Viermächtestatus. Das V. verbessert die politische Stellung Westberlins, z. B. durch das Recht der Bundesrepublik Deutschland, die auswärtigen Interessen Westberlins wahrzunehmen.

Viermächte-Status, Sonderstatus Berlins aufgrund des → Potsdamer Abkommens von 1945, nach dem die vier Besatzungssektoren Großberlins einer gemeinsamen Alliierten Kommandantur der Besatzungsmächte unterstellt wurden. Mit der → Berliner Blockade von 1948 stellte die UdSSR die Mitarbeit in dieser Kommandantur ein; seitdem sind die drei Westsektoren als Westberlin getrennt von Berlin (Ost). Aufgrund des V. ist Westberlin nicht Teil des Bundesgebietes, aber die Gesetze der Bundesrepublik Deutschland werden von Westberlin übernommen.

Vierte Welt, Bezeichnung der UN für die am wenigsten entwickelten Länder der Welt (englische Bezeichnung: Last developed Countries). 1987 gehörten zu ihnen 39 Staaten, überwiegend aus Afrika, z. B. Uganda.

Vizekanzler, Stellvertreter des → Bundeskanzlers, der aber – auch bei dessen Abwesenheit – nicht seine Rechte gem. Art. 65 u. 67 GG genießt.

VKK, Abk. für: → Verteidigungskreiskommando.

VKSE, Abk. für: Verhandlungen über konventionelle Streitkräfte in Europa; → Konferenz über konventionelle Rüstungskontrolle; → KRK.

Volk, Großgruppe von Menschen mit gemeinsamer Sprache, Kultur und Geschichte. Der Begriff V. wird häufig auch für → Nation verwendet. Nach herrschender Auffassung in der Bundesrepublik Deutschland existiert nur ein deutsches V., das jedoch z. Zt. in zwei deutschen Staaten getrennt lebt.

Völkerbund, 1919 gegründet, war der V. ein erster, erfolgloser Versuch einer politischen Weltorganisation. Formell endete der V. 1945 mit der Gründung der UN.

Völkermord (auch: Genozid), Handlungen zur Vernichtung eines Volkes oder von Volksteilen, die rassische, ethnische, religiöse oder politische Minderheiten sind, z. B. die Ermordung der Juden im „Dritten Reich".

Völkerrecht, Sammelbegriff für alle gültigen Rechtsbeziehungen der Staaten untereinander und zu den auf ihrem Gebiet lebenden Ausländern. Das V. geht aus dem Gewohnheitsrecht hervor, wie z. B. die Respektierung eines → Parlamentärs bei Kriegshandlungen. Heute sind internationale Verträge, z. B. die → Ostverträge, Quellen des V. Zum V. gehören ferner das Kriegs-V., das Friedens-V., wie etwa die Regelung des diplomatischen Rechts, und das Organisationsrecht, z. B. die Charta der UN. Das V. ist nach Art. 25 GG Teil des Bundesrechts. Völkerrechtliche Verträge der Bundesrepublik Deutschland bedürfen der Zustimmung der gesetzgebenden Körperschaften (Art. 59 GG) und sind gem. Art. 73,1 GG Teil der → ausschließlichen Gesetzgebung.

Volksarmee → Nationale Volksarmee.

Volksheer, ein Typ der → Armee, der nach der Französichen Revolution 1792 auf der Grundlage der allgemeinen Wehrpflicht entstand und sich den angeworbenen Söldnern als überlegen erwies, da der Soldat als Patriot für eigene politische und nationale Interessen kämpfte.

Volkssouveränität, Prinzip einer demokratischen Verfassung, nach dem das Volk der alleinige Inhaber der staatlichen → Souveränität ist. Die Bundesrepublik Deutschland hat diesen Grundsatz in Art. 20,2 GG ausdrücklich formuliert.

Vollversammlung (der UN) → Generalversammlung.

Vollziehende Gewalt → Exekutive.

Vorbedachte Eskalation → Eskalation.

Vorfrieden (auch: Präliminarfrieden), vorläufiger Zustand nach Beendigung der Kampfhandlungen, der in Vorverhandlungen (sog. Präliminarien) vereinbart wurde. Der V. enthält bereits die wesentlichen Bedingungen des späteren, endgültigen Friedensvertrages. B.: Vertrag von Versailles zwischen Frankreich und Deutschland v. Februar 1871, der Friedensvertrag zwischen den beiden Staaten wurde im Mai 1871 in Frankfurt/M geschlossen.

Vorgesetzter, jeder Soldat, der gem. § 1 des → Soldatengesetzes befugt ist, einem anderen Soldaten → Befehle zu erteilen, z. B. aufgrund der Dienststellung oder nach besonderer Anordnung.

Vormilitärische Ausbildung, Teil der „Sozialistischen Wehrerziehung (SWE) in der DDR. Sie umfaßt ca. 95% der männlichen Jugendlichen vor Eintritt in die → NVA. Ziel der V.: Vorbereitung auf den Militärdienst in allen Sparten der DDR-Streitkräfte.

Vormilitärische Erziehung → vormilitärische Ausbildung.

Vorneverteidigung, Grundsatz der NATO-Strategie, das zu schützende Territorium unmittelbar entlang der Grenze zu verteidigen, also ohne Raum zu verlieren. Für die Bundesrepublik Deutschland ist dieses Prinzip wegen ihrer geringen geographischen Breite eine unverzichtbare Bedingung für ihre Mitgliedschaft in der NATO.

Vor-Ort-Inspektion, ein Instrument der → Verifikation. V. dienen der Kontrolle und Überwachung vereinbarter Rüstungsabkommen, z. B. 1988 die Beobachtung der Zerstörung sowjetischer und amerikanischer Mittelstreckenraketen durch Vertreter der Gegenseite.

Vorwarnzeit → Warnzeit.

Vorwärtsverteidigung, wörtliche Übersetzung der NATO-Bezeichnung „Forward Defence", eine – im Unterschied zur → Vorneverteidigung – über die eigene Grenze hinausgehende Verteidigung durch Angriff.

VSBM, Abk. für: Verhandlungen über vertrauens- und sicherheitsbildende Maßnahmen. Neue Bezeichnung für die bisherigen, inhaltsähnlichen Verhandlungen im Rahmen der → KSZE. Diese V. zwischen den 35 Teilnehmerländern wurden im März 1989 in Wien fortgesetzt. Die gleichzeitig begonnenen Verhandlungen der → KRK verlaufen parallel dazu.

Wachbataillon, Ehrenformation, die direkt dem → Bundesminister der Verteidigung unterstellt ist und aus Abordnungen des Heeres, der Luftwaffe und der Marine sowie aus dem Stabsmusikkorps besteht.

Waffen im militärischen Sinne sind alle Kriegsmittel eines Staates, die gegen einen feindlichen Staat im Falle einer kriegerischen Auseinandersetzung eingesetzt werden können. Wichtigste Unterscheidung: → konventionelle W. und → ABC-Waffen. Die Unterteilung in Angriffs- und Verteidigungs-W. ist irreführend, weil fast alle W. für beide Zwecke verwendet werden können. B.: Die Seemine kann sowohl als reine Abwehr-W. zur Sicherung der eigenen Häfen, wie auch offensiv zur Verminung feindlicher Seewege eingesetzt werden, wie etwa im Persischen Golf während der Krieges von Irak-Iran (1980 bis 1988).

Waffenbrüderschaft, propagandistisch verwendete Bezeichnung für die Zusammenarbeit, z. B. gemeinsamer Manöver, der → Nationalen Volksarmee der DDR mit den Armeen der → Warschauer Paktstaaten, insbesondere aber mit den Streitkräften der Sowjetunion. Inhalt und Schwerpunkte der W. sind in der Waffenbrüderschaftsordnung der Nationalen Volksarmee von 1978 festgelegt.

Waffenexport → Rüstungsexport.

Waffengattung → Truppengattung, Teilstreitkräfte.

Waffenhandel → Waffenexport, → Rüstungsexport.

Waffenstillstand, Unterbrechung der Kampfhandlungen auf bestimmte oder unbestimmte Dauer. Der Geltungsbereich des W. kann örtlich begrenzt sein. Ein W. endet mit der Wiederaufnahme der Kampfhandlungen, so z. B. wiederholt im Libanon, oder durch einen Friedensvertrag.

Waffensystem, Bezeichnung für die Gesamtheit aller ergänzenden Einrichtungen, die notwendig sind, um die volle Wirkung der → Waffe zu erreichen. B.: Das W. Panzerhaubitze besteht aus der Waffenanlage, der Feuerleit- und Funkanlage und dem Munitionsvorrat. Die Gesamtkosten für ein W. werden als Systemkosten bezeichnet.

Warnzeit, meist als die Zeit bezeichnet, die zwischen dem Erkennen der gegnerischen Vorbereitungen und dem Angriff liegt. Sie kann durch Aufklärungsmittel, z. B. Beobachtungssatelliten, erheblich verlängert werden, so daß Zeit gewonnen wird, geeignete Gegenmaßnahmen wie Einberufung der Reservisten zu treffen.

Warschauer Pakt (WP), Bezeichnung für den am 14. 5. 1955 in Warschau auf 30 Jahre abgeschlossenen „Vertrag über Freundschaft, Zusammenarbeit und gegenseitigen Beistand". Er fußt auf einem geschlossenen Netzwerk zweiseitiger Verträge, die unabhängig vom WP fortbestehen können. Im Art. 4 des Vertrages sind die Pflichten der Mitgliedstaaten für den Fall eines bewaffneten Angriffs festgelegt. Sie ähneln dem Pflichtenkatalog der → NATO. Dem WP gehören außer der UdSSR 6 europäische Staaten an, nämlich Bulgarien, ČSSR, DDR, Polen, Rumänien und Ungarn. Albanien trat 1958 aus. Der Vertrag wurde 1985 um 20 Jahre verlängert.

Warschauer Vertrag → Ostverträge.

Warschauer Vertragsorganisation → Warschauer Pakt.

Wartime Host Nation Support (WHNS), (engl. = „Unterstützungsleistung für Gast-Streitkräfte" – so die amtliche Übersetzung), Abkommen zwischen den USA und der Bundesrepublik Deutschland für den → Verteidigungs- und Krisenfall, nach dem aus den USA in die Bundesrepublik Deutschland verlegte Truppen Hilfe durch Soldaten der Bundeswehr erhalten. Die WHNS erstreckt sich auf Nachschub, Versorgung und Sicherung.

Wassersicherstellungsgesetz, ein → Sicherstellungsgesetz für Maßnahmen der Wasserwirtschaft, z. B. Bereitstellen von Trinkwasser im Verteidigungsfall.

Wasserstoffbombe (auch: H-Bombe), zu den → Kernwaffen zählende Massenvernichtungswaffe, deren Sprengwirkung durch Verschmelzung von Atomkernen erreicht wird. Ihre Wirkung beruht auf extrem energiereicher Strahlung sowie gewaltiger Druck- und Wärmeentwicklung. Die erste W. wurde in den USA ab 1949 entwickelt und 1952 gezündet.

WBK, Abk. für: → Wehrbereichskommando.

WBO, Abk. für: → Wehrbeschwerdeordnung.

WDO, Abk. für: → Wehrdisziplinarordnung.

Wehrbeauftragter, Hilfsorgan der parlamentarischen Kontrolle der Streitkräfte durch den → Bundestag (Art. 45b GG). Er wird nach pflichtgemäßem Ermessen tätig, insbesondere dann, wenn die Rechte der Soldaten verletzt erscheinen. Jeder Angehöriger der Bundeswehr hat das Recht, sich unmittelbar ohne Einhaltung des Dienstweges oder Information seiner Vorgesetzten mit Bitten, Beschwerden und Wünschen an den W. zu wenden. Auf Wunsch wird der Name des Beschwerdeführers nicht genannt. Der W. erstattet einmal im Jahr dem Bundestag Rechenschaft über seine Tätigkeit.

Wehrbehörden → Bundeswehrverwaltung.

Wehrbereichsbibliothek, Bestand von Büchern beim Sitz des → Wehrbereichkommandos, vorwiegend mit politischen, geschichtlichen und militärischen Inhalten, die an jedermann kostenlos ausgeliehen werden können.

Wehrbereichskommando (WBK), Kommandobehörde des → Territorialheeres unterhalb des → Territorialkommandos. Die Gebietszuständigkeit jedes der 6 WBK umfaßt mindestens ein Bundesland mit Sitz in einer Landeshauptstadt. WBK I Kiel, WBK II Hannover, WBK III Düsseldorf, WBK IV Mainz, WBK V Stuttgart, WBK VI München.

Wehrbereichsverwaltungen (WBV), Behörden der Bundeswehrverwaltung unterhalb des → BMVg, Abteilung „Verwaltung und Recht". Sie sind zuständig für Aufgaben des Personalwesens und der Deckung des Sachbedarfs für die Streitkräfte, z. B. Bereitstellung von Verpflegung und Bekleidung.

Wehrbeschwerdeordnung (WBO) von 1972, Regelung für das Einlegen einer → Beschwerde nach Form, Inhalt und Zuständigkeit. B.: Die Beschwerde darf frühestens nach Ablauf einer Nacht eingelegt werden. Nachteile dürfen einem Soldaten durch das Einlegen der Beschwerde nicht entstehen. Unabhängig vom Beschwerderecht hat jeder Soldat die Möglichkeit, sich unmittelbar an den → Wehrbeauftragten zu wenden; → Wehrdisziplinarordnung.

Wehrdienst, Dienst in den bewaffneten Streitkräften. Dieser gliedert sich in der Bundeswehr im Frieden in den Grund-W. von 15 Monaten (Stand: 1989) und die Wehrübungen; im Verteidigungsfall ist die Dauer des W. unbegrenzt; → Wehrpflicht.

Wehrdienstberater, Offiziere und Unteroffiziere bei den → Kreiswehrersatzämtern, die werbend über die Arten des Dienstes in der Bundeswehr und ihren Laufbahnmöglichkeiten informieren, z. B. nach Einladung in eine Abiturientenklasse. Die Tätigkeit des W. darf nicht mit der des → Jugendoffiziers verwechesIt werden.

Wehrdienstgerichte, Dienstgerichte, die über disziplinarrechtliche Verfahren (→ Wehrdisziplinarordnung) und über → Beschwerden von Soldaten (→ Wehrbeschwerdeordnung) letztinstanzlich entscheiden. Die W. gliedern sich in die Truppendienstgerichte und die → Wehrdienstsenate im Bundesdisziplinarhof.

Wehrdienstverweigerung → Kriegsdienstverweigerung.

Wehrdisziplinarordnung (WDO) von 1972, gesetzliche Regelung des Disziplinarrechts von Soldaten. Die WDO enthält auch Bestimmungen über die Würdigung besonderer Leistungen, z. B. Sonderurlaub wegen hervorragender Ergebnisse bei Schießübungen.

Wehrersatzbehörden, im Rahmen der → Bundeswehrverwaltung die für das → Wehrersatzwesen zuständigen Behörden, z. B. die → Kreiswehrersatzämter. Zuständig für das W. ist nach Art. 87b,1 GG das Bundeswehrersatzamt (Sitz: Bonn).

Wehrerziehung, geistig-pädagogische Maßnahmen mit dem Ziel, eine positive Einstellung zur bewaffneten Landesverteidigung zu erreichen. Die W. ist eine wesentliche Aufgabe der Bundeswehr zur Motivation der Soldaten.

Wehrgerechtigkeit, nach dem Grundsatz des Gleichbehandlungsgebotes verfolgtes Ziel, daß möglichst alle Wehrpflichtige den Wehrdienst leisten sollen oder bei → Kriegsdienstverweigerung zum → Ersatzdienst herangezogen werden. Eine Zurückstellung vom Wehrdienst, z. B. wegen geringfügiger körperlicher Mängel, etwa schwacher Kurzsichtigkeit, widerspricht dem Gedanken der W.

Wehrgeschichtliches Forschungsamt → Militärgeschichtliches Forschungsamt.

Wehrhafte Demokratie → Streitbare Demokratie.

Wehrhoheit, Recht des Staates, Streitkräfte aufzustellen, zu bewaffnen und zu unterhalten. Die W. fällt gem. Art. 73,1 GG in den Bereich der → Ausschließlichen Gesetzgebung des Bundes. Die Bundesrepublik Deutschland hat allerdings gem. Art. 24 GG auf die volle Inanspruchnahme aller Rechte aus der W. verzichtet, z. B. durch Unterstellung von Streitkräften unter das Kommando der NATO.

Wehrkunde → Militärwissenschaft.

Wehrmacht, offizielle Bezeichnung für die Streitkräfte des Deutschen Reiches bis 1945 nach Wiedereinführung der allgemeinen

Wehrpflicht unter Hitler am 16. März 1935.

Wehrpflicht, allgemeine Pflicht zum Dienst in den bewaffneten Streitkräften; → Wehrdienst. Historisch hat die W. ihre Wurzel in der französ. Revolution von 1789 und ist damit ein „legitimes Kind der Demokratie" (Heuß). Nach dem Grundgesetz (Art. 12a) sind alle deutschen Männer ab vollendetem 18. Lebensjahr wehrpflichtig. Näheres bestimmt das → Wehrpflichtgesetz. Die W. endet für Mannschaften mit Vollendung des 45., bei Unteroffizieren und Offizieren mit dem 60. Lebensjahr; im Verteidigungsfall endet die W. für alle Wehrpflichtigen mit dem 60. Lebensjahr.

Wehrpflichtarmee, Streitkräfte, deren Angehörige ganz oder zum großen Teil aus Wehrpflichtigen besteht; → Wehrpflicht. In der Bundeswehr liegt dieser Anteil etwas über 45% (1989); er ist bei der Marine mit rd. 22% am niedrigsten, beim Heer mit knapp über 50% am höchsten.

Wehrpflichtgesetz (in der Fassung von 1986), umfassende Regelung der → Wehr- und Dienstpflicht aufgrund des Art. 12a,1 GG.

Wehrpflichtige, alle der → Wehrpflicht unterliegenden Personen; Ggs.: → Freiwillige.

Wehrrecht, Inbegriff aller staatlichen Rechtsnormen für die bewaffnete Landesverteidigung der Bundesrepublik Deutschland. Das W. besteht innerstaatlich insbes. aus der → Wehrverfassung und international aus dem → Kriegsvölkerrecht.

Wehrstrafgesetz von 1974, Gesetz über die rechtliche Ahndung von Straftaten, die von Soldaten begangen werden, z. B. Fahnenflucht oder körperliche Mißhandlung. Das W. gilt auch für nichtmilitärische Mitarbeiter, z. B. für Angehörige der Bundeswehrverwaltung. Auch Personen, die sich der Anstiftung oder Beihilfe zu einer nach dem W. strafbaren Tat schuldig gemacht haben, fallen in den Geltungsbereich dieses Gesetzes.

Wehrsystem, Verfahren der Rekrutierung von Personal für die Streitkräfte eines Staates. Die Hauptarten sind: → Wehrpflicht und Freiwilligkeit. Die Bundesrepublik Deutschland wendet ein Mischsystem an, nach dem sowohl Wehrpflichtige als auch → Freiwillige, → Soldaten auf Zeit und → Berufssoldaten in der Bundeswehr Dienst tun.

Wehrüberwachung, Aufgabe der → Wehrersatzbehörden, insbesondere der → Kreiswehrersatzämter, um sicherzustellen, daß alle gemusterten Wehrpflichtigen im Bedarfsfall zum Wehrdienst einberufen werden können. Während der W. muß der Wehrpflichtige z. B. Wohnungswechsel, Berufswechsel und jede Abwesenheit vom Wohnort, die länger als acht Wochen dauert, den zuständigen Wehrersatzbehörden melden.

Wehrübung, nach der Beendigung des → Grundwehrdienstes zu leistender Teil des Wehrdienstes. Sie dient der weiteren militärischen Ausbildung und soll bei → MOB-Übungen 12 Tage nicht überschreiten. Das Führungspersonal muß zusätzlich Kurzübungen von 3 Tagen ableisten.

Wehrverfassung, alle für die Formulierung und Ausgestaltung des → Wehrrechts relevanten Grundgesetzbestimmungen. Die wichtigsten von ihnen sind: Art. 4,3; 11,2;

12a; 24; 45a u. b; 53a; 65a; 73,1; 80a; 87a; 115a bis 115l.

Wehrwissenschaften → Militärwissenschaften.

Weißbuch zur Sicherheitslage und der Entwicklung der Bundeswehr, in unregelmäßigen Abständen erscheinende Dokumentation, die im Auftrag der Bundesregierung vom Bundesverteidigungsminister herausgegeben wird. Im W. wird die sicherheitspolitische Situation, die Aufgabe der Bundeswehr und ihre Struktur und das Planungskonzept aus der Sicht der jeweils amtierenden Bundesregierung dargestellt. Das erste W. erschien 1970, das bisher (1989) letzte 1985.

Weltkrieg I → Erster Weltkrieg.

Weltkrieg II → Zweiter Weltkrieg.

Weltmacht (auch: Supermacht), ein politisch, militärisch und wirtschaftlich so mächtiger Staat, daß er seine Interessen global vertreten kann. In diesem Sinne sind (1989) nur die USA eine W. Die UdSSR ist zwar militärisch eine Supermacht, aber aufgrund ihrer wirtschaftlichen Schwäche und innenpolitischen Labilität vermag sie nur begrenzt W.-Geltung auszuüben. Die Bundesrepublik Deutschland gilt als starke Mittelmacht, insbes. wegen ihrer Wirtschaftskraft.

Weltraum, Bezeichnung für den außerhalb der Erdatmosphäre liegenden Teil des Weltalls. Die über einem Staatsgebiet liegende Luftsäule ist Teil der Lufthoheit. Die Grenze zum W. liegt bei ca. 80 bis 100 km Höhe.

Weltraumrecht, noch nicht weit entwickeltes → Völkerrecht über die Nutzung des Weltraums und seiner Himmelskörper einschl. der Erdtrabanten, z. B. Mond. Das W. regelt u. a. die Haftung für Schäden, die von abstürzenden Satelliten verursacht werden können; → Weltraumvertrag.

Weltraumrüstung, militärische Nutzung des Weltraums, z. B. durch Aufklärungssatelliten.

Weltraumvertrag v. 1967, internationales Abkommen über die Grundsätze zur Erforschung und friedlichen Nutzung des Weltraums einschließlich der Himmelskörper, z. B. des Mondes. Der W. verbietet die Stationierung von → Massenvernichtungswaffen aller Art im Weltall sowie militärische Stützpunkte einzurichten und Übungen abzuhalten. Der W. wurde von über 80 Staaten ratifiziert, darunter auch die USA und die UdSSR. Die Bundesrepublik Deutschland trat dem W. mit Wirkung von 1971 bei.

Weltraumwaffen, moderne → Waffensysteme verschiedener Art, die oberhalb der Erdatmosphäre eingesetzt werden können; → Weltraumvertrag.

Weltsicherheitsrat → Sicherheitsrat.

Westeuropäische Union (WEU), das aus dem → Brüsseler Pakt von 1948 hervorgegangene Bündnis zwischen den Benelux-Staaten, Frankreich und Großbritannien, dem die Bundesrepublik Deutschland aufgrund der → Pariser Verträge von 1954 zusammen mit Italien 1955 beigetreten ist. Die WEU enthält eine unmittelbare Beistandspflicht, sog. Automatik, gegen jede bewaffnete Aggression. Alle Mitgliedstaaten sind zugleich Mitglied in der NATO. Beitrittswillig sind (1989): Griechenland, Portugal, Spanien, Türkei. Aufnahmeverhandlungen mit Spanien und Portugal laufen seit Mai 1988.

Wettrüsten → Rüstungswettlauf.

WEU, Abk.: → Westeuropäische Union.

WHNS, Abk. für: → Wartime Host Nation Support.

Widerstandsbewegung, militärischer, politischer oder geistiger Kampf gegen eine Diktatur oder Fremdherrschaft durch eine feindliche Macht. In der deutschen Geschichte ist die W. gegen die NS-Herrschaft mit ihrem Höhepunkt des Attentats auf Hitler am 20. Juli 1944 die bedeutendste. In der jüngsten Vergangenheit gilt als erfolgreichste die W. der Mudschaheddins in Afghanistan gegen die sowjetische Besetzung von 1980 bis 1988.

Widerstandskämpfer → Widerstandsbewegung.

Widerstandsrecht, Recht aller Deutschen, gegen jeden Widerstand zu leisten, der die staatliche Grundordnung beseitigen will, sofern „andere Abhilfe nicht möglich ist" (Art. 20,4 GG).

Wiederbewaffnung, Bezeichnung für die Aufstellung neuer deutscher Streitkräfte nach dem Zweiten Weltkrieg. Als Stichtag der W. und damit der Gründung der Bundeswehr gilt der 12. 11. 1955, als die ersten 101 freiwilligen Soldaten der Bundesrepublik Deutschland ihre Ernennungsurkunden erhielten. Am 2. 1. 1956 rückten (nach dem → Freiwilligengesetz) weitere 6000 Soldaten in die Kasernen ein: Andernach (Heer), Nörvenich (Luftwaffe), Wilhelmshaven (Marine).

Wiedervereinigung, gem. Präambel des Grundgesetzes bestehende Aufforderung an das gesamte Deutsche Volk, „in freier Selbstbestimmung die Einheit und Freiheit Deutschlands zu vollenden." Diese alle Staatsorgane der Bundesrepublik Deutschland bindende Verpflichtung gilt nach einem Urteil des Bundesverfassungsgerichtes von 1973 unabhängig davon, wie groß die Chancen in der jeweils aktuellen politischen Wirklichkeit für eine W. sind.

WINTEX, Abk. für: Winter Exercise (= Winter-Übung), Bezeichnung für eine Stabsübung der NATO, die sich ausschließlich an Schreibtischen und Telefonen abspielt und in der Regel alle zwei Jahre in Westeuropa stattfindet. Zweck der W. ist die Erprobung der Zusammenarbeit von NATO-Stäben mit nationalen militärischen und zivilen Dienststellen.

Wirtschaftskrieg, unbewaffneter Konflikt zweier oder mehrerer Staaten bzw. Staatenblöcken, mit dem Ziel, den Gegner durch wirtschaftspolitische Maßnahmen, z. B. ein Handelsembargo, zu einembestimmten Verhalten zu zwingen. B.: Handelsboykott gegen Südafrika zur Aufhebung der Apartheidpolitik.

Wirtschaftssicherstellungsgesetz, ein → Sicherstellungsgesetz zur Lenkung des Wirtschaftsablaufs, soweit das im → Notstand oder → Verteidigungsfall erforderlich ist, z. B. Deckung des Bedarfs der Streitkräfte.

Worst Case (engl. = schlimmster Fall), Annahme der ungünstigsten Situation von mehreren möglichen Lagen, die strategischen und sicherheitspolitischen Planungen zugrunde gelegt wird.

WP (auch: WAP), Abk. für: → Warschauer Pakt.

WP-Staaten, Staaten des → Warschauer Pakts.

WVO, Abk. für: Warschauer Vertrags-Organisation; → Warschauer Pakt.

X-Zeit, Ausgangszeitpunkt, von dem an bestimmte Maßnahmen anlaufen sollen, für die alle Vorbereitungen bis dahin abgeschlossen sein müssen, z. B. Beginn eines Großmanövers.

Yield (engl.), Sprengkraft, die bei einer Detonation freigesetzte Energiemenge; z. B. 1 kt (Kilotonne) = 1000 Tonnen TNT (Trinitrotoluol) oder 1 Mt (Megatonne) = 1 000 000 t TNT.

ZDv → Zentrale Dienstvorschrift.

Zehner-Gruppe (auch Zehnerclub), 1969 gegr. Zusammenschluß von 10 wichtigen westlichen Industrienationen. Die Z. setzt sich zusammen aus der → Siebener-Gruppe und drei weiteren Ländern (Belgien, Niederlande und Schweden). Vom Elferclub spricht man, wenn in der Z. bei Verhandlungen auch die Schweiz tätig ist. Vom erweiterten Zehnerclub spricht man, wenn bei Beratungen der Z. auch Dänemark, Irland und Luxemburg mitwirken.

Zeitoffiziere, Bezeichnung für alle Soldaten auf Zeit, die den Dienstgrad eines → Offiziers innehaben.

Zeitsoldaten → Soldat auf Zeit.

Zentrale militärische Dienststellen der Bundeswehr (ZMilDBw), Aufgabenbereich, der für alle Teilstreitkräfte gilt. Er untersteht dem Stellvertr. Generalinspekteur. Zu den Z. gehören z. B. Nachrichtenwesen und die Bundeswehruniversitäten in Hamburg und München.

Zentrale Dienstvorschrift (ZDv), allgemeine Anweisungen des BMVg für die Ausführung des militärischen Dienstes. Die Z. gilt für alle Teilstreitkräfte. Die ZDv 10/8 regelt z. B. Gruß und Anrede im täglichen Dienst.

Zentrallage, geographische Lage eines Staates im Hinblick auf seine Sicherheitspolitik, z. B. die Z. der Bundesrepublik Deutschland in Mitteleuropa; Ggs.: → Randlage.

Zentrum Innere Führung, Kombination von Institut, Schule und Diskussionsstätte der Bundeswehr (Sitz: Koblenz), in dem die Grundsätze der Menschenführung in den Streitkräften erarbeitet werden; → Innere Führung.

Zielkonflikt, Gegensatz zwischen zwei oder mehreren Zielen, die alle für sich genommen wünschenswert sind. Bei der Erreichung des einen Zieles wird aber ein anderes ausgeschlossen oder zumindest erschwert. B.: Eine Verstärkung der konventionellen Streitkräfte bei gleichzeitigem Abbau der Atomwaffen kann die → Abschreckung mindern und damit den gegnerischen Angriffskrieg wahrscheinlicher machen.

Zivildienst (ziviler Ersatzdienst), Dienst, den ein Wehrpflichtiger anstelle des → Wehrdienstes leisten muß, wenn er als → Kriegsdienstverweigerer anerkannt ist; → Zivildienstleistende. Der Z. wird vor allem in sozialen Bereichen abgeleistet. Dauer: 20 Monate (1989).

Zivildienstleistende, → Wehrpflichtige, die als anerkannte → Kriegsdienstverweigerer → Ersatzdienst leisten, vor allem im sozialen Bereich, z. B. in der Alten- und Krankenpflege.

Ziviler Ungehorsam, vorsätzliche, i. d. R. gewaltfreie Verletzung einer Rechtsnorm, z. B. Sitzblockade vor einer Kaserneneinfahrt.

Zivile Verteidigung, nichtmilitärischer Teil der gesamten Verteidigungspolitik. Zur Z. gehören insbes. die Sicherstellung der Versorgung der Zivilbevölkerung und die Aufrechterhaltung der öffentlichen Ordnung im Verteidigungsfall sowie die Unterstützung der Streitkräfte und ihrer Verbündeter, z. B. durch Sanitätsleistungen.

Zivilisationsverträglichkeit, neuer Begriff für das Problem, ob starke militärische Präsenz und Aktivität, z. B. → Tiefflüge über dicht besiedelte Gebiete mit Lebensqualität und Sicherheitsbedürfnis hochzivilisierter Gesellschaften vereinbar sind.

Zivilpersonen, alle Menschen, die keinen Dienst in den Streitkräften leisten, also keinen → Kombattantenstatus haben.

Zivilschutz, Teil der zivilen Verteidigungsvorbereitungen, zu der z. B. der Bau von Schutzräumen gehört; → Katastrophenschutzgesetz. Wehrpflichtige, die sich für die Dauer von 10 Jahren zum ehrenamtlichen Dienst im Z. verpflichten, sind vom Wehrdienst befreit, z. B. durch Dienst beim Deutschen Roten Kreuz, bei der Feuerwehr oder beim Technischen Hilfswerk.

Zivilschutzgesetze → Katastrophenschutzgesetz; → Schutzbaugesetz.

Zivilschutzkorpsgesetz, ein → Sicherstellungsgesetz, das die Aufstellung eines Schutzkorps vorsieht, das aus nicht von der Bundeswehr einberufenen Wehrpflichtigen besteht. Es soll in Kriegszeiten überregionale Hilfe an Schadensschwerpunkten leisten, z. B. Versorgung der Zivilbevölkerung. Das Zivilschutzkorps ist bis jetzt (1989) nicht aufgestellt.

Zollkrieg → Wirtschaftskrieg.

Zurückstellung vom Wehrdienst, zeitweilige Aussetzung der Pflicht, Wehrdienst zu leisten. Die Z. erfolgt:

1. von Amts wegen, z. B. bei Untauglichkeit;
2. auf Antrag des Wehrpflichtigen, wenn die Heranziehung zum aktiven Dienst eine unbillige Härte bedeuten würde, z. B. während des Studiums.

Zustimmungsgesetze, vom Bundestag beschlossenen Gesetze, die nur mit Zustimmung des Bundesrates gültig werden können, z. B. Gesetz zur Einkommensteuerreform. Z. sind ferner alle verfassungsändernden Gesetze (Art. 79,2 GG); Ggs.: → Einspruchsgesetze.

Zustimmungspflichtige Gesetze → Zustimmungsgesetze.

Zwei-Säulen-Theorie, Denkmodell, das auf dem → Harmel-Bericht von 1967 basiert. Nach der Z. können Frieden und Sicherheit gewahrt werden, wenn sie sich auf die beiden möglichst gleich starken Säulen der → Verteidigung und → Entspannung stützen. Die Z. ist seit 1968 unverändert die Grundlage der NATO-Strategie.

Zweischlüsselsystem, Verfahren, das beispielsweise die Zündung zum Abschuß von Interkontinentalraketen nur dann möglich macht, wenn zwei autorisierte Personen gleichzeitig und unabhängig voneinander die Auslösung vornehmen. Die Auslösung kann real mit „Schlüsseln“ oder in Verbindung mit einer EDV-Anlage durch Codes durchgeführt werden.

Zweiter Weltkrieg (1. Sept. 1939 bis 8. Mai 1945), Krieg, in dem zum zweiten Mal die meisten Staaten der Erde als kriegführender oder eine Seite unterstützender Teil beteiligt waren. Der Z. war gemessen an der Zahl der eingesetzten Soldaten, der Waffen und Munition und den Verlusten an Menschen und Sachgütern der größte (jedoch nicht der längste) Krieg der Weltgeschichte. Er begann mit dem Überfall Hitler-Deutschlands auf Polen und endete mit der bedingungslosen Kapitulation der deutschen Wehrmacht; → Erster Weltkrieg.

Zweitschlagsfähigkeit (engl.: second-strike capability), nicht ausschaltbares strategisches Nuklearpotential, z. B. auf den Weltmeeren operierende U-Boote mit Atomraketen. Nach einem nuklearen Überraschungsangriff kann dem Aggressor mit Hilfe der Z. ein für ihn unannehmbarer Schaden zugefügt werden. Beide Supermächte, sowohl die USA wie die UdSSR, besitzen die Z. als wesentliches Instrument der Strategie der → Abschreckung.

Zweitschlagskapazität → Zweitschlagsfähigkeit.

Zwergstaat, geringschätzende Bezeichnung für einen Kleinstaat mit geringer Bevölkerungszahl, dessen auswärtige Interessen von einem Nachbarstaat wahrgenommen werden; B.: Andorra (453 qkm und 45 000 Einw.) durch Frankreich.

Zwölfmeilenzone, nationales Hoheitsgebiet im Bereich der Küstengewässer (12 Seemeilen = 22,2 km), Teil des → Staatsgebietes (seit 1982, früher → Dreimeilenzone).